though
CRUZANDO A
FRONTEIRA
DA ENERGIA

A985c   Ayres, Robert U.
         Cruzando a fronteira da energia : dos combustíveis fósseis para um futuro de energia limpa / Robert U. Ayres, Edward H. Ayres ; tradução: André de Godoy Vieira. – Porto Alegre : Bookman, 2012.
         xii, 239 p. : il. ; 23 cm.

         ISBN 978-85-407-0179-3

         1. Tecnologia. 2. Energia. I. Ayres, Edward H. II. Título.

                                                          CDU 620.9

Catalogação na publicação: Fernanda B. Handke dos Santos – CRB 10/2107

ROBERT U. AYRES   EDWARD H. AYRES

CRUZANDO A FRONTEIRA DA ENERGIA

DOS COMBUSTÍVEIS FÓSSEIS PARA UM **FUTURO DE ENERGIA LIMPA**

Tradução:
André de Godoy Vieira

bookman

2012

Obra originalmente publicada sob o título
Crossing the Energy Divide: Moving From Fossil Fuel Dependence to a Clean-Energy Future, 1st Edition
ISBN 9780137015443

Authorized translation from the English language edition, entitled CROSSING THE ENERGY DIVIDE: MOVING FROM FOSSIL FUEL DEPENDENCE TO A CLEAN-ENERGY FUTURE, 1st Edition by ROBERT AYRES; EDWARD AYRES, published by Pearson Education,Inc., publishing as Pearson Prentice Hall, Copyright (c) 2010. All rights reserved. No part of this book may be reproduced or transmitted in any form or by any means, electronic or mechanical, including photocopying, recording or by any information storage retrieval system, without permission from Pearson Education,Inc.

Portuguese language edition published by Bookman Companhia Editora Ltda., a Grupo A Educação S.A. Company, Copyright (c) 2012

Tradução autorizada a partir do original em língua inglesa da obra intitulada CROSSING THE ENERGY DIVIDE: MOVING FROM FOSSIL FUEL DEPENDENCE TO A CLEAN-ENERGY FUTURE, 1ª Edição, autoria de ROBERT AYRES; EDWARD AYRES, publicado por Pearson Education, Inc., sob o selo Pearson Prentice Hall, Copyright (c) 2010. Todos os direitos reservados. Este livro não poderá ser reproduzido nem em parte nem na íntegra, nem ter partes ou sua íntegra armazenado em qualquer meio, seja mecânico ou eletrônico, inclusive fotorreprografação, sem permissão da Pearson Education, Inc.

Edição em língua portuguesa publicada por Bookman Companhia Editora Ltda.,
uma empresa do Grupo A Educação S.A., Copyright (c) 2012

Capa
Maurício Pamplona (arte sobre capa original de Chuti Prasertsith)

Leitura final
Antenor Savoldi Junior

Editora responsável por esta obra
Verônica de Abreu Amaral

Gerente editorial – CESA
Arysinha Jacques Affonso

Projeto e editoração
Armazém Digital® Editoração Eletrônica – Roberto Carlos Moreira Vieira

Reservados todos os direitos de publicação, em língua portuguesa, à
BOOKMAN COMPANHIA EDITORA LTDA., uma empresa do GRUPO A EDUCAÇÃO S.A.

Av. Jerônimo de Ornelas, 670 – Santana
90040-340 Porto Alegre RS
Fone: (51) 3027-7000 Fax: (51) 3027-7070

É proibida a duplicação ou reprodução deste volume, no todo ou em parte,
sob quaisquer formas ou por quaisquer meios (eletrônico, mecânico, gravação, fotocópia, distribuição na *Web* e outros), sem permissão expressa da Editora.

SÃO PAULO
Av. Embaixador Macedo Soares, 10.735 – Pavilhão 5
Cond. Espace Center – Vila Anastácio
05095-035 – São Paulo – SP
Fone: (11) 3665-1100 Fax: (11) 3667-1333

SAC 0800 703-3444 – www.grupoa.com.br

IMPRESSO NO BRASIL
PRINTED IN BRAZIL

Os autores

Robert U. Ayres é físico e economista reconhecido por seu trabalho sobre o papel da termodinâmica no processo econômico e, mais recentemente, por sua investigação sobre o papel da energia no crescimento econômico. É professor emérito de Economia e Tecnologia na escola de administração internacional Insead, na França, onde realiza estudos pioneiros sobre fluxos de materiais/energia na economia global. Criou o conceito de metabolismo industrial, que posteriormente passou a ser uma área de estudo explorada pelo *Journal of Industrial Ecology*.

Formado em Física pela Universidade de Chicago, pela Universidade de Maryland e pelo Kings College London (Ph.D. em Física Matemática), Ayres foi professor de Engenharia e Políticas Públicas na Carnegie-Mellon University, em Pittsburgh, de 1979 a 1992, quando foi nomeado professor de Ambiente e Gestão no Insead. É também Institute Scholar do International Institute for Applied Systems Analysis (IIASA), na Áustria.

Robert Ayres é autor ou coautor de 18 livros e mais de 200 artigos de periódicos e capítulos de livros. Seus livros variam desde *Alternatives to the Internal Combustion Engine*, escrito em coautoria com Richard A. McKenna (Johns Hopkins Press, 1972), a *Turning Point: The End of the Growth Paradigm* (Earthscan, 1998) e *The Economic Growth Engine: How Energy and Work Drive Material Prosperity*, em coautoria com Benjamin Warr (Edward Elgar, 2009). Ayres e sua esposa moram em Paris.

Edward (Ed) Ayres foi diretor editorial do Worldwatch Institute em Washington, D. C. (editor da publicação anual *State of the World* e do semestral *Vital Signs*) de 1994 a 2005. Durante esse período, atuou também como editor da revista quinzenal *World Watch*. Os artigos e ensaios de sua autoria publicados pela revista eram distribuídos para a mídia global pelo Los Angeles Times Syndicate. Seus textos foram também publicados pela revista *Time*, na série "Beyond 2000: Your Health, Our Planet", na *Utne Reader*, *The Ecologist* e em outras publicações.

Ayres tem interesse permanente nas relações entre a saúde e resistência dos indivíduos e a sustentabilidade das sociedades humanas. Foi terceiro colocado na primeira Maratona de Nova York, em 1970, e hoje continua a escrever e correr longas distâncias nas montanhas da Califórnia, onde, junto com sua esposa, construiu uma casa ecológica.

*Para Leslie e Sharon,
nossas esposas.*

Agradecimentos

A lista de colegas, de ontem e de hoje, com os quais aprendemos é extensa demais para caber em uma página. Pessoas que inspiraram nosso trabalho incluem Kenneth Boulding, Lester Brown, Colin Campbell, Al Gore, Allen Kneese, Jean LaHerriere, Amory Lovins, Robert Repetto, a velha gangue da RFF, Vaclav Smil, James Gustave Speth e Ernst von Weizsaecker. As pessoas que contribuíram diretamente, de alguma forma, com conselhos, críticas ou informações (em ordem alfabética) são: Kenneth Arrow, Leslie Ayres, Christian Azar, Thomas Casten, Paul David, Nina Eisenmenger, Arnulf Gruebler, Jean-Charles Hourcade, Marina Fischer-Kowalski, Astrid Kander, Paul Kleindorfer, Arkady Kryazhimsky, Reiner Kuemmel, Jie Li, Skip Luken, Katalin Martinas, Shunsuke Mori, Neboysa Nakicenovich, Tom Prugh, Donald Rogich, Adam Rose, Warren Sanderson, Jerry Silverberg, Thomas Sterner, David Strahan, Jeroen van den Bergh, Benjamin Warr e Chihiro Watanabe. Agradecemos também à Comissão Europeia, ao Insead, ao IIASA, à Universidade das Nações Unidas e ao Worldwatch Institute pelo apoio prestado a nosso trabalho em diversas ocasiões ao longo dos últimos dez anos. Por fim, queremos agradecer ao editor-chefe, Tim Moore, e à nossa editora, Jeanne Glasser, por sua resoluta disposição em publicar um desafio extremamente ousado ao paradigma econômico dominante. Qualquer erro por ventura existente neste livro é de nossa inteira responsabilidade.

Sumário

Introdução: o abismo a ser transposto 1

1 Um despertar norte-americano 9

2 Recuperando a energia perdida 31

3 Projetando uma ponte econômica 45

4 A revolução da energia invisível 59

5 O futuro da energia elétrica 79

6 Combustíveis líquidos: a dura realidade 103

7 Veículos: fim de caso 115

8 Preparando as cidades para a tempestade perfeita 127

9 A conexão água-energia 147

10 Prioridades políticas 159

11 Implicações para a gestão corporativa 183

12 Quanto e quão rápido? 193

Comentários e referências 205
Índice 227

Introdução
O abismo a ser transposto

Este livro propõe dois desafios ao paradigma econômico dominante.

Primeiro, a energia física desempenha papel muito mais importante na produtividade e no crescimento econômico do que admitem a maioria dos economistas que assessoram empresas e governos. As implicações desse fato para todos que respiram, especialmente durante o aguardado e desejado período de recuperação e transição para a economia de energia limpa do futuro, serão imensas. Com efeito, os serviços de fornecimento de energia não constituem apenas parte considerável da economia; constituem parte considerável do que *move* a economia. E, dessa forma, tanto a recuperação econômica quanto a transição da matriz energética levarão muito mais tempo para concretizar-se do que calcula a administração Obama – *a menos* que os investimentos sejam direcionados especificamente às tecnologias e indústrias que barateiam o custo dos serviços de energia. Gastos aleatórios, sem um alvo específico, não farão isso.

Segundo, a economia energética do mundo industrial é tão profundamente dependente dos combustíveis fósseis que mesmo o mais célere crescimento das indústrias de energia eólica, solar e outras renováveis não poderia substituir substancialmente o petróleo, o carvão e o gás natural – não, ao menos, durante várias décadas. Isso porque praticamente toda a infraestrutura de capital dos Estados Unidos – estradas e rodovias, usinas elétricas, linhas de transmissão, linhas aéreas, navegação, aço, produtos químicos, construção e calefação e refrigeração domiciliar – depende dos combustíveis fósseis. Mesmo que o uso de carros elétricos e painéis solares crescesse tanto quanto a Internet, ainda assim seria apenas uma gota no oceano da energia que utilizaremos pelas próximas duas décadas.

A energia alternativa começou a fazer progressos marginais, mas ainda tem um longo caminho a percorrer, muito mais longo do que supõem os que pregam a "revolução da energia verde". Em 2007, após duas décadas de advertências cada vez mais urgentes dos climatologistas no sentido de uma redução violenta das emissões de carbono, e após mais de uma década de progresso que parecia crescente rumo a um futuro mais verde, os percentuais totais da energia elétrica produzida nos Estados Unidos por fontes renováveis (exceção feita à energia hidrelétrica, que já não pode crescer) eram os seguintes:

Biocombustíveis	1,4
Energia eólica	0,8
Energia geotérmica	0,4
Energia solar (sistemas fotovoltaicos)	0,1

Os recentes avanços nessas indústrias são impressionantes. Contudo, mesmo que se empreendesse um esforço radical comparável à mobilização dos Estados Unidos para a Segunda Guerra Mundial, ou ao programa Apolo para levar o homem à lua, demoraria décadas para essas novas indústrias de energia obterem a escala necessária.

E o que aconteceria nesse meio-tempo? A resposta brutal é que, se os Estados Unidos simplesmente redirecionassem sua atenção da energia e do clima para o futuro sustentável de longo prazo que antevemos, a atual economia energética provavelmente entraria em colapso antes mesmo que o país atingisse esse futuro, da mesma forma que um paciente de transplante de coração certamente morreria se não recebesse um novo coração a tempo.

Parece haver enorme incongruência entre essa perspectiva e a propalada afirmação de Al Gore e outros de que, servindo-se dessas fontes de energia renováveis, os Estados Unidos poderão alcançar plena independência energética em uma década. Embora compartilhemos com Gore o sentimento de urgência quanto à necessidade de substituirmos os combustíveis fósseis tão rápido quanto possível, um exame mais sóbrio da ciência e da economia não deixa dúvida de que meio século seria necessário antes que o país atingisse plenamente esse objetivo.

Seja como for, há uma solução lógica para tal enigma, e é uma sorte e tanto para os Estados Unidos – e para o mundo – que um meio viável de chegar a essa solução ainda esteja ao nosso alcance. Tal solução não guarda sequer a mais remota semelhança com o apelo idealista das energias alternativas que começou a galvanizar nossos líderes mais progressistas, mas é uma solução essencial para alcançar o que eles anteveem.

Tal solução consiste em *aprimorar radicalmente nossa gestão do atual sistema baseado em combustíveis fósseis*, de modo a dobrarmos a quantidade de serviço energético que obtemos de cada barril de petróleo (ou de carvão mineral ou gás natural) durante os anos necessários para que as energias renováveis sem carbono possam realmente começar a predominar. Não se trata aqui de emular a postura heroicamente esperançosa de um John F. Kennedy a clamar pela aterrissagem do homem em solo lunar. Tampouco daqueles objetivos épicos que só podemos concretizar promovendo uma mobilização maciça de pesquisa e desenvolvimento tecnológico. Muito menos de ecoar o apelo do escritor Thomas Friedman a que se coloquem "10 mil inventores trabalhando em 10 mil empresas e 10 mil garagens e 10 mil laboratórios para provocar descobertas e transformações", uma bela fantasia da ideologia do livre-mercado que, na melhor das hipóteses, levará uma geração para render algum lucro. Para transpormos com segurança o abismo econômico que temos diante de nós, precisamos de uma solução que produza resultados mais rápidos. Por sorte, os meios necessários para uma rápida duplicação do serviço de energia dos Estados Unidos (a quantidade de trabalho útil realizado para cada unidade de combustível fóssil queimada) já existem. Alguns desses meios estão escondidos dos olhos da opinião pública e não têm sido discutidos na grande mídia, mas já estão sendo utilizados lucrativamente por centenas de empresas e instituições. E *poderiam* ser utilizados por dezenas de milhares mais.

Podemos avaliar em que medida a confluência de eventos de grande visibilidade à época da eleição de Obama despertou um novo senso de excitação e esperança em pessoas que há anos sentiam-se desanimadas. O retorno da fênix Al Gore, com seu estimulante documentário sobre as mudanças climáticas, *Uma verdade inconveniente*; o brado de guerra de Tom Friedman por uma "revolução verde" mais vigorosa; e o fato notável de *ambos* os candidatos presidenciais de 2008 admitirem a ameaça de um iminente aquecimento global e a necessidade de investimentos em fontes energéticas alternativas – tudo isso gerou tremenda ansiedade para que saltássemos diretamente para a economia da energia limpa do futuro. Por quase duas décadas os norte-americanos progressistas sentiram-se desprezados e ignorados em seus passos: a maciça rejeição do Senado (95 votos a 0) à assinatura do Protocolo de Quioto, em 1995; a recusa da segunda administração Bush em reconhecer que o aquecimento global era um fenômeno real (ou, posteriormente, que era causado pela atividade humana); a forma desdenhosa com que o vice-presidente Dick Cheney considerou a eficiência energética uma ideia ingênua que em nada contribuía para suprir as "verdadeiras" necessidades de energia do país; e, para completar, a suspeita generalizada de que a Guerra do Iraque fora basicamente uma guerra por petróleo. Para os norte-americanos que haviam se sentido abatidos e derrotados durante metade de suas vidas, a eleição de um candidato que se opusera àquele conflito e que se destacara como forte defensor de investimentos em fontes de energia eólica e solar parecia um acontecimento digno de celebração. Mas esse otimismo logo esmoreceria, na medida em que a economia continuaria a deteriorar-se em 2009. Não obstante, a crença de que grandes investimentos poderiam ajudar a impulsionar a recuperação econômica permanecia inquestionável. Na pressa da nova administração e do Congresso em estancar a hemorragia econômica, praticamente ignorou-se o fato de que talvez fosse necessária uma gestão radicalmente diferente do clima e da energia, não apenas para construir uma ponte sobre o abismo que separa o mundo de hoje da energia limpa do futuro, mas para restabelecer um crescimento suficiente para garantir à nação alcançar o outro lado do abismo. O país ainda não está preparado – porque a tecnologia e a infraestrutura ainda não estão preparadas – para saltar com os dois pés sobre o comboio da energia eólica, da energia solar e dos biocombustíveis. Há uma questão crítica a ser tratada primeiro.

Para os que agora experimentam grande sensação de alívio e tranquilidade por conta do caminho que parece se abrir para um futuro de energia renovável, eis um exemplo do tipo de avaliação essencial para que se possa trilhar esse caminho com segurança – uma avaliação a princípio decepcionante, mas, em última análise, libertadora. Há alguns anos, por trás dos portões de uma grande usina do cinturão da ferrugem de Indiana, a maior fabricante de aço do mundo, a Mittal Steel (hoje Arcelor Mittal), começou a operar uma instalação que captava o calor residual de um de seus processos de queima de combustível fóssil e o convertia em eletricidade livre de emissões. Alguns quilômetros adiante, uma empresa rival, a U. S. Steel, utilizava uma estratégia similar para a geração de energia sem emissões, a partir dos gases residuais provenientes de seu alto-forno. Em 2005, as duas rivais do cinturão da ferrugem geraram conjuntamente, a partir de seus resíduos, 190 megawatts (MW) de energia isenta de carbono – *mais do que toda a produção de eletricidade solar fotovoltaica dos Estados Unidos naquele ano*. E isso era apenas o calor residual de duas fábricas baseadas na queima de combustível fóssil de um canto do estado.

A produção de energia fotovoltaica seguiu crescendo a passos largos desde então. Em janeiro de 2009, a empresa californiana Sempra Energy passou a operar um parque solar de 10 MW em Nevada, gerando energia a um preço surpreendentemente competitivo. Outra empresa da Califórnia, a BrightSource Energy, anunciou em 2009 a construção de uma usina termossolar de 100 MW no Deserto de Mojave, a ser concluída até 2013. Não há dúvida de que a energia solar continuará crescendo drasticamente, assim como a energia eólica e outras fontes de energia livres de carbono; entretanto, essas fontes renováveis partiram de uma base tão diminuta (juntas, a energia solar e a energia eólica produziram menos de 1% da energia elétrica total dos Estados Unidos em 2007) que, mesmo crescendo geometricamente, precisarão de duas décadas ou mais para substituir boa parte dos milhões de geradores de vapor, fábricas e máquinas baseados na queima de carvão, petróleo e gás natural que movimentam nossa civilização – e nossa economia. Por ora, é muito mais plausível a possibilidade de elevarmos a médio prazo a oferta de energia limpa por meios já testados e comprovados, como os que vêm sendo explorados pelas usinas Mittal e U. S. Steel. Para cada uma das cerca de mil instalações industriais norte-americanas que realizam essa espécie de reciclagem de resíduos energéticos, outras 10 ainda precisam começar. Para os ambientalistas, talvez seja decepcionante e desorientador pensar que o meio mais rápido e mais barato de reduzir as emissões de carbono e a utilização de combustíveis fósseis *não* é virar as costas para as velhas e sujas indústrias do passado e do presente, mas atacar seus recantos mais negligenciados e limpá--los – até que alternativas melhores atinjam a escala adequada.

Ao usarmos a expressão "limpá-los", não estamos aludindo às chamadas tecnologias de "carvão limpo" ou a esquemas elaborados para captar as emissões de carbono e bombeá-las para o fundo do solo ou do oceano. Esses modelos de suposta limpeza total são proibitivamente caros e ainda menos preparados para serem protagonistas do que a energia solar. E, ainda que a tecnologia de captura e sequestro de carbono tenha, afinal, algum sentido, do ponto de vista econômico, as instalações necessárias para sua execução provavelmente levarão muitos anos para ser construídas – uma opção pouco realista para uma época em que o país entrou em modo de sobrevivência econômica. A estratégia que descrevemos neste livro não depende de tecnologias "ainda por desenvolver", tecnologias "que achamos que funcionarão". Trata-se de uma estratégia de *gerenciamento energético* que implica promover uma revisão radical das viseiras ideológicas, das barreiras estruturais, dos maus hábitos e das leis obsoletas em face das quais a economia energética dos Estados Unidos tem se arrastado em torno de 13% em termos de eficiência global, quando poderia dobrar essa taxa sem nenhuma nova oferta de tecnologia ou combustível fóssil. (O Japão atingiu o patamar de 20%, e acreditamos haver uma maneira de superar esse percentual.) O efeito seria essencialmente duplicar o serviço energético do país por unidade de combustível queimado. Uma redução acentuada na oferta do combustível fóssil necessário aceleraria a esperada independência energética – e aumentaria expressivamente a segurança energética, que nem sempre equivale à independência. Ademais, consumindo menos combustível para realizar mais trabalho, essa estratégia reduzirá consideravelmente as emissões de carbono.

O abismo econômico que temos de cruzar para alcançar essa meta possui duas dimensões críticas. A primeira delas é sua grande amplitude – a quantidade de anos necessários para que as energias solar, eólica e outras fontes energéticas renováveis limpas estejam em condições de substituir o grosso da oferta de combustível fóssil de que hoje dependemos. A segunda dimensão é sua profundidade – a profundidade da depressão econômica a ser superada mediante a restauração do crescimento econômico. Haverá uma estratégia capaz de abreviar a transição para as energias renováveis *e* estimular o crescimento? A estratégia de transição energética que propomos ajudará em ambas as ações: erguerá uma ponte sobre o precipício e encurtará a distância entre as duas bordas.

Como sugere o caso da reciclagem energética promovida pela Mittal, um gerenciamento mais inteligente da oferta de combustível fóssil existente pode impulsionar a produtividade do setor energético com maior rapidez que o comboio das energias renováveis. Como? O aumento proporcional do *serviço energético* por unidade de energia primária consumida reduz o custo desse serviço. E essa redução de custo, como explicamos neste livro, estimulará o crescimento econômico.

Conforme sustenta a corrente predominante da teoria econômica, o crescimento é estimulado pelo capital de investimento e pela mão de obra, acrescidos de um fator extremamente amplo e inquantificável – o "progresso tecnológico", que permanece "exógeno" (fora dos cálculos prospectivos) porque os economistas ainda não foram capazes de identificá-lo ou explicá-lo integralmente. Daí a notória ineficiência dos tradicionais modelos utilizados para a previsão do crescimento econômico. Novas pesquisas têm mostrado que, apesar de tudo, o principal motor do crescimento não é assim tão misterioso. Seu verdadeiro propulsor, conforme se constatou, tem sido o *uso crescente, década após década (graças à queda dos custos), do serviço energético*. (O termo "serviço energético" refere-se ao que os economistas versados em ciência física denominam "trabalho útil".) A prova disso, que resumimos brevemente neste livro e apresentamos com todos os detalhes em nosso *website*, é que a incorporação do fator *energia como trabalho útil* aos modelos econômicos melhora drasticamente o poder explanatório desses modelos – e sua capacidade prospectiva – a longo prazo.

A implicação mais empolgante dessa descoberta não é que os modelos tradicionais precisam ser revisados (de fato precisam); é a perspectiva mais pragmática de que uma estratégia de redução dos custos dos serviços energéticos (mediante o aumento da produção e do lucro por unidade de combustível) ajudará também a impulsionar o crescimento e a recuperação econômica nos próximos anos. Nossa avaliação sugere que podemos construir a "ponte" para alcançar essas metas implementando oito tecnologias testadas e comprovadas (ainda que em alguns casos pouco divulgadas), das quais a reciclagem de calor residual citada anteriormente é apenas uma.

Disso se seguem duas implicações cruciais, capazes de mudar o mundo. Primeiro, a suposição, geralmente inconteste, de que o custo multitrilionário do socorro governamental e dos projetos de lei para recuperação econômica de 2008-09 será restituído – a suposição de que a economia logo recuperará seu crescimento robusto, como sempre aconteceu no passado, graças à infusão de novo capital ou ao aumento do poder aquisitivo – pode estar errada. Segundo, se para impulsionar o crescimento econômico é necessário reduzir os custos dos serviços energéticos, a perspectiva econômica é mais sombria do que imaginaram muitos especialistas.[1] À medida que a produção global de petróleo atinja o pico e comece a declinar, enquanto as demandas energéticas da China e de outros países de rápido desenvolvimento continuam a crescer, e à medida que as alterações climáticas constranjam cada vez mais o consumo dos combustíveis fósseis, o preço da energia obtida dessas fontes crescerá mais do que nunca. Consequentemente, o crescimento econômico estacionará ou dará marcha a ré – *a menos que* encontremos meios de baratear os serviços energéticos. Se o gerenciamento de energia dos Estados Unidos nos próximos anos puder duplicar a produtividade de sua oferta atual, obtendo o dobro do serviço energético ou trabalho útil (calor, luz, propulsão, etc.) por barril, o custo desse serviço cairá e o crescimento poderá prosseguir.

Para explicar mais especificamente como isso pode acontecer dentro do espaço de tempo necessário para a construção da ponte transicional, avançamos um importante passo em nossa avaliação. Além de desafiar a teoria do crescimento econômico hoje predominante, medida crucial para a recuperação da economia energética, nossa análise sugere um inesperado lado positivo no prognóstico sombrio de uma prolongada batalha econômica agravada pela desestabilização climática. Especialistas alinhados ideologicamente à esquerda e à direita podem divergir substancialmente em suas projeções de

---

[1] Ainda que os preços da energia venham a cair no curto prazo, como caíram no final de 2008, é um erro pensar que a ameaça de longo prazo foi eliminada. O preço de um galão de combustível ou de um barril de petróleo reflete os estoques de matéria-prima atuais, não as reservas globais, que inexoravelmente continuarão a encolher.

quanto custará aplacar as alterações climáticas, mas a maioria deles concorda que esse custo será significativo e reduzirá o crescimento econômico. Nossa avaliação, em contrapartida, aventa a possibilidade de implementarmos partes significativas da estratégia de transição a um custo *negativo* – reduzindo simultaneamente os custos energéticos, o uso de combustível e as emissões de gases estufa. Outras partes da ponte envolverão baixos custos líquidos, os quais a nação poderá financiar transferindo o apoio governamental dos projetos improdutivos para aqueles comprovadamente produtivos.

Aí é que a construção estratégica de uma ponte para o futuro, a partir de componentes comprovados, torna-se duplamente importante: por um lado, evita custos de capital astronômicos (como as despesas de construção de novas usinas elétricas nucleares ou alimentadas a carvão, ou de plataformas petrolíferas) que os Estados Unidos não podem bancar nem esperar; por outro, reduz o custo energético e impulsiona o crescimento econômico ao elevar rapidamente a produção econômica por barril de petróleo ou equivalentes de petróleo. Vale notar o serviço prestado ao país pelo petroleiro T. Boone Pickens ao divulgar a necessidade de uma ponte energética na notória campanha que promoveu em 2008 pelo aumento dos subsídios para o gás natural, se bem que o que ele pedia (mais dinheiro para a procura de gás natural) não teria viabilizado essa ponte.

O objetivo deste livro é mostrar o que é necessário para construirmos essa ponte de transição. Pouca ou mesmo nenhuma nova tecnologia engenhosa será necessária nessa empreitada, embora, evidentemente, devamos continuar expandindo o desenvolvimento das tecnologias exigidas para alcançarmos aquele ponto mais seguro do outro lado da ponte. Nos próximos anos, acima de tudo, será necessário que os que são capazes de divisar tão nitidamente esse futuro imaculado baixem os olhos para o solo econômico cada vez mais instável sob nossos pés – e para o abismo econômico à nossa frente – e enxerguem com a mesma nitidez os contornos da ponte que precisamos construir para alcançarmos esse ponto mais seguro.

Capítulo 1
Um despertar norte-americano

A energia – essa coisa mágica que possibilita aos veículos voar, Las Vegas iluminar-se como uma árvore de Natal cósmica, ou um time de futebol ou seu filme favorito surgir instantaneamente na TV da sua sala de estar – sempre foi abundante e barata, ao menos para os norte-americanos. Não fosse *barata*, nossos aviões a jato, lâmpadas elétricas, televisores e computadores não passariam de uma tralha imprestável. No mundo pós-apocalíptico visualizado por perspicazes escritores de ficção científica, não são as tecnologias que se perderam, mas a energia para ativá-las.

Antes de os norte-americanos encontrarem petróleo na Pensilvânia, e mais tarde no Texas e na Califórnia, e muito antes que dependêssemos de produtos importados do Oriente Médio, contávamos com abundantes estoques de madeira e carvão. A madeira ainda é a principal fonte de combustível de cozinha de um terço da população mundial. Mas, à medida que incêndios e desmatamentos foram devastando grandes áreas florestais do globo, os que não dispunham de outra fonte de energia caíram em desespero. Qualquer país que perca suas reservas energéticas arrisca-se a sofrer um colapso social e econômico. Pouco importa que se trate do mais rico dos países em matéria de capital investido e mão de obra qualificada: se não puder oferecer energia a preços acessíveis, provavelmente verá seu estilo de vida – e sua liberdade – deteriorar-se rapidamente.

Ao contrário da África do Norte, da Etiópia, do Curdistão ou do Líbano, os Estados Unidos jamais perderam todas as suas vastas florestas, tendo passado por uma transição razoavelmente tranquila dos tempos coloniais para a moderna era do petróleo, do gás e da energia nuclear. Além das florestas intermináveis, os norte-americanos tiveram a sorte e a felicidade de dispor de fartas fontes de carvão para mover suas locomotivas a vapor, de óleo para fazer funcionar os motores de seus automóveis e de rios e cascatas para produzir energia elétrica. Para os norte-americanos, a energia cresce nas árvores – literalmente. Assim, desde o início estiveram convencidos de que a energia necessária para impulsionar nossas engenhosas tecnologias seria gratuita ou *barata*. Tão inabalável era essa convicção que em 1954, quando Lewis Strauss, presidente da Comissão de Energia Atômica, fez a célebre promessa de que "a energia elétrica que nossos filhos desfrutarão em seus lares será barata demais para medir", pouquíssimos duvidaram.

Em consequência dessa crença profundamente arraigada, tendemos desde então a monitorar nosso progresso econômico levando em conta as tecnologias que concebemos, em vez da energia que produzimos para executá-las. A "engenhosidade norte-americana" corre em nosso sangue. Thomas Edison, Henry Ford, os irmãos Wright e Bill Gates são nossos ícones. E os economistas nos ensinam que o "progresso tecnológico" é um importante fator de crescimento econômico, embora *jamais tenham sido capazes de explicá-lo*, limitando-se a chamá-lo de "resíduo" inexplicado.

Aí reside um mistério sobre a história da política econômica norte-americana que logo pode voltar a assombrar-nos. Para sermos mais precisos, trata-se de um mistério aos olhos da opinião pública e um quebra-cabeça para os teóricos, que no último meio século foram os principais conselheiros econômicos do governo e das empresas dos Estados Unidos. Nos bastidores, em seu esforço contínuo por transformar a economia em uma verdadeira ciência preditiva, os professores de economia têm se debatido com um fato desconfortável: quando não são capazes de definir exatamente o que significa "progresso econômico", estão admitindo uma grande lacuna em sua capacidade de previsão – grande o bastante para fazê-los incorrer em sérios erros de cálculo quando se põem a avaliar como enfrentar as rupturas que se avizinham com o declínio da produção global de petróleo e a aceleração das mudanças climáticas.

Tal lacuna, em verdade, foi descoberta no início dos anos 1950, quando os economistas realizaram suas primeiras reconstituições quantitativas do histórico crescimento econômico ocorrido durante o século anterior – desde a Guerra Civil. Um dos principais objetivos dessas reconstituições era testar a pertinência da teoria clássica do crescimento econômico. Conforme a teoria neoclássica da época (que, sob uma forma modificada, é ainda hoje a teoria predominante), dois fatores de produção presidiam o crescimento econômico: o estoque de capital investido e a oferta de mão de obra. Intermináveis controvérsias se seguiriam relativamente à forma correta de medir o estoque de capital e mesmo a oferta de mão de obra. Não obstante, ambos os fatores eram, e ainda são, considerados propulsores do crescimento.

A descoberta teve o efeito de um choque. De acordo com as reconstituições, o acúmulo de capital investido por trabalhador respondia por apenas *um sétimo* do crescimento econômico efetivamente ocorrido. Isso deixava os cerca de seis sétimos restantes sem explicação. Robert Solow, o principal arquiteto da atual teoria do crescimento, cujo trabalho foi agraciado com o Prêmio Nobel, caracterizava esses seis sétimos incógnitos como "uma medida de nossa ignorância". Outros os denominaram "o resíduo Solow". Nas discussões acadêmicas, passaram a ser referidos como produtividade total dos fatores (PTF), dando a impressão de que os economistas haviam identificado algo bastante específico – embora não o tivessem. O mais descritivo desses termos era "progresso tecnológico", compreendido como as ações de empreendedores inovadores permanentemente empenhados em conceber novas ideias ou invenções com o fito de seguir impulsionando novas atividades econômicas. Como o progresso tecnológico não podia ser explicado por variáveis econômicas, presumiu-se que era **exógeno** (independente das forças econômicas). Daí a supor que os índices de crescimento do passado tendem a prolongar-se indefinidamente pelo futuro e que nossos netos, por consequência, serão muito mais ricos que nós, a distância é curta.

Passado meio século desde a desconcertante descoberta de Solow, a economia dos Estados Unidos seguiu em sua trilha de crescimento. Logo, o fato de os economistas não poderem explicar plenamente o *porquê* desse crescimento não era um sério problema. Hoje, no entanto, razões suficientes nos levam a crer que se trata de um problema de considerável importância, uma vez que suscita uma questão com a qual jamais tivemos de lidar: podemos admitir com segurança que o crescimento econômico dos Estados Unidos manterá pelo próximo século os mesmos índices históricos do passado, mesmo que a oferta acessível de petróleo desapareça do *menu*? É seguro admitir, como a maioria dos economistas ainda admite, que "nossos netos serão muito mais ricos que nós"?[1]

Essa é uma questão importante pelo fato de que, a confirmar-se verdadeira, nós, norte-americanos, em breve possivelmente voltaremos a lucrar com o valor crescente de nossos lares e simplesmente aproveitar a vida. A confirmar-se verdadeira, poderemos continuar adiando os necessários, mas dispendiosos, reparos em nosso meio ambiente e deixar que a próxima geração se encarregue deles. Economistas mais conservadores chegaram a dizer

---

[1] Nos bastidores, sérias questões começaram a ser suscitadas em 1973-75, quando o boicote do petróleo árabe desencadeou uma grande recessão. Se algo faltava na explicação do crescimento econômico passado, terá a recessão possivelmente exposto o fator ausente como sendo a energia? Alguns economistas tentaram incluir a energia como um terceiro fator de crescimento, mas os resultados não se mostraram suficientemente convincentes. Seja como for, os preços do petróleo caíram nos anos 1980, e o crescimento foi retomado.

que é quase um crime fazer tais investimentos agora, pois seria como se "os pobres [estivessem] subsidiando os ricos". Mas será rica a próxima geração se os serviços energéticos baratos se esgotarem? Será rica se não economizarmos e investirmos? Acreditamos que algo está faltando na teoria econômica dominante.

O problema é que os conselheiros econômicos que se fiam nessa teoria ignoram o que impulsionará o crescimento econômico durante o período de transição energética – período que será decisivo para a sustentabilidade da civilização no século XXI. Baseiam-se fortemente em um terceiro fator indefinido de crescimento econômico, que nos recolocaria no caminho do crescimento rapidamente. E, por não serem capazes de definir esse terceiro fator em termos mais precisos, a administração Obama adotou uma abordagem indiscriminada de investimentos: despejar capital novo para pontes e rodovias, peças automotivas, pesquisas com "carvão limpo", experimentos de captura de carbono, habitação, pesquisas com células-tronco, exploração espacial, biotecnologia, TV digital e centenas de outros setores necessitados, acompanhado de mais cortes tributários. Estão todos nervosamente confiantes de que *alguma coisa* há de trazer retorno.

Em 2009, o diretor de Orçamento da Casa Branca, Peter Orszag, revelou à entrevistadora da rede PBS Judy Woodruff: "Creio que estaremos antecipando o crescimento da economia para antes de 2011". Questionado pela jornalista se o plano do presidente Obama de elevar os impostos dos norte-americanos de maior renda numa época de crise econômica não impediria a recuperação em vez de estimulá-la – por exemplo, dificultando para os empresários "desenvolver suas organizações e criar novos postos de trabalho" –, Orszag deu a seguinte resposta: "Bem, uma vez mais, quero deixar bem claro o cronograma. Isso será em *2011*, e daí em diante, depois que a economia supostamente tiver começado a recuperar-se." Seja como for, tal suposição era (e é) uma aposta gigantesca, mais calcada em uma corajosa esperança do que em qualquer teoria econômica de base científica que Orszag pudesse citar.

❖ O que impulsiona *de fato* o crescimento econômico?

Por volta de 1980, na Universidade de Wuerzburg, Alemanha, Reiner Kuemmel, professor de física teórica, viu-se refletindo sobre as consequências econômicas do embargo do petróleo árabe de 1973-74 e da crise iraniana de 1979-80. Parecia-lhe curioso que, embora a energia fosse (para um cientista físico como ele) obviamente fundamental para qualquer atividade econômica, de certa forma ela estava ausente da teoria de crescimento econômico dominante, formulada por Robert Solow e posteriormente adotada por quase todos os economistas. Kuemmel suspeitava que essa energia poderia mostrar-se um fator de crescimento, ao lado da mão de obra e do capital. Ao contrário de outros que haviam compartilhado essa suspeita, mas terminaram por rejeitá-la, Kuemmel empreendeu um sério esforço para tirá-la a limpo. Com a ajuda de vários colegas jovens, desenvolveu um modelo de crescimento alternativo, que incorporava a energia primária como uma terceira variável explicativa. Sem formação nem experiência como economista, ele deixou de lado uma das suposições que outros economistas faziam rotineiramente – e ainda fazem. (Voltaremos a esse ponto mais tarde.)

Assim como Solow décadas antes testara seu modelo de dois fatores para verificar até que ponto podia reconstituir o crescimento ocorrido nos Estados Unidos ao longo do século anterior, Kuemmel e seus colegas testaram seu modelo de três fatores com três países – Estados Unidos, Reino Unido e Alemanha – durante o período que cobre da Segunda Guerra Mundial até 2000. Contrariamente ao modelo de Solow, que jamais logrou explicar a maior parte do crescimento que ocorrera de fato (e que Solow atribuía ao "progresso técnico"), o modelo de Kuemmel parecia imitar a história real quase à perfeição. Entretanto, como era difícil para os economistas interpretar seus parâmetros, a maioria optou pelo ceticismo. Um deles chegou a observar que, com parâmetros suficientes, uma função matemática poderia reproduzir *qualquer* forma, mesmo a de um elefante.

Fosse como fosse, Kuemmel não estava sozinho. Trabalhando independentemente, o veterano autor deste livro (Robert Ayres, professor de Ambiente e Gestão da escola de administração Insead em Fontainebleau, França) trilhava um caminho diferente, mas movido pela mesma intuição básica. Com formação também em Física, Ayres passou grande parte de sua carreira estudando fluxos de energia e matéria, mudanças tecnológicas e modelos econômicos de insumo-produto – tudo de uma perspectiva ambiental. Coadjuvado por seu assistente de pesquisa, Benjamin Warr, ele decidiu construir um modelo de três fatores voltado não para a energia primária propriamente dita, mas para a eficiência termodinâmica com que a energia primária (**exergia**) é convertida em "trabalho útil".

Assim, Ayres e Warr assumiram a laboriosa tarefa de reconstituir os dados históricos sobre a produção de trabalho útil de cada país, começando pelos Estados Unidos. Testaram a formulação do novo modelo reconstituindo o crescimento econômico registrado durante todo o século XX, inicialmente pelos Estados Unidos e posteriormente pelo Japão e pelo Reino Unido, e pela Áustria a partir de 1920. Os resultados foram impressionantes: a nova abordagem parecia explicar 100% do crescimento econômico de cada um dos quatro países ao longo do século XX. Uma vez mais, no entanto, os poucos economistas que observaram esses resultados mostraram-se céticos; eram "bons demais para ser verdadeiros". Tanto o modelo de Kuemmel quanto o de Ayres-Warr haviam ignorado certo artigo de fé entre os economistas diplomados: de que a importância relativa (conhecida como **elasticidade de produção**) do capital e da mão de obra como fatores de crescimento deve ser exatamente proporcional ao seu "compartilhamento de custos" nas contas nacionais.

A suposição relativa às quotas de custo adivinha de um modelo de cálculo simples que se mantivera inconteste por décadas. No entanto, diferentemente da economia abstrata e supersimplificada implícita nesse modelo, a economia da vida real não se resume a um único setor produzindo um único produto. E Kuemmel recentemente apresentou a prova matemática de que, em uma economia multissetorial realista, as elasticidades de produção não precisam equivaler ao compartilhamento de custo. Sua prova responde à primeira objeção dos economistas da corrente dominante. Os leitores poderão encontrar mais detalhes sobre essa prova, bem como uma análise estatística que responde às objeções de que as reconstituições oferecidas pelos dois modelos independentes são "boas demais para ser verdadeiras", em diversas publicações e em nosso *website*.[2]

O modelo de crescimento de Ayres-Warr parece esclarecer algumas das antigas incertezas em torno do significado de "progresso tecnológico" – o terceiro fator de crescimento ausente – ao identificá-lo quase inteiramente, em termos bastante específicos, à *crescente eficiência termodinâmica com que a energia e as matérias-primas são convertidas em trabalho útil*. Se os economistas forem capazes de acelerar essa eficiência aplicando políticas inteligentes, o crescimento econômico também irá acelerar-se. Em contrapartida, se o índice de ganhos de eficiência desacelerar-se no futuro, o crescimento econômico muito provavelmente também irá desacelerar-se. O efeito dessa descoberta, combinado com os resultados reveladores dos novos modelos de crescimento, fornece o que acreditamos ser uma nova e significativa perspectiva sobre a natureza da produtividade e crescimento econômicos. Ademais, lança luz

---

[2] Ver Robert U. Ayres e Benjamin Warr, *The Economic Growth Engine: How Energy and Work Drive Material Prosperity* (Cheltenham, U.K., e Northampton, MA: Edward Elgar Publishing, 2009). Ver também Reiner Kuemmel, Robert U. Ayres e Dietmar Lindenberger, *Technological Constraints and Shadow Prices* (Wuerzburg, Germany: 2008), em nosso *website*.

sobre como esse crescimento (ou a falta dele, no caso de o custo dos serviços energéticos continuar a subir descontroladamente) afetará nossos esforços por uma exitosa transição energética ao longo das próximas décadas.

As razões que tornam o paradigma econômico vigente tão incompleto, a ponto de não poder explicar um dos principais motores da vitalidade e crescimento econômicos, remontam ao século XVIII e a princípios do século XIX, quando os recursos naturais eram agrupados indiscriminadamente sob a categoria "terra". Eram os proprietários de terras que gerenciavam a economia (e tinham direito a voto). Mais tarde naquele século, a terra foi absorvida pela categoria mais ampla "capital". Em uma economia agrícola, a produtividade econômica (Produto Interno Bruto [PIB]) correspondia basicamente ao produto do trabalho dos agricultores que cultivavam a terra – trabalhadores que lidavam com capital. Na economia mecanizada da Revolução Industrial, a produtividade econômica constituía-se do trabalho dos operários nas máquinas fabris.

E quanto à energia? Para uma economia agrícola, a luz solar era o insumo energético necessário para o cultivo das plantas (que, por sua vez, serviam de alimento aos animais de tração). No entanto, a quantidade de luz solar era proporcional à extensão da terra (em acres), de modo que um componente natural da posse de uma terra era a luz solar que a acompanhava. A teoria não precisava contar a energia como algo separado do capital. Logo, a teoria dos dois fatores (mão de obra e capital) tornou-se central para o pensamento e a formação dos economistas no século XIX, assim permanecendo até hoje.

Talvez a primeira crise de energia dos anos 1970 fosse uma chamada de advertência, um aviso de que a teoria precisava ser revisada, mas não foi. A energia primária era – e ainda é – tratada como um *produto* intermediário da mão de obra e do capital. De fato, presume-se que a combinação de mão de obra e capital de alguma forma produza energia. Os mineiros que trabalham removendo o topo de uma montanha na Virgínia Ocidental "produzem" carvão. Isso talvez pudesse ter algum sentido aparente se pensássemos em uma mina de carvão (ou em um poço de petróleo ou em uma estação eólica) como uma produtora de energia nova. Mas não é. A energia útil já está ali – na montanha, no fundo do mar ou no vento. Talvez seja por isso que os físicos, para quem a primeira lei da termodinâmica não é tão fácil de negligenciar, começaram a questionar a teoria dos dois fatores. Mão de obra e capital não *produzem* energia – *extraem* energia.

A diferença entre extrair e produzir energia poderia soar como um detalhe semântico. Em todo caso, há uma enorme diferença entre a energia ser um *produto* da atividade econômica, como alega a teoria da mão de obra e capital, e ser um *pré-requisito* da atividade econômica. Em primeiro lugar, a atividade econômica não existe a menos que a mão de obra e o capital sejam igualmente "abastecidos". Os trabalhadores precisam alimentar-se, e o capital precisa ser alimentado. Se o capital é uma lavoura, ele precisa da luz solar; se é uma máquina, precisa de combustível ou energia elétrica. Sem a energia como pré-requisito, nem a mão de obra, nem o capital produzirão sequer um dólar de PIB. Essa distinção entre a energia como produto intermediário, na teoria dos dois fatores, e como um terceiro fator independente, é importante porque *os cálculos resultantes da produtividade e do crescimento econômicos diferem radicalmente.*

Na crise econômica de 2008-09, assistimos a uma avalanche de sinais de que o edifício do paradigma econômico dominante havia ruído. Todavia, esse edifício não era apenas algo obsoleto que remete às origens oitocentistas do capital como a terra com a energia da luz solar garantida; também era fruto de uma propensão generalizada, entre os gerentes de empresas e governos, de pressupor a disponibilidade dos recursos físicos. Investir era como comprar brinquedos com as baterias incluídas. Para um cientista físico, contudo, a história econômica precisa começar pelos recursos energéticos. A história do progresso tecnológico, conforme ensinada em nossas escolas, pode compreensivelmente centrar-se nas invenções engenhosas e nos encantadores avanços que experimentamos, do motor a vapor à energia elétrica, das carruagens aos automóveis e das máquinas aos computadores. O último iPod é intrinsecamente mais interessante que um bloco de carvão, embora um bloco de carvão ainda seja a fonte de energia que o alimenta. Como destacamos anteriormente, sem combustível para abastecê-las, as máquinas não passam de uma tralha imprestável.

A história das máquinas, portanto, é também, em grande medida, a história dos combustíveis que as alimentaram. O fato de as fontes de energia e as próprias máquinas terem ambas se tornado *mais baratas*, de forma quase contínua, ao longo dos dois últimos séculos – e até recentemente – reforçou a substituição da energia fóssil (e nuclear) pelos músculos humanos e animais.[3] Mas, à medida que a energia fóssil tornar-se mais cara no futuro pós--pico do petróleo e de carbono restrito, os setores com consumo intensivo

---

[3] Os preços do petróleo bruto, em dólares de 2006, despencaram de mais de US$ 80 o barril em 1869 para menos de US$ 20 um século mais tarde, em 1970. O embargo do petróleo promovido pela OPEP em 1973 interrompeu temporariamente essa tendência descendente, que, no entanto, prosseguiu nos anos 1980 e 1990, sendo novamente interrompida depois de 11/9. A maioria dos analistas – entre os quais nos incluímos – não vê qualquer perspectiva de o petróleo voltar a ser barato a longo prazo.

de energia, incluindo os de produtos químicos, metais, transporte, produção e construção, irão desacelerar-se. Isso acontecerá inevitavelmente, por mais engenhosos que sejam os novos produtos ou invenções trazidos ao mercado – *a menos que essas novas tecnologias também tornem mais baratos os serviços de energia*. E, se eles ficarem *muito* caros aos usuários, o crescimento econômico cessará totalmente, com consequências provavelmente desastrosas.

Os complicados modelos matemáticos utilizados pelos conselheiros econômicos para orientar a política econômica, com seu foco tradicionalmente direcionado à mão de obra e ao capital como propulsores do crescimento, têm dado muito pouca atenção aos detalhes de como a energia primária faz funcionar a mão de obra e o capital. Nos primórdios da Revolução Industrial, quando os motores a vapor começaram a substituir a força muscular humana e animal, a teoria econômica que se desenvolvia jamais reconheceu e incorporou plenamente alguns fatos básicos acerca dos metabolismos animal e industrial:

- ❖ Cavalos, bois e outros animais de tração *comem plantas* por suas Calorias.[4] Ademais, enquanto trabalham, não podem pastar; precisam ser alimentados com grãos colhidos.
- ❖ Trabalhadores humanos também não podem pastar. Consomem produtos alimentícios obtidos das plantas e a carne de animais que se alimentam de plantas, também por suas Calorias.
- ❖ Máquinas *"comem" plantas fósseis* (carvão, petróleo e gás natural derivados de plantas desenvolvidas no Período Carbonífero), também por suas Calorias.

Consequentemente, os conselheiros econômicos de hoje ignoraram com demasiada facilidade um fato básico acerca da civilização que poderia ser crucial para solucionar ou amainar os crescentes problemas mundiais: *toda atividade econômica começa com materiais físicos e vetores energéticos (combustíveis e energia elétrica)*. Sem materiais, não há comida, abrigo ou tecnologia; sem energia, não há trabalho – e atividade econômica.

Por que isso importa? Se os modelos econômicos forem revisados de modo a contemplar devidamente a importância decisiva dos materiais e da energia para os prognósticos econômicos, os resultados mostrarão um futu-

---

[4] As Calorias Alimentares são normalmente referidas com C maiúsculo, para distingui-las das calorias térmicas.

ro radicalmente diferente para a economia norte-americana do que aquele apresentado pelos modelos tradicionais vigentes. Questões teóricas podem parecer de pouco interesse imediato para pessoas que perderam suas casas (quer confiscadas por algum banco, quer destruídas por enchentes ou tornados) ou seu dinheiro (quer por demissão, quer pelo colapso de algum fundo de *hedge*). Todavia, sem uma compreensão teórica sólida sobre o funcionamento do mundo, ainda estaríamos vivendo nas cavernas e caçando coelhos para comer. Pessoas ignorantes não poderiam ter inventado carros, aviões ou computadores, tampouco tais invenções poderiam ter ocorrido acidentalmente; tiveram de ser precedidas por sucessivas descobertas dos princípios elementares da física, da química, da metalurgia e da matemática. Se a teoria que orienta a política econômica continuar a omitir uma peça-chave, mais cedo ou mais tarde o motor do crescimento econômico no mundo real tende a quebrar. Talvez tenhamos chegado a esse ponto.

❖ Uma tempestade perfeita na economia

Quando o mercado imobiliário começou a desmoronar em 2007, a primeira reação dos economistas foi tranquilizar a opinião pública de que não havia necessidade de pânico, uma vez que "a economia estava sólida". Tal garantia, contudo, era mais um reflexo da fé dos economistas na ideologia capitalista de livre-mercado do que de sua capacidade de predizer o que aconteceria realmente. Se observarmos, em vez disso, as previsões da ciência física e de recursos, a perspectiva é bem diferente. Estamos nos estágios iniciais de uma espécie de "tempestade perfeita" global que irá afetar todas as nossas ações e para a qual estamos lamentavelmente despreparados. A maneira de projetarmos a ponte da transição energética afetará profundamente a capacidade com que os Estados Unidos – e a própria civilização – irão perseverar no século XXI.

Tal tempestade não é invisível, mas seus impactos futuros talvez ainda escapem à consciência da maioria dos norte-americanos – que têm sido submetidos a maciças campanhas para manter esses impactos fora da vista e longe do pensamento, e por conta dos mitos generalizados acerca da natureza da economia energética, mitos que têm levado os líderes governamentais e empresariais a olhar persistentemente na direção errada.

Os sintomas da tempestade são tanto econômicos quanto físicos, e as ligações entre esses dois grupos de indícios são cruciais. Os sinais econômicos de desestabilização não incluem apenas as erráticas ferroadas que temos visto nos preços da gasolina e do petróleo bruto, mas também – admitindo-se uma eventual retomada no crescimento – os progressivos custos a longo prazo de tudo quanto dependa de petróleo e gás, desde a comida até o plástico, passando pelas viagens aéreas.[5] Os sinais físicos incluem a escalada dos violentos desastres climáticos que experimentamos nos últimos anos, em âmbito mundial e nos Estados Unidos. O ciclone que se abateu sobre Mianmar em 2008 matou mais de 85 mil pessoas, aproximadamente 40 vezes o número de vítimas dos atentados de 11 de Setembro perpetrados pela Al Qaeda nos Estados Unidos. A tormenta de Mianmar pode ou não ter sido consequência das mudanças climáticas globais, mas a crescente frequência e ferocidade de tais tormentas muito provavelmente o é. Para se ter uma ideia, em 2008, os Estados Unidos foram afligidos por 87 tornados no mesmo dia, é, num único mês, 2 mil incêndios florestais descontrolados assolaram a Califórnia, incinerando mais de 3,6 quilômetros quadrados.

Esses eventos perturbadores, junto com fatos semelhantes ocorridos em outros continentes, são os arautos de três fenômenos iminentes e irreversíveis. O primeiro deles é o resultado do "pico do petróleo", o momento fatídico em que a opinião pública por fim se convencerá daquilo que os especialistas há algum tempo já sabem: que a produção global de petróleo deu a largada para seu derradeiro declínio. A economia global, erigida em torno do petróleo, terá então ingressado em tempos de escassez cada vez mais acentuada e preços cada vez mais escorchantes – ainda que a população mundial, com a rápida ascensão de sua demanda por energia e comida, continue a expandir-se em mais de 70 milhões de pessoas por ano. A maioria das previsões indica que o pico do petróleo irá ocorrer em algum momento entre 2010 e 2020, sendo que, para alguns especialistas, ele já ocorreu.

O segundo desses fenômenos perturbadores, seguindo-se a uma desaceleração das inovações relacionadas à energia ocorrida durante o último meio século, será o visível "envelhecimento" de várias das principais tecnologias das quais a economia baseada em combustíveis fósseis depende. Nem os motores de combustão interna produzidos atualmente, nem as turbinas a vapor que utilizamos para gerar nossa energia elétrica são muito mais eficientes

---

[5] Quedas temporárias na demanda, como aquelas causadas pelo colapso econômico iniciado em 2008, levam a reduções momentâneas nos preços da energia, mas a tendência a longo prazo – dado que a magnitude do crescimento populacional esperado para o planeta coincide com o declínio da produção de petróleo – será o aumento dos custos do petróleo.

(na conversão de combustíveis em energia útil) do que foram nos anos 1960. Nosso "cinturão da ferrugem" está enferrujando por uma *razão*.

A terceira perturbação – que a maioria dos norte-americanos vê aproximar-se, mas não sabe exatamente como reagir – é a escalada das catástrofes climáticas, que intensificará a crise econômica e energética dos Estados Unidos ao tornar mais urgente a necessidade de alcançarmos a independência do petróleo e desenvolvermos plenamente nossas novas tecnologias baseadas no consumo de combustíveis não fósseis – as quais, contrariando algumas opiniões, estão longe de ter condições de predominar em larga escala. Ironicamente, os custos motivados pela emergência de lidar com catástrofes climáticas a curto prazo poderiam desviar o dinheiro de investimentos nas tecnologias necessárias para evitar catástrofes ainda maiores a longo prazo.

Não é difícil identificar qual deva ser a resposta fundamental dos Estados Unidos a essa tormenta. Podemos resumi-la em três objetivos principais. Em capítulos posteriores mostraremos como, caso o modelo econômico esteja correto a ponto de contemplar plenamente o impacto dos fluxos de energia sobre o crescimento econômico, podemos – em relativamente poucos anos – atingir esses três objetivos:

- ❖ **Redução maciça das emissões de gases estufa** *a um custo líquido baixo ou mesmo negativo*. Opções de custo negativo irão impulsionar efetivamente a economia norte-americana como um todo.
- ❖ **Independência energética** sem perfurações petrolíferas nas costas da Califórnia ou da Flórida, ou no Refúgio Nacional da Fauna do Ártico (*Arctic National Wildlife Energy*), e sem a necessidade de controle militar do Iraque, da Arábia Saudita, da Venezuela ou de qualquer outro lugar que possa tentar nossos líderes caso o preço do petróleo suba demais, rápido demais.
- ❖ **Segurança energética consistentemente aprimorada** (o que não é o mesmo que dizer independência energética), caso as centrais elétricas e as linhas de transmissão sejam vulneráveis a sabotagens ou tornados, como são hoje.

❖ Paralisia das lideranças

Os norte-americanos que creem que a economia de mercado tomará conta de tudo talvez estejam, neste exato momento, tomados pela melancolia e pelo pessimismo, mas em outros, talvez, repouse a esperança de que nossos líderes empresariais e governamentais estejam finalmente "se dando conta" da situação. Com todas as notícias que circulam acerca de novas iniciativas "verdes" – carros híbridos e elétricos, biocombustíveis, luzes fluorescentes compactas, aparelhos Energy Star, mercados voluntários de carbono e investimentos socialmente responsáveis, sem falar na formidável ampliação dos investimentos da administração Obama em energia renovável –, é fácil concluir que os Estados Unidos estão respondendo vigorosamente. E, sim, muitos cidadãos, empresas e comunidades estão trabalhando arduamente para reduzir as pegadas de carbono e preparar-nos para as mudanças climáticas. No entanto, o governo norte-americano sob as administrações Clinton e Bush não fez praticamente nada e, contrariando certas propagandas enganosas, a maioria das grandes corporações não foi muito além da publicidade. *As emissões de dióxido de carbono continuam a crescer.* Cientistas que monitoram a situação veem claramente que, mesmo com a intervenção do American Recovery and Investment Act de 2009 e a proliferação dos investimentos em energia limpa, a concentração de dióxido de carbono na atmosfera *continuará* a crescer nos próximos anos, a menos que sejam feitas mudanças mais fundamentais em nossa economia energética.

A segunda administração Bush acordou tarde demais para a abordagem dos três fenômenos que constituem a tempestade perfeita que se aproxima. Durante sete dos oito anos que ocupou a presidência dos Estados Unidos, George W. Bush e seus conselheiros mais próximos negaram que o aquecimento global fosse causado pela ação humana, e tomaram medidas vigorosas para *barrar* os esforços de preparação para os impactos. Entretanto, após os devastadores tornados e enchentes que atingiram a região centro-oeste do país em 2008, a Casa Branca emitiu uma declaração reconhecendo o que já não podia ser negado: a mudança climática que presenciamos é, ao menos em parte, motivada pelas atividades humanas.

Enquanto isso, no entanto, o senador por Oklahoma, James Inhofe, e outros políticos ligados ao setor petrolífero, continuaram a insistir que o aquecimento global não passava de um "embuste liberal". Seus veementes protestos – combinados com uma considerável confusão entre os legisladores quanto a quem ouvir (os climatologistas ou os lobistas da Exxon e da Shell?) – foram suficientes para impedir o Congresso de aprovar toda e qualquer legislação mais significativa relacionada ao clima antes de 2009. Adversários políticos do ex-vice-presidente Al Gore há muito o haviam achincalhado e ridicularizado por sua declaração de que os motores a combustão interna dos veículos automotivos deviam ser eliminados gradativamente. À época em que seu documentário *Uma verdade inconveniente* ajudou a sensibilizar a opinião pública para o problema, quase duas décadas haviam sido perdidas.⁶

A esperada abordagem do pico do petróleo tem sido amplamente discutida nos bastidores, sobretudo por alguns geólogos do petróleo – notadamente King Hubbert, Colin Campbell e Jean LaHerriere. Entretanto, a maioria dos economistas, a Agência Internacional de Energia, a OPEP e a Administração de Informações Energéticas dos Estados Unidos, junto com as associações das indústrias do petróleo e do gás e as próprias grandes companhias petrolíferas, há muito promoveram a noção de que a demanda de petróleo poderia e iria continuar a crescer sem aumentos significativos nos preços até, pelo menos, 2030. Apesar de as previsões recentes serem mais cautelosas, certos economistas ainda insistem em afirmar que "há um oceano de petróleo; trata-se apenas de uma questão de preço", citando, como justificativa, as areias betuminosas e outras fontes questionáveis. O efeito líquido de todo esse otimismo institucional em face do ceticismo dos geólogos tem sido a paralisia legislativa e administrativa.

Os cientistas começaram a alertar – já nos anos 1850, e com mais gravidade na década de 1950 – que a base de recursos do planeta não é ilimitada. Afora a preocupação com a disponibilidade de carvão, petróleo e outros recursos minerais, tem inquietado os agrônomos o fato de que a erosão do solo está removendo a sua camada superficial necessária para a produção do alimento humano mais rapidamente do que a natureza consegue regenerá-la. Biólogos como Edward O. Wilson advertiram-nos de que a poluição e a destruição dos habitats constituem uma ameaça à vida de dezenas de milhares de espécies – incluindo as abelhas, essenciais para a polinização de quase metade das culturas alimentares humanas. Conforme observaram os ecologistas, à medida que as espécies são dizimadas, ecossistemas inteiros são destruídos. Biólogos marinhos notaram que os esgotos das cidades costeiras e o escoamento de fertilizantes das fazendas transformaram grandes áreas do Golfo do México e do Oceano Atlântico em zonas mortas anaeróbicas. Nos anos 1970, os climatologistas começaram a inquietar-se com a possibilidade de que o aumento da emissão de dióxido de carbono e de outros ditos gases de efeito estufa decorrentes da atividade humana viessem a desestabilizar o clima.

---

⁶ O principal climatologista da NASA, James Hansen, foi quem primeiro alertou o Congresso norte-americano para os perigos do aquecimento global, em 1988. Reiterou sua advertência em 1998, mas acrescentando um comentário: "Hoje, como naquela época, posso assegurar que essas conclusões possuem um índice de certeza superior a 99%. A diferença é que agora esgotamos toda a folga que havia na agenda."

No começo da década de 1990, as preocupações converteram-se em advertências explícitas:

❖ Em 1992, os climatologistas do recém-formado Painel Intergovernamental sobre Mudanças Climáticas (IPPC, na sigla em inglês) editaram o Primeiro Relatório de Avaliação, em que alertavam as autoridades mundiais de que as mudanças climáticas exacerbadas pela ação humana estavam convertendo-se numa séria ameaça à civilização. O relatório foi preparado por 78 autores e 400 coautores de 26 países, revisado por outros 500 cientistas de 40 países, e uma vez mais revisado por 177 delegados de todas as academias nacionais de ciência do planeta.
❖ No mesmo ano, um grupo mais amplo de 1.670 cientistas provenientes dos campos mais variados divulgou um relatório intitulado *World Scientists' Warning to Humanity*, em cuja Introdução notava que "Os seres humanos e o mundo natural estão em rota de colisão". A primeira recomendação do documento era de que "Precisamos... abandonar os combustíveis fósseis em prol de recursos energéticos mais benignos e inexauríveis, tendo em vista reduzir as emissões de gases estufa". A advertência foi assinada por 104 laureados do Prêmio Nobel.
❖ Em 1998, a União Internacional para a Conservação da Natureza e dos Recursos Naturais (IUCN, na sigla inglesa) editou documento de 862 páginas intitulado *IUCN Red List of Threatened Plants*, em que resumia 20 anos de pesquisas realizadas por 16 organizações científicas de todo o mundo. A *Red List* mostrava que 34 mil espécies de plantas conhecidas do mundo aproximavam-se da extinção. Um estudo nacional realizado por biólogos norte-americanos do American Museum of Natural History de Nova York concluiu que iniciamos a mais célere extinção em massa da história de nosso planeta – ainda mais célere que a extinção dos dinossauros, ocorrida há 65 milhões de anos.
❖ Em 2007, o IPCC divulgou uma avaliação atualizada em que revisava suas advertências sobre as mudanças climáticas baseado em estudos mais recentes e permanentes. O novo relatório indicava que as temperaturas se elevarão ainda mais, assim como o nível médio das águas do mar, com danos catastróficos provavelmente mais graves do que indicado em suas avaliações anteriores.

Muitos economistas, no entanto, tinham uma visão muito diferente da situação. Embora não contestassem a provável aproximação das mudanças climáticas, pareciam bem mais preocupados com os custos imediatos de investir em medidas de segurança contra as alterações iminentes que com os custos incertos dos danos futuros. Isso, em parte, talvez se deva ao fato de os economistas serem treinados para desconsiderar o futuro, baseados, sobretudo no argumento de que indivíduos e organizações comprovadamente o fazem. A sociedade, no fim das contas, é uma coleção de indivíduos e organizações. Tal desconsideração é, em parte, movida pela consciência de nossa mortalidade – talvez não vivamos o suficiente para usufruir o que deixamos de consumir hoje – e, em parte, decorrente de uma miopia intrínseca. Achamos difícil imaginar que, como indivíduos ou como sociedade, poderíamos ter maiores necessidades no futuro do que agora. Se o crescimento econômico está garantido, por que não deixar que os sujeitos abastados do futuro se encarreguem de limpar o ambiente, já que terão mais condições de arcar com esses custos?

Até que ponto desconsiderar[7] as necessidades do futuro é parte de uma questão imediata e politicamente premente: quanto devemos investir hoje para atenuar os prejuízos climáticos que ocorrerão daqui a 5, 10 ou 50 anos? A resposta certamente depende, em um grau significativo, do estado futuro da economia. Se as mudanças climáticas irão tornar o mundo mais rico do que seria sem elas – reduzindo a necessidade de óleo para aquecimento doméstico e possibilitando períodos de cultivo progressivamente mais longos em lugares como a Sibéria –, então poderíamos querer até mesmo acelerar essas mudanças. Se, ao contrário, as mudanças climáticas irão tornar o mundo mais pobre devido ao aumento do nível dos mares, de tempestades mais violentas, furacões e tornados mais frequentes, enchentes e secas mais devastadores e quebra generalizada da produção agrícola (e a ciência aponta enfaticamente essa probabilidade), devemos investir em estratégias para reduzir as emissões de carbono e, com isso, mitigar esses efeitos. Para decidir o que fazer, *precisamos saber de que forma as mudanças acarretadas pelo pico do petróleo e pelas alterações climáticas irão afetar o sistema econômico.*

Mas é impossível aos modelos econômicos tradicionais começar a responder a essas questões sem trapacear. Como observamos anteriormente,

---

[7] Há muita controvérsia entre os economistas sobre qual deva ser a taxa social de desconto. Para alguns economistas heterodoxos, deveria realmente ser zero, ou algum número ínfimo, pois as gerações futuras devem influenciar em nossa atual tomada de decisão, já que são elas que viverão as consequências. A maioria dos economistas, porém, tende a pensar em termos financeiros, argumentando que um dólar ganho pode ser gasto hoje ou economizado no banco, onde renderá juros (presumivelmente superiores à taxa de inflação) e, portanto, terá maior poder de compra no futuro.

eles não são capazes de explicar a maior parte do crescimento econômico ocorrido durante os últimos dois séculos. E se esse crescimento deveu-se essencialmente à queda dos custos da energia primária e do trabalho útil? E se tais custos tenderem a crescer no futuro? Rotular a causa principal desse crescimento de "progresso tecnológico" ou "produtividade total dos fatores" é uma resposta evasiva à questão. Não explica quanto crescimento podemos esperar – se é que podemos – para os próximos 5, 10 ou 50 anos. Como mencionamos anteriormente, os modelos tradicionais de crescimento econômico limitam-se a supor que o crescimento se manterá à mesma taxa básica, ou ligeiramente inferior, não sendo afetado pelo que agora sabemos ser o papel crucial da disponibilidade e do custo energético. Os modelos supõem ainda que todas as unidades de negócios e setores jogam em condições de igualdade: tempo perfeito, respeito total às regras do jogo, árbitros honestos, uma multidão ordeira e bem-comportada nas arquibancadas, e cachorro-quente para todos. Em acentuado contraste, as advertências feitas pelos cientistas descrevem a chegada de um tempo em que condições climáticas extremas se combinarão com ecossistemas debilitados, uma população humana cada vez mais numerosa, pobreza, esgotamento de recursos e uma luta cada vez mais frenética por água e energia, para produzir enormes desastres humanos que trarão um caos físico, social e econômico. O modelo econômico tradicional não tem a menor condição de dar conta desse caos.

Os economistas (mas, até recentemente, não os cientistas) influenciaram significativamente o governo norte-americano, em parte porque, nos últimos anos, os conselheiros econômicos têm agido como os bajuladores do conto de fadas *A roupa nova do rei*. Embora soubessem desde os anos 1950 que o fator "progresso tecnológico" no crescimento econômico não fora explicado, o desenvolvimento da economia – e suas sucessivas recuperações dos reveses – lhes conferia uma cobertura. E, como uma profissão, guardaram silêncio sobre o que não sabiam. Como o rei nu que acreditava estar magnificamente vestido, o presidente dos Estados Unidos e seus amigos corporativos receberam a garantia de seus conselheiros, ao menos até 2008, de que tudo corria bem. Uma das avaliações mais frequentemente oferecidas, especialmente durante as recessões ou crises (das quais a economia norte-americana sempre pareceu recuperar-se vigorosamente), era – como continuamos a ouvir durante o colapso de 2008 – de que "a economia está fundamentalmente sólida" ou "os fundamentos estão sólidos".

No entanto, como a maioria das pessoas agora sabe, e como elucidamos neste livro, a economia *não* estava sólida: levávamos uma vida de rei, sob vários aspectos. Estávamos – e estamos – emprestando e gastando capital natural como se fosse receita corrente. Grande parte desse capital natural é insubstituível. Ademais, nas últimas décadas gastamos, para nosso consumo imediato, vastos montantes emprestados que a próxima geração de norte-americanos provavelmente não terá como pagar. A noção comumente propalada pelos economistas conservadores, de que nossos netos serão muito mais ricos que nós, cada vez mais faz lembrar as roupas inexistentes do rei.

Podemos vislumbrar a dinâmica da confusão econômica que hoje impera nas acusações e discussões públicas travadas na esteira da crise imobiliária de 2008. Poucos foram os especialistas que perceberam sua aproximação, e praticamente nenhum deles ocupava altos cargos. Mesmo depois de iniciada a crise, poucos anteciparam os efeitos propagadores de suas ondas (que viraram maremoto). Tão logo a crise dos créditos hipotecários de alto risco (*subprime*) desferiu seu primeiro golpe, o presidente do *Federal Reserve* Ben Bernanke apressou-se em tranquilizar a nação: "Dado que os fatores fundamentais estão em ordem... não esperamos que a crise do setor de *subprime* venha a ter repercussões significativas sobre o resto da economia ou sobre o sistema financeiro". Poucos meses depois, a crise havia se alastrado para todo o setor hipotecário, de construção, bens imobiliários, seguros, bancos de investimento e fabricantes automotivos. Quando em julho de 2008 circularam notícias de que um grande banco da Califórnia fora à bancarrota e que as gigantes do setor hipotecário norte-americano Fannie Mae e Freddie Mac aproximavam-se do colapso, um porta-voz da Casa Branca foi à TV assegurar à nação que: "Não há motivo para pânico. Fannie Mae e Freddie Mac possuem imenso capital".[8]

Não conhecemos alguém quem tenha tomado esse comentário como indicativo de qualquer coisa, exceto a esperança da administração Bush em tranquilizar a apreensiva opinião pública de que a economia estava sólida. ("A economia está sólida", anunciava o presidente Bush dias depois, em outra de suas declarações de "missão cumprida".) Mas, na verdade, essa garantia tranquilizadora de que Freddie e Fannie possuíam "abundância de capital" deixa claro a confusão econômica e a má condução que têm frustrado a economia energética dos Estados Unidos. O propósito de tal declaração era dar a entender que as mutuantes dispunham da quantidade necessária do trunfo essencial para impulsionar o crédito e restaurar a vitalidade da economia –

---

[8] De acordo com os registros da Federal Deposit Insurance Corporation (FDIC), 25 bancos faliram nos Estados Unidos até o final de 2008. E essas falências prosseguiram num ritmo ainda mais rápido em 2009.

capital. Como observamos anteriormente neste capítulo, a teoria neoclássica sempre assumiu (ao menos até a década de 1950) que é o capital investido que abastece a economia – embora, como também observamos, seja a *energia* que abastece a economia. Talvez houvesse mesmo capital suficiente para manter o mercado imobiliário solvente – após outra infusão de capital dos contribuintes. Mas ele era suficiente para recuperá-lo?

A resposta depende do estado da economia em geral. A demanda por novas moradias depende de fatores demográficos, mas também de pessoas que queiram mudar-se para uma residência maior, ou melhor, num local mais desejável – e isso depende do crescimento econômico. Ao contrário do que nos diz o modelo econômico tradicional, o crescimento econômico depende da disponibilidade de serviços energéticos, ou trabalho útil, cada vez mais baratos.

O governo norte-americano não pode imprimir energia como imprime dinheiro. Não pode lançar mão de truques contábeis para fazê-la aparecer, como faz com o capital. A realidade é que a economia dos Estados Unidos *não* é sólida, porque a energia já não é barata. E, por mais que o preço do gás ou do petróleo venha a cair temporariamente, como aconteceu no final de 2008 (devido a uma redução temporária da demanda), não há qualquer cenário plausível a longo prazo que vá um dia tornar a energia primária barata outra vez. Não obstante, os Estados Unidos *podem* adotar uma estratégia que torne os *serviços energéticos* mais baratos do que agora.

❖ Dissipando mitos sobre energia

Os últimos anos da administração Bush foram marcados por uma atmosfera de embaraço e bravatas vazias no governo e crescente ansiedade entre a opinião pública. Ansiedade nascida não só do prolongado conflito entre a ciência e a economia, mas também de certos mitos e mal-entendidos profundamente arraigados acerca da economia energética dos Estados Unidos, a saber:

> ❖ *Somente expandindo a exploração petrolífera das águas costeiras da Califórnia ou da Flórida, ou do Refúgio Nacional da Fauna do Ártico, ou construindo centenas de novas centrais nucleares ou de queima de carvão, os Estados Unidos poderão alcançar a independência energética.* A análise objetiva de numerosos estudos deixa claro tratar-se aqui de mera retórica política sem qualquer base factual. Os Estados Unidos

têm consumido mais petróleo do que têm produzido domesticamente desde os anos 1970, e, como atestaram muitos especialistas, a perfuração petrolífera proposta não pode alterar esse quadro. O caminho para a independência energética está na estrutura institucional e legal do sistema energético dos Estados Unidos, não no fundo do oceano.

❖ *As centrais elétricas são plenamente eficientes.* Na realidade, as centrais elétricas norte-americanas descartam – como calor residual – o dobro da energia que entregam aos consumidores norte-americanos na forma de eletricidade. Apesar disso, promovendo-se uma mudança fundamental na estrutura institucional do setor de energia elétrica, esse calor residual poderia ser utilizado para eliminar o grosso do consumo de combustível fóssil usado atualmente para aquecer os prédios e lares norte-americanos.

❖ *Adotar medidas sérias para obter maior eficiência energética e reduzir as emissões de carbono a fim de mitigar as mudanças climáticas será caro demais para as empresas e irá "prejudicar a economia dos Estados Unidos".* Apresentamos fartas evidências de que as empresas norte-americanas podem reduzir substancialmente as emissões de carbono a custos negativos – com retorno rápido e, para dezenas de milhares delas, com a promessa de lucros continuados pelas próximas duas décadas ou mais. Isso é possível sem qualquer necessidade de novas tecnologias exóticas ou dispendiosas no lado da produção. A importância dessa ponte de duas décadas, ou mais, é que ela é suficientemente longa e sólida para orientar nossa economia com segurança nos contratempos traiçoeiros que enfrentamos agora e enfrentaremos no momento em que as tecnologias de energia do futuro estiverem prontas para funcionar.

❖ *Os principais propulsores do crescimento econômico são a mão de obra e o capital.* Como mencionamos anteriormente e explicamos em mais detalhes nos dois capítulos seguintes, o maior propulsor do crescimento nos Estados Unidos nas últimas décadas tem sido a queda dos custos dos serviços energéticos (trabalho útil). Com a alta do preço do petróleo (e do gás), uma nova estratégia energética faz-se essencial.

❖ Uma estratégia para a energia baseada na ciência

Nos últimos anos, as previsões de um grande despertar – um fenômeno que transformará profundamente a humanidade – proliferaram-se. Centenas de escritores e pensadores previram que mudanças de consciência capazes de transfigurar o mundo nos salvarão da catástrofe. Algumas dessas profecias poderiam originar-se do anseio por acreditar que há mais na vida além do que a dominante cultura de consumo parece oferecer. Alguns anteveem um salto evolutivo das preocupações históricas de nossa espécie com guerras e conflitos ideológicos para um estado mais elevado. Boa parte disso é resultado do movimento ambiental das últimas décadas e de seus *insights* sobre a interdependência de todas as formas de vida e a insustentabilidade do atual estado de coisas.

Nossa perspectiva é mais simples: prevemos um momento nos próximos anos em que os norte-americanos se darão conta de que concepções equivocadas do passado sobre o papel da energia em nossas vidas têm impedido de nos prepararmos para a tempestade perfeita que se forma à nossa volta. Quando tivermos plena consciência disso, poderemos obter resultados como os que seguem:

- ❖ A resposta dos Estados Unidos às mudanças climáticas, tanto por parte do governo quanto do setor privado, pode passar de sua paralisante indecisão recente a uma mobilização de escala comparável à da Segunda Guerra Mundial. Um investimento de médio prazo, priorizando inteligentemente a redução das emissões de carbono em todos os setores da economia, pode resultar num gasto de bilhões de dólares que impedirá danos de trilhões de dólares nas próximas décadas.
- ❖ Os economistas podem revisar o modelo econômico tradicional que utilizam para aconselhar governos e empresas, de modo que contemple plenamente o papel da energia no estímulo ao crescimento econômico e convença os estrategistas políticos de que a mais alta prioridade em termos de apoio governamental a curto prazo deve ser o desenvolvimento de *tipos específicos de tecnologias que tornem mais baratos os serviços energéticos*. Outras grandes categorias de gastos pesados, como o orçamento militar e os direitos públicos, talvez precisem encolher até que os custos de energia reduzidos possam revigorar o crescimento econômico.

Poderemos chegar a esses resultados mesmo enquanto nos aproximamos e atravessamos a tempestade perfeita das perturbações sociais e econômicas resultantes do pico do petróleo, do envelhecimento e declínio das principais tecnologias baseadas no consumo de petróleo e do preço crescente dos desastres ocasionados por condições climáticas extremas. De fato, as políticas climática e energética serão alçadas ao topo das agendas política e estratégica dos Estados Unidos, superando até mesmo o terrorismo, "a próxima guerra", e a economia *per se* na lista de prioridades, uma vez que estará finalmente claro para nós que os serviços energéticos baratos e seguros constituem o fundamento da economia e de sua capacidade de suprir todas as outras necessidades.

Capítulo 2
Recuperando a energia perdida

Política e emocionalmente, a independência energética passou a ser um tema quente não apenas para os norte-americanos, como também para os países dependentes de petróleo do mundo inteiro. Em 1973, o embargo ao petróleo árabe acarretou longas filas nas bombas de combustível dos Estados Unidos. No inverno de 2009, oito países europeus tiveram de passar semanas sem gás natural – fazendo com que milhões de pessoas congelassem – porque políticos russos decidiram cortar o suprimento. São pouquíssimos os países que exportam petróleo ou gás; os demais (incluindo os Estados Unidos) estão e estarão cada vez mais à mercê desses poucos exportadores – a menos que encontrem uma saída.

As respostas dos políticos norte-americanos à busca pela independência de energia têm sido automáticas, rápidas e previsivelmente tendenciosas às suas ideologias políticas. Com o súbito aumento do preço da gasolina em 2008, os republicanos renovaram seu apelo por uma maior exploração petrolífera nas costas da Califórnia e da Flórida, bem como no Arctic National Wildlife Refuge, áreas onde, por razões ambientais, haviam sido proibidas as perfurações de poços petrolíferos. Apelaram também pela restauração da indústria nuclear e pela construção de diversas novas usinas nucleares. A exploração petrolífera condizia com a histórica concepção conservadora, segundo a qual a exploração e a conquista da natureza estavam no cerne do espírito desbravador dos norte-americanos,[1] não competindo aos governos determinar às corporações o que podiam ou não fazer. Ademais, argumentavam que a energia nuclear não geraria gases estufa. Já os ambientalistas e a administração Obama, diante dos danos recentemente causados tanto ao

---

[1] Os comerciais televisivos da ExxonMobil que foram ao ar em 2008 entoavam que, na busca da experiência humana, "somos exploradores" por natureza, sugerindo que a exploração petrolífera no fundo do oceano é uma extensão inexorável dessa nobre busca.

clima quanto à reputação (e ao poder) do país mundo afora, clamavam pela substituição – o quanto antes – do petróleo por fontes de energia renovável.

Infelizmente, ambos os impulsos políticos mostram-se equivocados. O apelo conservador ao aumento das perfurações em áreas ecologicamente vulneráveis peca por dois motivos. Primeiro, estudos geológicos evidenciaram a escassa probabilidade de encontrarmos um volume significativo de petróleo nessas áreas[2] – logo, tal apelo é fundamentalmente simbólico. Ademais, o que quer que ali exista, demandaria uma década para ser extraído, de modo que os benefícios imediatos seriam essencialmente nulos. Segundo, é possível aos Estados Unidos atingir a independência energética *sem* tais perfurações – e sem as elevações correspondentes nas emissões de dióxido de carbono responsáveis pelo aquecimento global que o incremento na produção de petróleo geraria. Conforme mostramos neste capítulo, podemos fazer os combustíveis fósseis que atualmente utilizamos produzirem mais serviços energéticos – tanto mais que, dentro de duas décadas, será possível encerrar as importações de petróleo do Oriente Médio sem nenhuma nova perfuração em Palm Beach ou La Jolla, ou no meio de uma rota de migração dos caribus. O pesado *lobby* em favor da energia nuclear tende a obscurecer o fato de que, apesar de as fontes nucleares fornecerem parte da energia elétrica, não oferecem um substituto para o petróleo – quer sob a forma de gasolina, quer de produtos petroquímicos.

Parte dos ambientalistas também se mostra equivocada. Embora a necessidade de substituirmos o petróleo e o carvão (e quiçá a energia nuclear) seja crucial, levará várias décadas, no mínimo, até que efetuemos a transição completa. Compartilhamos os objetivos – e o senso de urgência – dos que defendem o uso de fontes de energia alternativas. Porém, não há nenhum caminho política ou financeiramente viável de superarmos as restrições práticas da depreciação do capital, dos vultosos investimentos necessários para substituir a obsoleta infraestrutura dos combustíveis fósseis (incluindo estradas e rodovias) e da impossibilidade de mobilizar novos investimentos da noite para o dia. Parte colossal dos ativos dos Estados Unidos está presa ao velho sistema; mesmo sob condições de emergência, serão necessários muitos anos para liberá-los. Por outro lado, mesmo que a velha infraestrutura pudesse ser desmantelada em uma semana, fazê-lo seria um tremendo equívoco, visto

---

[2] De acordo com o Departamento de Energia norte-americano, os Estados Unidos (inclusas suas áreas costeiras) possuem menos de 3% das reservas mundiais de petróleo conhecidas.

que, paradoxalmente, o caminho mais rápido para a independência energética nos Estados Unidos e a redução acentuada nas emissões de carbono é conservar esse velho sistema por mais algum tempo – investindo em modificações de curto prazo que possam elevar significativamente a produção total dos combustíveis existentes *e* simultaneamente reduzir as emissões de gases estufa. Podemos explicar melhor esse ponto examinando um caso real.

❖ O ouro escondido na reciclagem energética

Na margem sul do Lago Michigan, a noroeste de Indiana, a Mittal Steel Company opera uma fábrica de coque chamada Cokenergy. O coque (*coke*) (a substância industrial, não o refrigerante) consiste em carbono praticamente puro, obtido a partir da queima do carvão, na ausência de ar, de modo a remover o metano, o enxofre, a amônia, o alcatrão e outras impurezas, tornando-o, com isso, adequado para uso nos altos-fornos empregados na fabricação de aço. Parte do gás removido nesse processo é utilizada para aquecer os fornos. Numa fábrica convencional, o gás combustível das coquerias (fornos de coque) é captado, mas os produtos da combustão resultantes do aquecimento dos fornos propriamente ditos costumam ser lançados no ar.

A Cokenergy, contudo, não é uma fábrica convencional. Além de recuperar os gases para outros usos, a usina capta o calor residual e o utiliza para gerar eletricidade como subproduto. Essa energia "reciclada" é produzida *sem qualquer emissão adicional de dióxido de carbono ou outros agentes poluentes*. Embora o processo primário (produção de coque) utilize combustível fóssil, a produção subsequente de energia elétrica a partir do aproveitamento do calor residual de alta temperatura não o faz. A energia elétrica derivada desse processo é tão limpa quanto seria se fosse gerada por coletores solares. Essa eletricidade sem carbono é então usada para pôr em funcionamento as calandras na fábrica de aço adjacente da Mittal.

Em 2005, a coqueria da Mittal gerou 90 megawatts (MW) de energia elétrica livre de emissões de dióxido de carbono. Como observamos na Introdução, tal produção, combinada com os 100 MW de energia reciclada produzidos pela vizinha rival U.S. Steel, superou toda a produção de energia solar fotovoltaica dos Estados Unidos nesse ano. Somada aos mais de 900 MW de energia residual reciclada utilizada por outras usinas norte-americanas, a produção de energia reciclada no país foi aproximadamente *sete vezes* superior à sua produção de energia solar fotovoltaica. Ademais, as empresas que reciclaram sua energia residual não precisaram comprar essa energia de concessionárias locais, eliminando assim, integralmente, as emissões de dióxido de carbono (e outros poluentes) que teriam sido geradas por tais concessionárias na produção do mesmo volume de energia. Apesar disso, a produção total de eletricidade "extra" livre de emissões obtida a partir desse método ainda não passa de 10% da quantidade que as fábricas norte-americanas *poderiam* produzir – sem queimar nenhum combustível fóssil a mais. A produção de energia solar fotovoltaica tem crescido rapidamente desde 2005, mas, mesmo que continue a expandir-se em ritmo meteórico, partiu de uma base tão pequena que levará muitos anos para substituir uma porção significativa do combustível fóssil de que dependemos atualmente. A energia eólica encontra-se em estágio mais adiantado, mas também precisará de muitos anos. E é precisamente com esses anos de "ponte" que devemos nos preocupar. As empresas podem instalar fábricas como a Cokenergy da Mittal Steel em três ou quatro anos. E são instalações rentáveis: a eletricidade gerada na operação de reciclagem da Mittal custa apenas metade do valor de serviço pago pelos clientes da concessionária local.

Trata-se sem dúvida de uma situação bizarra, talvez irônica. De um ponto de vista estético ou emocional, um ambientalista progressista julgaria difícil aceitar que *utilizar os combustíveis fósseis de forma mais eficaz* seja preferível a simplesmente substituí-los, o mais depressa possível, por fontes de energia renováveis, como tantas pessoas parecem sugerir. Mas, do ponto de vista da física e da engenharia, é indiscutível: se nossa meta é reduzir as emissões de carbono em larga escala e com a máxima rapidez, a medida mais eficaz é investir na "cogeração", isto é, reciclar o calor residual de alta temperatura obtido não apenas da coqueificação, mas de todo o espectro de processos industriais de queima de combustível fóssil existente – como fundição, refino de petróleo, produção de negro de fumo e processamento químico – e convertê-lo em uma eletricidade tão limpa quanto a que seria produzida pelo vento ou pelo sol, além de mais barata.

O último aspecto é crucial: a energia residual reciclada dos processos industriais é ainda *muito mais barata* do que a energia gerada pelos sistemas solares fotovoltaicos ou pelas turbinas eólicas, além de muito mais limpa do que a energia proveniente da biomassa. Chegará o dia em que as energias renováveis não precisarão de subsídios para ser competitivas, e a civilização estará mais segura. A energia eólica encontra-se suficientemente desenvolvida para competir com a energia nuclear ou os combustíveis fósseis em locais mais ventosos, mas a energia solar (tanto a térmica quanto a fotovoltaica) ainda tem um longo caminho a percorrer. Nos próximos anos, mesmo com o incentivo às energias alternativas conferido pelo plano de recuperação financeira de 2009, um dólar investido na reciclagem de energia residual, a exemplo do programa da fábrica Mittal, produzirá mais energias novas livres de emissões – e reduzirá o dióxido de carbono – do que um dólar investido em energias renováveis.

Apressemo-nos a acrescentar que isso *não* significa que os investidores deverão pensar duas vezes antes de investir em energia renovável. Para que a estratégia aqui delineada tenha algum sentido, é preciso que os investimentos em fontes de energia solar, eólica e derivada do hidrogênio continuem a crescer. A reciclagem energética praticada pela Mittal Steel é uma estratégia de curto prazo destinada a "segurar as pontas" até que a produção renovável esteja forte o suficiente para assumir o controle. Até lá, reciclar o calor da coqueria é a coisa mais inteligente que a Mittal Steel tem a fazer.

Infelizmente, isso não significa que essa energia barata, isenta de emissões, possa fornecer eletricidade para seu lar ou escritório – ainda. De fato, os 90 MW gerados na Cokenergy da Mittal são distribuídos somente para sua própria fábrica de aço, não para a população de East Chicago, Indiana, onde está localizada a fábrica. Seja como for, a eletricidade limpa fornecida para a produção do aço, processo de elevado consumo energético, não apenas poupa à Mittal a necessidade de comprar eletricidade da concessionária local, como ainda reduz consideravelmente a quantidade de dióxido de carbono lançado na atmosfera do norte de Indiana.

Além do calor de alta temperatura, podemos reciclar muitos outros tipos de fluxos de energia residual gerados pelas instalações industriais dos Estados Unidos. Podemos converter economicamente grande parte desse calor residual na energia elétrica que normalmente teria de ser gerada por centrais elétricas, com queima de carvão ou gás natural, ou por usinas nucleares.[3]

Em Rochester, Nova York, a Kodak Corporation possui um complexo que se estende por 8 km de uma ponta à outra. Um sistema de pressão que provê a energia utilizada em seus processos químicos agora recicla, por hora, três milhões de libras do que antes era *vapor* residual, gerando uma energia elétrica que, segundo os últimos dados, estava eliminando 3,6 milhões de barris de óleo equivalente por ano e poupando à Kodak US$ 80 milhões na conta de luz.

---

[3] Usinas nucleares não emitem dióxido de carbono, mas apresentam um problema de segurança energética inteiramente diferente, devido às preocupações de segurança que persistem desde o desastre de Chernobyl (e que foram intensificadas pelas vulnerabilidades percebidas a ataques terroristas) e à dificuldade de enterrar o lixo radioativo, que permanece letal por mil anos, em sítios subterrâneos seguros.

Uma terceira categoria de fluxo de energia residual é o *gás* inflamável, que as refinarias de petróleo e algumas usinas químicas muitas vezes simplesmente queimam (*flare*) no céu. Se você alguma vez percorreu certo trecho da New Jersey Turnpike à noite, ou a Interestadual 95 nas proximidades da Filadélfia, ou ainda a área "Cancer Alley" de Louisiana, deve ter visto e sentido o odor da grande quantidade de chamas de gases queimados nos *flares* das usinas. Em tese, as empresas poderiam ter utilizado toda essa energia desperdiçada para produzir eletricidade mais barata.

Em uma fábrica da U.S. Steel em Gary, Indiana, como de resto nas fábricas de aço do mundo inteiro, um subproduto do processo de fundição de ferro é o "gás de alto-forno", constituído basicamente de monóxido de carbono e nitrogênio, com certa quantidade de hidrogênio e dióxido de carbono. Como o monóxido e o hidrogênio tornam esse gás inflamável (e tóxico), é preciso queimá-lo, caso não lhe seja encontrado um uso benéfico. Mas nessa fábrica o gás do alto-forno é capturado para produzir vapor, o qual impulsiona uma turbina que faz girar o gerador elétrico, produzindo 100 MW anualmente – ainda mais que a coqueria da Mittal, localizada algumas milhas a oeste.

Um quarto tipo de fluxo de energia residual é produzido por descompressão. Cerca de 8% do gás natural transportado por meio de gasodutos é utilizado para a compressão do próprio gás, de forma a impulsioná-lo através dessas tubulações. No ponto de entrega, a energia da compressão é perdida. Entretanto, uma simples turbina de contrapressão, custando algumas centenas de dólares por quilowatt, pode converter essa pressão em eletricidade útil. Tal processo poderia sozinho acrescer mais 6.500 MW de eletricidade livre de carbono nos Estados Unidos, poupando cerca de 1% do consumo de combustíveis fósseis e das emissões de gases estufa no país.

❖ O maior dos ralos de energia

Um quinto, e bastante diferente, fluxo de energia residual é o calor de *baixa* temperatura, descartado no ar ou na água em enormes quantidades pelas grandes concessionárias de energia elétrica centralizadas. Poder-se-ia perguntar: por que uma empresa cujo ramo de negócio é vender energia *joga fora* energia? A razão é que, diferentemente do calor residual de alta temperatura, o calor de baixa temperatura não pode ser utilizado para a geração de eletricidade – daí as centrais elétricas o lançarem no céu ou em algum rio ou lago das cercanias.

Todavia, isso não significa que o calor de baixa temperatura não possa ser aproveitado; apenas que não pode ser aproveitado nos locais onde está instalada a maior parte das centrais elétricas – longe das cidades a que servem. Embora a eletricidade possa ser transmitida através de muitos milhares de metros de fios, o ar quente ou a água quente não percorrem distância alguma sem resfriar. Entretanto, se o calor puder ser utilizado a uma pequena distância da central elétrica, irá gerar benefícios imediatos em termos de economia de energia e redução nas emissões de dióxido de carbono.

O calor de baixa temperatura é utilizado predominantemente para a calefação de casas e edifícios. Na maior parte das comunidades norte-americanas, o aquecimento ambiente é obtido pela combustão de óleo, gás natural ou propano, ou pela compra de eletricidade junto a concessionárias que queimam carvão ou gás natural. Em outras palavras, nos Estados Unidos, a quase totalidade das casas e edifícios (excetuando-se os poucos casos em que são utilizados sistemas solares ou lenha) é aquecida pela queima de combustível fóssil, direta ou indiretamente. Se pudessem ser aquecidas com o calor de baixa temperatura que sobra da produção de eletricidade, a queima de combustíveis fósseis a que hoje recorremos para produzir esse calor poderia ser completamente eliminada.

O potencial dessa economia é enorme. Com o convencional sistema de energia elétrica norte-americano operando a uma eficiência média de apenas 33% (inclusas as perdas de transmissão), apenas uma de cada três unidades de energia que entram nessas fábricas acaba sendo entregue aos consumidores na forma de eletricidade. As duas outras unidades são descartadas como calor residual. A pergunta óbvia é: como podemos fazer esse calor chegar aonde poderia ser aproveitado?

Uma resposta está na estratégia denominada CHP. Entre os especialistas da área de energia, a sigla CHP não tem qualquer relação com a California Highway Patrol, a patrulha rodoviária da Califórnia, mas com algo capaz de realizar uma detenção com mais poder de contenção do que a maioria dos policiais jamais chegou a empregar: poderia conter aquele que talvez seja o maior dos muitos vazamentos que estão exaurindo o fornecimento de energia nos Estados Unidos. A CHP (*combined heat and power*) é a estratégia de geração combinada de calor e eletricidade – produzindo calor e energia na mesma fábrica, como produtos comercializáveis. Como as centrais elétricas convencionais só produzem energia elétrica em instalações geralmente localizadas em regiões afastadas, essa energia precisa ser transmitida por cabos elétricos caros (e horrendos) até as cidades. Mas suponhamos que tal energia seja gerada diretamente nos subsolos (ou telhados) de edifícios de apartamentos, centros de compras, *campi* universitários ou parques industriais onde seja necessária, e onde os prédios possam utilizar o calor residual para fins de calefação e aquecimento da água. Esse tipo de sistema, conhecido como CHP *descentralizada*, ou DCHP, elimina não apenas os custos financeiros e ambientais incorridos na compra de energia das chamadas centrais elétricas, mas também os custos substanciais da transmissão de eletricidade de alta-tensão por meio de longas distâncias.

Os casos da Mittal e da Kodak, descritos anteriormente, são formas limitadas de CHP, porque tanto o calor quanto a energia são produzidos e utilizados. Infelizmente, não é tão fácil citar exemplos correntes de emprego da DCHP em *shopping centers* ou edifícios de escritórios nos Estados Unidos, pelo fato de ser ela, para quase todos os efeitos, ilegal em cada uma das 50 unidades federativas do país. Podemos gerar eletricidade para uso particular ou vendê-la de volta para nossa concessionária monopolista (pelo preço decidido por ela), mas não podemos comercializá-la para nossos vizinhos. De fato, distribuir energia elétrica privada em ruas públicas é uma atividade considerada ilegal nos Estados Unidos. Daí que a Mittal Steel não possa fornecer energia limpa e barata a seus vizinhos de East Chicago, por exemplo. Voltaremos a esse tópico no Capítulo 5; por ora, basta dizer que as leis que barram a DCHP precisam ser modificadas. Se os políticos e legisladores estão efetivamente comprometidos em alcançar a independência energética, as leis que geraram esses monopólios energéticos nos anos 1920, sob circunstâncias inteiramente diversas, terão de ser mudadas.

A DCHP é hoje aplicada rotineiramente em outros países. Em boa parte da Europa, uma forma de CHP conhecida como "aquecimento distrital" (*district heating*) vem sendo utilizada há décadas. O calor residual oriundo da geração de energia local que seria desperdiçado é distribuído por tubulações para usuários residentes nas cercanias (geralmente em edifícios de apartamentos). Tal sistema não só economiza o combustível fóssil que seria queimado apenas para produzir calor, como ainda, por meio de fornos instalados nos subsolos dos edifícios, substitui o sistema convencional altamente ineficaz do aquecimento ambiente (*space heating*). A calefação distrital só é possível, contudo, em áreas densamente desenvolvidas com centrais elétricas próximas. Nos Estados Unidos, com suas vastas cidades, subúrbios, periferias e cidadezinhas espalhadas, sua utilidade é praticamente nula.

Sistemas mais avançados de DCHP, nos quais turbinas a gás ou motores a diesel (ou, eventualmente, células combustíveis de alta temperatura) geram tanto calor quanto energia elétrica no mesmo prédio, já alcançaram nível competitivo em alguns países tecnologicamente mais adiantados. De fato, a CHP responde por mais de 50% da eletricidade produzida na Dinamarca, 39% na Holanda, 37% na Finlândia e 18% na China. Os governos obtiveram esses resultados principalmente exigindo às concessionárias que reduzissem suas emissões de carbono e encontrassem mercados para o calor produzido, o que as levou a estabelecer uma nova forma de geração de eletricidade diretamente nos locais que necessitavam de calefação.

Não por acaso tais países (exceção feita à China) situam-se entre os mais bem classificados em termos de qualidade de vida – locais onde a geração elétrica residencial seria inaceitável se não fosse discreta, silenciosa e limpa. Se fosse possível cogerar energia elétrica e calor em cada prédio dos Estados Unidos e *ao mesmo tempo manter as conexões com a rede elétrica*, praticamente toda nova capacidade adicional poderia ser descentralizada. Tal possibilidade não constitui um sonho de ficção científica: é a realidade imediata. Para tanto, basta que sejam modificadas as leis que protegem os monopólios da distribuição energética. Uma das regras deste livro é que tudo quanto propomos para a próxima década (e a maior parte do que prevemos para além dela) pode ser alcançado com a tecnologia existente – já em uso em algum lugar do mundo –, a partir de recursos energéticos domésticos. Em um relatório de 2008, a Agência Internacional de Energia (AIE) previu que, se as demandas futuras por novas capacidades viessem a ser preenchidas pela adoção da CHP, mas sem mudanças significativas nas leis, a economia global em custos de capital chegaria a US$ 795 bilhões. Dada a participação atual dos Estados Unidos no consumo global de energia, sua cota nessa economia variaria de US$ 100 bilhões a US$ 200 bilhões. Acreditamos, porém, que o potencial real seja ainda maior.

A reação inicial a essa ideia por parte de muitos legisladores, burocratas, conselheiros econômicos, representantes de concessionárias e urbanistas bem poderia ser o repúdio imediato, devido à crença arraigada de que as centrais elétricas são plenamente eficientes e de que a produção em pequena escala jamais poderia alcançar níveis competitivos. No início do século XX, tal suposição era inteiramente justificável – e foi assim que as concessionárias conquistaram os monopólios protegidos por lei que hoje controlam. Ocorre que, enquanto as centrais elétricas não aprimoraram significativamente a eficiência com que geram e entregam energia ao longo de 40 anos, nos sistemas pequenos os avanços têm sido radicais. Hoje, as pequenas turbinas a gás e motores a diesel são quase tão eficientes na geração energética quanto os grandes sistemas a vapor utilizados nas centrais elétricas, sobretudo quando consideradas as perdas de transmissão e distribuição. E se, além disso, levarmos em conta o potencial de uso local do calor residual, os sistemas de pequena escala mostram-se *muito mais* eficazes, pois eliminam em grande medida a necessidade do combustível que atualmente queimamos para calefação e aquecimento da água.

❖ O choque da ineficiência no consumo final

Para compreender melhor a CHP, vale lembrar que, quando dizemos que a eficiência do atual sistema de distribuição de energia elétrica corresponde a 33%, referimo-nos tão somente à eficiência com que tal energia é gerada e entregue aos consumidores. Apenas um terço da energia contida em um barril de petróleo ou equivalente resulta na energia elétrica que chega aos medidores. Para calcular a eficiência total do *serviço* de energia vigente (iluminação, calefação, etc.), precisamos multiplicar essa eficiência de 33% pela eficiência com que o consumidor *utiliza* a eletricidade fornecida, seja para fazer funcionar um motor ou acender uma lâmpada.

Hoje sabemos que uma lâmpada incandescente (o familiar símbolo da "ideia brilhante" do século passado) possui pouquíssima eficiência de consumo em lumens por watt, comparadas às lâmpadas fluorescentes compactas. Mas, embora a iluminação fluorescente seja três vezes mais eficiente que a incandescente (cerca de 15% contra 5%), quando multiplicada tal eficiência pelos 33% da energia que lhe é transmitida (0,33 × 0,15), a eficiência total das lâmpadas fluorescentes compactas ainda é de apenas 5%.

Da mesma forma, talvez devêssemos nos sentir estimulados pelo advento dos automóveis movidos a energia elétrica (PEVs, *plug-in electric vehicles*), mas, apesar de a eficiência mecânica média de um motor elétrico girar em torno de 60 e 95% (dependendo do tamanho do veículo, da sua velocidade, etc.), o ciclo de carga-descarga da bateria perde cerca de 20% de uma forma ou de outra (ligada e desligada). Um automóvel *plug-in* que utilize energia de uma rede elétrica com 33% de eficiência poderia ter um aproveitamento total de 16 a 18% em termos de energia (potência) transmitida às rodas. Trata-se de um modelo mais eficiente que o veículo convencional movido a gasolina, mas que ainda assim desperdiça a energia contida em mais de cinco em cada seis barris de petróleo equivalente.

Considere então a eficiência de *carga útil* que você obtém ao dirigir um automóvel. Ignore se faz sentido ou não, num país onde a energia deixou de ser barata, pôr em movimento mais de uma tonelada de aço, vidro e borracha (acrescidos do combustível no tanque) para transportar suas 200 libras, ou o que quer que pesem você e sua pasta ou sacola de compras. Se a eficiência de movimentar o veículo propriamente dito é de 10% – índice típico nos Estados Unidos –, a eficiência de carga útil do que está sendo transportado (supondo que equivalha a um décimo do peso do veículo) corresponde à décima parte disso, ou cerca de 1%. Se você carrega uma segunda pessoa, ou transporta muita bagagem, tal eficiência poderia ser de 2 ou 3%. Se o automóvel for híbrido ou elétrico, talvez você chegue a 4%. Para usos estacionários, prevalece uma ineficiência comparável. Chegará o dia em que os historiadores balançarão suas cabeças, admirados.

Se você somar todos os diferentes tipos de consumo energético praticados nos Estados Unidos, verá que a eficiência total apenas para produzir trabalho útil gira em torno de 13% (e isso antes de levarmos em conta a ineficiência da carga útil). É como se um pai saísse para comprar sete sorvetes de casquinha para a festa de aniversário de seu filho e seis delas caíssem no chão logo que ele deixa a loja. A má notícia é que um bocado de sorvete ficou pelo caminho; a boa é que há um bocado de margem para o pai melhorar seu aproveitamento.

Quando o presidente George W. Bush e seu aspirante a sucessor John McCain exortaram os norte-americanos a enfrentar o problema da independência energética perfurando mais buracos no fundo do oceano, talvez não tivessem consciência de que recomendavam uma linha de ação que em nada contribuiria para melhorar a nefasta ineficiência energética do país – nem para aliviar a dependência de curto prazo em relação ao petróleo do Oriente Médio, nem para encarar o problema de mais longo prazo do aquecimento global. Tivesse o país adotado o atemorizante plano do então vice-presidente Dick Cheney de construir 1.300 novas centrais elétricas movidas a carvão, os efeitos seriam ainda mais devastadores: a eficiência energética da nação passaria a respirar por aparelhos, e as emissões de dióxido de carbono alcançariam níveis ainda mais perigosos. Se, por outro lado, tivéssemos trilhado o caminho do "carvão limpo" promovido por seus lobistas e pelas usinas a carvão, as emissões de dióxido de carbono continuariam a subir aproximadamente à mesma taxa, mas o custo da energia cresceria de forma acentuada – e a economia ficaria ainda mais debilitada. ("Carvão limpo" pode parecer um conceito sensato para pessoas que não sabem se divertir com paradoxos, mas o processo de conversão do carvão em gás – em que são removidas as cinzas volantes e o enxofre – torna o fornecimento da energia obtida do carvão quase duas vezes mais caro, sendo que o processo empregado para captar e armazenar o dióxido de carbono produzido pela combustão reduplica esse custo.)

Suponhamos que, em vez de seguir os impulsos reflexivos de políticos que tiram proveito das fraquezas de um eleitorado que teme por sua segurança energética, a administração Obama implementasse de forma sistemática uma estratégia que combinasse as duas importantes oportunidades delineadas neste capítulo: (1) reciclar o calor, vapor ou gás residual de alta temperatura nas instalações industriais e (2) estimular a mudança da centralização para a descentralização da geração elétrica. Até que ponto tais medidas reduziriam a necessidade de combustíveis fósseis no país e até onde nos levariam rumo a uma independência energética plena?

Examinemos primeiramente a reciclagem do calor residual. Notamos que a usina da U. S. Steel em Gary, Indiana, produziu aproximadamente 100 MW em 2004, ao passo que a Cokenergy da Mittal gerou 90 MW. Cerca de outras mil usinas norte-americanas já estão reciclando energia residual. Tais fábricas são, na maioria, menores que as gigantes de Indiana, mas juntas estão contribuindo com 10.000 MW anuais de energia elétrica para o total nacional, conforme os últimos dados disponíveis. Entretanto, segundo estudo recente encomendado pela Agência de Proteção Ambiental (EPA) dos Estados Unidos, 19 diferentes indústrias norte-americanas poderiam ter gerado lucrativamente mais de 10 vezes esse montante com a reciclagem do calor residual. Mesmo se aceitarmos a estimativa mais conservadora do Departamento de Energia, o potencial lucrativo da reciclagem energética é seis ou sete vezes superior ao nível atual de reciclagem. A maior parte do produto dessa reciclagem seria uma eletricidade limpa, que substituiria a energia que atualmente compramos de concessionárias que queimam carvão ou gás natural.

A capacidade aproximada das centrais elétricas convencionais (com queima de combustível fóssil) nos Estados Unidos em 2007 era de 900.000 MW, ou 90 gigawatts (GW). A capacidade instalada da reciclagem dos fluxos de energia residual era de 10 GW. E a capacidade dos sistemas solares fotovoltaicos (FV) era de 0,1 GW. Até 2009, os FVs haviam chegado a quase 0,2 GW, crescimento que levou o presidente Obama a projetar que a indústria da energia solar dobraria novamente essa taxa nos três anos seguintes. À medida que uma indústria se torna maior, é pouco realista esperar que ela continue a se expandir à mesma taxa, mas suponhamos que a indústria da energia solar fotovoltaica continue a dobrar seu crescimento a cada três anos. Com isso chegaria perto de 1 GW até 2015 – ainda assim, apenas uma fração do 1% da produção de eletricidade dos Estados Unidos. Nesse ínterim, se a reciclagem de energia residual dobrasse à mesma taxa, alcançaria a marca de 40 GW – podendo crescer ainda mais. Se explorarmos o potencial *máximo* da reciclagem energética, poderemos produzir até 10% da eletricidade do país sem gerar emissões de carbono nem queimar nenhum combustível fóssil a mais. Admitindo-se que a energia solar fotovoltaica seja o futuro dourado e a purificação dos combustíveis fósseis nosso prosaico presente, uma dura realidade do ambiente de negócios atual reside no custo de investimento. E a realidade é que a reciclagem de energia residual é uma opção muito mais barata.

No caso da energia eólica, os prognósticos de médio prazo são mais consistentes, mas não o bastante. A capacidade eólica dos Estados Unidos atingiu 0,8 GW em 2006, sendo economicamente competitiva em termos de dólares por quilowatt em algumas localidades. Todavia, a produção efetiva das instalações eólicas é intermitente – inferior, portanto, à de uma usina que opera de forma ininterrupta. Assim, mesmo assumindo uma trajetória de crescimento otimista para a energia eólica, o fato é que a reciclagem de energia realizada pelas usinas a carvão mineral ou a gás natural terá mais possibilidade de gerar uma eletricidade acessível e livre de carbono, ao menos até 2013. Para além disso, a capacidade das energias solar e eólica de seguir crescendo geometricamente torna-se irreal.[4] Mas, ainda que crescessem de maneira rápida e contínua para além de todas as expectativas imagináveis, precisariam ainda de muitos anos para substituir mais da metade da energia oriunda dos combustíveis fósseis. Para mantermos a economia funcionando adequadamente nesse período e além, ao mesmo tempo em que continuamos reduzindo as emissões de dióxido de carbono, precisaremos agregar aos vultosos investimentos em fontes renováveis investimentos não menos vultosos (e inicialmente mais produtivos) em reciclagem de energia.

Consideremos então as centrais elétricas e a possibilidade de elevar a produção de energia dos Estados Unidos passando-se gradualmente da cogeração (CHP) "centralizada" à descentralizada. Atualmente operam no país cerca de 3.855 usinas elétricas, municipais ou pertencentes a concessionárias, dedicadas exclusivamente à produção de eletricidade. Estudos realizados por engenheiros de energia indicam que a eficiência de 33% dessas plantas, aliada à sua maciça estrutura de transmissão e distribuição, poderia beirar os 60% se toda capacidade nova e de substituição fosse descentralizada. Uma mudança de tal ordem demandaria muitos anos, mas, se as leis que a impedem fossem alteradas rapidamente, em pouco tempo poderíamos ter um incremento substancial na produção de eletricidade – paralelamente a uma *redução* líquida no uso de combustíveis fósseis. Se não forem construídas mais centrais elétricas novas e metade das antigas for gradativamente desativada e substituída pela CHP, metade da capacidade de 900 GW do setor energético poderia pular de 33% para 60% de eficiência – elevando a geração elétrica total do país em quase um terço, bem como reduzindo em um terço as emissões de carbono, sem qualquer uso adicional de combustível fóssil.

---

[4] Suponhamos que você decida economizar um centavo hoje e dobrar suas economias dia após dia. Continue a dobrá-las diariamente trabalhando duro e você terá US$ 20 milhões em um mês, mas provavelmente não conseguirá continuar assim por mais que 10 ou 12 dias.

Essa estratégia de duas partes – reciclagem energética dos resíduos industriais e descentralização gradual da geração de energia elétrica – constituiria um enorme passo rumo à independência energética *e* ao objetivo paralelo de redução radical das emissões de carbono. Mas a história definitivamente não termina aqui: este é apenas o primeiro capítulo após o grito de alerta.

Ao comparar a estratégia que acabamos de esboçar com a opção de aumentar a exploração petrolífera no litoral dos Estados Unidos, gostamos de empregar uma analogia. Imagine que você possui uma fazenda ao norte do estado de Nova York, onde mantém um curral com sete cavalos selvagens. Certo dia, você descobre que seis deles fugiram. O que faz? Planeja imediatamente uma nova expedição para procurar substitutos numa região de cavalos selvagens a duas mil milhas de distância, ou tenta recuperar os animais que escaparam para os campos vizinhos e não podem ter ido longe? Considerando os cavalos como unidades de trabalho potencial (cavalo-vapor por hora) e tendo presente que seis de cada sete unidades de energia dos Estados Unidos extraída de minas de carvão ou poços de petróleo escapam antes de produzir trabalho útil ou calor, não estaríamos diante da mesma questão: recuperação *versus* substituição? Nesse caso, será incomparavelmente mais barato recuperar a energia equivalente a um barril a partir de um fluxo de energia residual já existente em Allentown, Pensilvânia, e utilizá-la para a eletricidade ali necessária, do que recuperar tal energia a partir de um buraco feito a um quilômetro e meio de profundidade sob o Oceano Pacífico, no litoral de Santa Barbara, e então refiná-la e transportá-la por quase 5 mil quilômetros.

Avançando um pouco mais essa analogia, gostamos de lembrar que, antes da chegada dos exploradores europeus à América do Norte, não havia cavalos na região. Os cavalos são originários da Ásia Central e do Oriente Médio. Com o tempo, essas antigas importações árabes passaram a ser parte indispensável da cultura e economia da América pioneira. Hoje, como pioneiros da energia do século XXI, temos a oportunidade de fazer o mesmo com os cavalos de potência (*horsepower*). Nossa dependência da Arábia Saudita no que diz respeito à energia necessária para movimentar uma economia moderna pode chegar ao fim. *Já dispomos dos cavalos de potência em nosso próprio país.* Como os fazendeiros, mensageiros e caubóis de outrora, basta aprendermos a utilizá-los.

Capítulo 3
Projetando uma ponte econômica

Para os que tiveram visão suficiente para prever o *tsunami* econômico causado pelas mudanças climáticas que hoje enfrentamos, era natural prever também que as novas alternativas tecnológicas de geração de energia poderiam, com o tempo, dar o impulso econômico necessário para a substituição dos combustíveis fósseis. No entanto, o termo-chave aqui é *com o tempo*. Muitos desses visionários não se deram conta de que, na economia dominada pelos combustíveis fósseis a que estaremos amarrados ao menos durante o próximo quarto de século, o que estimula o crescimento é menos o florescimento de uma nova indústria do que o modo como utilizamos a tecnologia *existente*. No discurso político, é óbvio que, como inspiração, a imagem de uma velha caldeira a vapor queimando carvão não pode competir com a de um resplandecente e moderno parque solar. Mas no mundo real da indústria, feitas as devidas modificações, a velha usina a carvão poderá oferecer acesso a mais energia nova livre de carbono por dólar de investimento do que poderá o parque solar na próxima década.

A economia pós-combustíveis fósseis que tem estimulado pensadores e organizações progressistas como a Wecansolveit.org, de Al Gore, é uma economia que precisaremos construir agora, o mais depressa possível. Porém, mesmo sob as circunstâncias mais favoráveis, necessitaremos de considerável tempo de pesquisa e desenvolvimento – além de maciças infusões de capital – para completar essa construção. Construir a ponte energética que propomos não exigirá tanto capital novo. Mas, para chegarmos à economia pós-combustíveis fósseis sem afundar na decadência do Terceiro Mundo nesse meio-tempo, precisamos utilizar a velha tecnologia de novas maneiras. Cabe aos investidores e às autoridades centrar-se fundamentalmente em obter mais serviço energético por unidade de carvão, petróleo e gás natural, *bem como* em fazer com que as novas indústrias de energia alcancem um patamar competitivo o mais depressa possível. (Os interessados nos combustíveis fósseis possivelmente acharão irresistível citar a primeira metade da última sentença fora de seu contexto. Permita-nos enfatizar, porém, que a única razão para esse "centrar-se fundamentalmente" no uso eficiente dos combustíveis fósseis é *livrar-se* deles com segurança.)

Uma razão para descrevermos a política energética da próxima década como uma "ponte" reside no problema do custo. Quando a segunda administração Bush decidiu reanimar a economia do país oferecendo dinheiro grátis para todos no início de 2008, era supostamente para prover uma ponte até o dia em que uma economia reavivada pelos gastos de consumo pudesse começar a restituir o valor do estímulo.[1] Mas a economia não parecia ter sido estimulada. Passados alguns meses, quando foi necessária uma transfusão de capital para todo o sistema financeiro, implícita estava a mesma convicção: o capital investido seria restituído *quando* a economia retomasse seu robusto crescimento, não *se* o retomasse. Com o término do mandato de Bush e o agravamento da crise, a nova administração Obama subiu as apostas com seu American Recovery and Investment Act de 2009, pacote de incentivos orçado em quase três trilhões de dólares. Àquela altura, o país passava por uma recessão tão profunda que parecia mesmo indecente questionar se essa nova expansão da dívida nacional produziria a recuperação prevista. A situação era tão calamitosa que as autoridades discretamente abstinham-se de discutir em público qual seria o custo *adicional* exigido nos anos vindouros pelo (1) preço do petróleo a partir do momento em que a oferta global começasse a escassear, apesar da crescente demanda de uma imensa população chinesa ávida pelo consumo automotivo, e pelos (2) custos da escalada dos danos provocados pelas mudanças climáticas.

O mais alarmante é que os economistas que estudaram os prováveis impactos das mudanças climáticas foram praticamente unânimes em admitir que tais custos serão substanciais, reduzindo o crescimento do PIB em 0,1% a 1,5%, dependendo dos pressupostos do modelo de análise. Economistas mais tradicionais e cientistas discordam categoricamente sobre como esses custos serão – ou deveriam ser – incorridos. Para os economistas conservadores que acreditam que a economia logo retomará o caminho do crescimento vigoroso – e tornará nossos netos mais ricos que nós –, o valor presente das ações de proteção climática deveria ser consideravelmente descontado, na medida em que esse dinheiro tem mais valor para nós agora do que terá para essas

---

[1] Manchete da revista eletrônica Forbes.com, edição de fevereiro de 2008: "White House Report Says Economy Will Rebound in 2008" [Relatório da Casa Branca diz que economia irá se recuperar em 2008] . Manchete da agência de notícias Reuters, julho de 2008, citando o secretário do Tesouro Henry Paulson: "Economy Needs Months to Recover: Paulson" [Paulson: "Economia levará meses para recuperar-se"].

crianças ricas no futuro. Argumentam que é melhor ter esse dinheiro à disposição para gastar ou investir do que atrelá-lo a programas que só gerariam benefícios depois de décadas. Acompanhando a ideologia econômica ainda predominante, argumentam também que as ações tomadas hoje por decreto governamental só farão retardar o crescimento econômico, e que a perda resultante no PIB poderá a longo prazo impor-nos um ônus muito maior que o custo dos prejuízos climáticos.

Os climatologistas e ambientalistas argumentam justamente o contrário, a saber: que o custo futuro dos danos climáticos será monumental e que, para compensá-lo, são necessárias ações imediatas. Ambos os lados concordam, porém, que a sociedade arcará com um custo líquido. Os especialistas divergem a respeito do montante que deveríamos incorrer agora *versus* no futuro, mas poucos alimentam a esperança de que possamos atravessar incólumes as próximas duas décadas.

Os autores deste livro são de opinião diferente. Não temos motivos para questionar as projeções de alarmantes danos físicos feitas pelo Painel Intergovernamental sobre Mudanças Climáticas (IPCC); tais projeções representam o consenso dos principais climatologistas de cada uma das nações industrializadas do planeta. Cidades costeiras desde Xangai, Canton e Dhaka até Nova York, Houston e Miami – cidades até 20 vezes mais populosas que New Orleans – correm literalmente o risco de serem aniquiladas, se não no próximo ano, em algum momento neste século. Arquipélagos de terras baixas como as Maldivas, as Ilhas Andamão e boa parte da Micronésia estão diante da extinção quase certa. Os estoques de comida e água potável de grande parte da população global estarão em risco. O duplo golpe da destruição e das doenças poderá acarretar fluxos de refugiados sem precedentes, resultando em distúrbios e conflitos generalizados. O pior desses danos, contudo, provavelmente sobrevirá após o período de transição (a ponte sobre o abismo econômico). A verdadeira questão é saber quanto custará *nos próximos anos* – tão logo iniciemos a transição – tomar as medidas mitigatórias necessárias.

Discordamos dos economistas neoclássicos (como William Nordhaus, de Yale) que dizem que medidas como a limitação das emissões de carbono por imposição governamental causarão uma "perda de peso morto" que diminuirá o PIB ao restringir o "caminho ótimo de crescimento". Discordamos igualmente dos economistas (como Nicholas Stern, da London School of Economics) que parecem resignados à ideia de que as ações climáticas poderiam acarretar uma perda líquida anual de 1% ou mais no PIB. Como discutimos brevemente na Introdução deste livro, consideramos que o pressuposto matematicamente conveniente de a economia estar trilhando um caminho ótimo é incoerente com uma série de fatos. Acreditamos que intervenções governamentais inteligentes neste momento poderiam eliminar parte das barreiras – como monopólios e "aprisionamentos" – e com isso nos permitir chegar mais perto de um quadro ótimo, não muito mais longe. Nossa opinião é de que, embora pudéssemos incorrer em significativos custos administrativos para implementar um sistema de comércio de carbono remodelado, por exemplo, e com significativos custos de capital para que a produção automotiva alcance maior nível de economia no consumo de combustíveis, as estratégias que os economistas *não discutiram* requerem poucos custos iniciais, podendo gerar economias que mais do que compensarão esses custos. Logo mais explicaremos por quê. Primeiro, gostaríamos de examinar quais deverão ser as estratégias de reengenharia necessárias para que os Estados Unidos atravessem a ponte transicional com segurança.

❖ Duplos dividendos

A visão egoísta do bem-estar e da segurança financeira adotada por muitos norte-americanos (não apenas celebridades e gerentes de fundos de *hedge*) durante boa parte dos últimos 30 anos define os benefícios econômicos principalmente em termos de renda e patrimônio individual. No mundo corporativo, isso se traduziu em lucros principalmente para os altos executivos. Para a população em geral, significou sucessivas promessas governamentais de tirar menos dinheiro do seu bolso.[2] Problemas iminentes decorrem desse foco na recompensa pessoal, sobre o qual alguns comentaristas escreveram críticas irrefutáveis. Mas, salvo notáveis exceções, como a censura do presidente Obama aos vultosos bônus recebidos pelos executivos de Wall Street – premiando efetivamente o fracasso – num momento em que a economia nacional estava de joelhos, alguns dos mais importantes problemas (e críticas) dessa visão egoísta têm recebido atenção apenas superficial por parte dos políticos e da grande mídia.

---

[2] Em 2006, o último ano antes da crise imobiliária, o rendimento bruto médio do 1% de norte-americanos que ocupam o topo da pirâmide social aumentou cerca de US$ 60 mil por família; para os 90% de famílias na base da pirâmide, o aumento não ultrapassou US$ 430. À medida que a economia iniciou sua prolongada queda em 2007, os ganhos daqueles poucos no topo cresceram ainda mais, enquanto a renda da maioria da população despencou.

Por exemplo, há o problema do que os economistas chamam "externalidades" – custos que não são pagos nem pelo comprador, nem pelo vendedor que participam de uma transação, mas que precisam ser descontados de *alguém*, seja um terceiro sem qualquer interesse na transação ou uma pessoa que ainda não nasceu e, portanto, não pode manifestar-se. Por exemplo, o custo do tratamento de câncer de um indivíduo que respirou os gases de escape do motor de um caminhão a diesel contendo o composto químico 3-nitrobenzatrona constitui uma externalidade que não é paga nem pela empresa fabricante do combustível, nem pela companhia de transporte que o comprou no posto de abastecimento. Entretanto, esse custo médico é contado como parte do produto interno bruto (PIB), sendo tratado (na contabilidade nacional) como algo positivo. Da mesma forma, o custo para a limpeza de um vazamento de óleo, ou o preço que um criminoso paga por uma pistola, contribui para o PIB. O problema é que, embora alguns indivíduos saiam lucrando com a transação, outros tantos acabam em situação pior do que antes. O aumento do PIB é sempre visto como um ganho para a economia nacional. Nós, junto com um bom número de economistas, acreditamos que está na hora de repensar a utilidade da medida tradicional de bem-estar.

Deparamos ainda com o problema de desconsiderar o valor de benefícios futuros em prol de satisfações imediatas. Muitos estudos mostraram que, para a maioria das pessoas, as satisfações imediatas prevalecem sobre benefícios que estão mais distantes no tempo ou no espaço, ou que são menos visíveis. O *home theater* que você pode comprar hoje em liquidação, ou aquele desejado fim de semana em Las Vegas, tende a ter preferência sobre o mês da faculdade de seu filho que esse mesmo dinheiro poderia comprar daqui a 10 anos. O candidato político que promete cortar impostos muito provavelmente terá seu voto em detrimento daquele que pretende utilizar esses tributos para a reparação de redes de água potável em estado de deterioração ou para a limpeza de aquíferos contaminados, benefícios que você não pode ver.

A visão egoísta tende a desconsiderar os benefícios sociais em favor dos individuais. Um livro de psicologia popular que o estimule "a ser bom para si mesmo", a "acreditar em si mesmo" ou a aprender que "para amar os outros é preciso primeiro amar a si mesmo" provavelmente venderá muito mais exemplares do que um livro que lhe sugira fazer sacrifícios em benefício de gente que ainda nem nasceu. Uma mulher que se sinta ultrajada pela disparada no preço da gasolina possivelmente terá pouco interesse pela taxa de emissões de dióxido de carbono geradas pelos carros do país, mesmo que, ao fim e ao cabo, isso possa ter um impacto muito mais significativo sobre sua saúde ou prosperidade do que o preço da gasolina jamais terá. Um homem que esteja preocupado em proteger seu patrimônio pessoal provavelmente terá pouco interesse pela dívida nacional, ainda que ela possa ameaçar seriamente sua segurança a longo prazo.

Se examinarmos o bem-estar econômico de uma perspectiva mais ampla, ele precisa incluir benefícios sociais e também individuais, benefícios de cooperação e também de competição, segurança nacional ou comunitária e também pessoal. Essa perspectiva mais ampla é essencial se esperamos construir uma proteção efetiva contra os efeitos das mudanças climáticas, já que tal proteção necessita de uma cooperação ampla, numa escala sem precedentes. A queima das florestas na Amazônia põe em risco o futuro das cidades norte-americanas tanto quanto as gangues e os terroristas, se não mais. O político que pontifica que o dinheiro gasto em projetos públicos cruciais é "o governo tirando dinheiro do seu bolso" não é apenas um demagogo – é um vigarista. Ele bem poderia dizer que o gasto com a folha de pagamento do departamento de polícia também é dinheiro tirado do seu bolso – afirmativa que provavelmente seria levado a reconsiderar quando um ladrão tirasse a carteira do bolso *dele* e não houvesse nenhum policial por perto.

Os conservadores não raro têm criticado os gastos com benefícios sociais com base na alegação de que benefícios individuais e sociais são mutuamente exclusivos – onde se aumenta um, subtrai-se o outro. Por exemplo, as indústrias extrativas (mineração, perfuração petrolífera e exploração florestal) divulgaram amplamente essa perspectiva de "soma zero" nos primeiros anos do movimento ambientalista, declarando que os gastos com proteção ambiental eram nocivos à economia. Na região do Noroeste Pacífico dos Estados Unidos, onde a coruja manchada tornou-se símbolo dos esforços para salvar as florestas da dizimação pelos madeireiros, adesivos com a frase "Mate uma coruja, salve um emprego" passaram a estampar os para-choques dos veículos.

De lá para cá, análises em número abundante têm confirmado uma proposição inteiramente diversa: proteger o ambiente (incluindo o clima) não só não é prejudicial à economia, como essencial para que ela funcione *plenamente*. Para qualquer cidadão ou empresa dos Estados Unidos, a perspectiva de sobreviver à próxima década sem falência ou empobrecimento requer preservar o objetivo do lucro, mas também fortalecer significativamente a vigilância governamental. Como indivíduos, é natural cobiçarmos oportunidades de realização pessoal, segurança, autoestima e felicidade. Mas, para que essa busca da liberdade e felicidade individual seja possível, é preciso haver cooperação comunitária – proteção contra assaltos, poluição tóxica, destruição ambiental, empréstimos predatórios ou catástrofes climáticas.

É nesse contexto que identificamos uma série de oportunidades para ações capazes de produzir o que alguns analistas chamam de "almoços grátis", embora também utilizemos o termo "duplos dividendos" – medidas que proporcionam o benefício social da mitigação das alterações climáticas *e* os benefícios financeiros particulares da redução de custos (ou aumento de receitas e lucros comerciais). Em termos econômicos, algumas dessas ações na verdade incorrerão em "custos negativos" – reduzirão as emissões de carbono de uma forma que poderá elevar os lucros da empresa e o PIB da nação. Impulsionarão a economia do país de uma maneira muito mais concreta e específica do que o poderia uma redução tributária ou qualquer pacote de "estímulo" indiscriminado.

Nem todas as medidas climáticas e energéticas direcionadas à redução das emissões responsáveis pelo aquecimento global e ao aumento da independência energética dos Estados Unidos produzirão dividendos duplos, mas uma parte surpreendente delas o fará. E, tomadas em conjunto, acreditamos que o custo econômico geral dessas medidas será muito inferior ao projetado pelos principais estudos realizados até o momento. Considerando todos os benefícios que poderão gerar, é possível que os custos líquidos sejam até mesmo inferiores a zero, embora muito dependa dos detalhes. (Por exemplo, o custo administrativo de um sistema nacional ou global de comércio de carbono poderia ser gigantesco, mas também incrivelmente modesto, como veremos no Capítulo 10, "Prioridades políticas".) Acreditamos que parte considerável da estratégia proposta, a começar pelas oportunidades de reciclagem de energia mencionadas no Capítulo 2, "Recapturando a energia perdida", pode ser implementada com dividendos duplos dentro do brevíssimo prazo de retorno financeiro necessário para que venha a ser útil na construção da ponte transicional.

A necessidade de retornos a curto prazo é uma consideração que se tornou crucial, particularmente depois das declarações um tanto vagas e muitas vezes confusas emitidas durante as campanhas presidenciais de 2008. Ao defender um programa intensificado de exploração petrolífera e a construção de novas usinas nucleares e de "carbono limpo", John McCain clamava por medidas que demandariam de 10 a 20 anos para produzir qualquer energia adicional. Ademais, o programa proposto só faria prolongar (e, portanto, piorar) a dependência nacional dos combustíveis fósseis, ao investir maciçamente numa nova infraestrutura de combustíveis fósseis que levaria mais uma geração para depreciar e substituir. Os planos de Barack Obama pareciam mais embasados, mas ainda assim dependentes de estratégias que seriam lentas demais, caras demais e, em última análise, ineficazes demais para nos permitir transpor o abismo. As medidas que listamos na próxima seção – e descrevemos em detalhes nos próximos capítulos – não levam tanto tempo para implementar, além de diminuir gradualmente a infraestrutura dos combustíveis fósseis, em vez de inchá-la.

❖ Principais vigas da ponte de transição energética

Visualizamos uma estratégia energética nacional formada por oito principais componentes. Um deles, o *principal* (maior eficiência energética dos produtos de consumo, incluindo os automóveis), tem recebido especial atenção por parte da mídia. Dois outros (maior eficiência energética de processos e instalações industriais e descentralização da energia elétrica) receberam atenção moderada no mundo industrial e na literatura técnica ou acadêmica, mas escassa atenção pública. Pouquíssimas pessoas conhecem os outros cinco. Apesar disso, todos os oito componentes mostraram-se produtivos na prática. Nenhum deles constitui um caso de ideia especulativa (como a produção de energia lunar ou a fusão nuclear a frio) que pode ou não surtir efeito no futuro. Apenas dois exigem pesquisa e desenvolvimento (P&D) significativos, e mesmo estes estão prontos para ser usados imediatamente nesse meio-tempo. Por fim todos, exceto um, têm condições de começar a produzir frutos nos próximos anos. Apresentamos os oito componentes, com referências cruzadas às discussões mais detalhadas que travamos neste livro, a seguir:

1. **Reciclagem de fluxos de energia residual** – No Capítulo 2, mencionamos a fábrica Cokenergy de East Chicago, Indiana, que produz anualmente, a partir de seu calor residual, 90 megawatts (MW) de eletricidade extra livre de emissões de carbono. Cerca de mil usinas norte-americanas geram energia elétrica dessa forma, produzindo aproximadamente 10.000 MW. Mas, conforme observamos, há um potencial inexplorado *10 vezes* superior à quantidade atualmente recuperada que poderia ser aproveitado nos próximos anos, sem qualquer uso adicional de combustível fóssil e, na maioria dos casos, sem quaisquer emissões de carbono. Esse método, de eficácia comprovada, é capaz de produzir até 10% da geração de eletricidade dos Estados Unidos sem queima de combustíveis fósseis.
2. **Utilização da cogeração (CHP)** – Introduzimos também essa viga no Capítulo 2, observando que a maior parte do potencial desse método ainda não foi explorada. No sistema de energia elétrica vigente, dois

terços da energia que entra no sistema são descartados como calor de qualidade inferior. Se produzirmos energia de forma a captar e utilizar esse calor, eliminaremos boa parte do combustível fóssil que atualmente queimamos para a calefação de casas e edifícios. Em contraste com outras vigas, como a da eficiência do consumo final, esta é uma opção que, na prática, jamais foi discutida pelos governantes eleitos. Trata-se de uma das medidas politicamente mais intimidantes que propomos, ainda que os *duplos dividendos* que proporcionariam (para quase todos os usuários de eletricidade e aqueles que em geral têm o hábito de respirar) seriam tão formidáveis que os líderes políticos que enxergassem a importância da ponte transicional com clareza teriam inevitavelmente de levar em conta esse tema tabu. Discutimos esse tópico mais detidamente no Capítulo 5, "O futuro da energia elétrica".

3. **Aumento da eficiência energética em processos e instalações industriais** – Centenas de empresas norte-americanas reduziram o consumo de energia (e as emissões de carbono) promovendo alterações técnicas em seus processos ou equipamentos. Algumas dessas melhorias produzem formas recuperáveis de energia, como descrevemos anteriormente, mas muitas outras reduzem o uso de energia primária ou, mais frequentemente, o consumo de eletricidade. Apesar disso, essas oportunidades têm sido sumamente ignoradas, devido a duas crenças equivocadas, mas onipresentes no âmbito da economia empresarial, a saber: (1) as economias "fáceis" já foram feitas, e (2) não valem a pena mais esforços de conservação. No Capítulo 4, "A revolução da energia invisível", mostramos que tal investimento definitivamente vale a pena. Em muitos casos, os retornos foram rápidos e lucrativos. Há suficientes oportunidades de duplos dividendos para ajudar a atravessar a ponte transicional nos próximos 10-20 anos.

4. **Aumento da eficiência energética no consumo final** – Esta é a viga da estratégia da ponte que tem sido bem divulgada e que já nos fez avançar um passo animador na direção que precisamos seguir. Lâmpadas fluorescentes compactas, carros híbridos, aparelhos com consumo eficiente, janelas com múltiplos painéis, etc. tornaram-se predominantes. Ainda não desaceleram perceptivelmente a produção global de emissões de carbono, embora essa observação não leve em conta qual seria a taxa de emissões neste momento se tais avanços não tivessem sido feitos. Seja como for, grande parte do potencial nacional permanece inexplorada. Como os esforços relacionados ao consumo têm sido amplamente divulgados em outras mídias,

abordamos a maior parte deles muito brevemente – sobretudo para confirmar sua importância ao despertar a consciência pública para o fato de haver outras vigas igualmente necessárias para a construção da ponte. Mudar o comportamento de consumo nesse domínio (ver Capítulos 6-8) é de extrema importância, embora apenas o começo.

5. **Estímulo à revolução microenergética, ou revolução "do telhado"** – Quebrar os monopólios da distribuição de energia elétrica para promover o desenvolvimento da cogeração (CHP) será uma escora fundamental desta viga. Mas, além disso, haverá uma separação mais fundamental de poderes entre as grandes funções públicas das concessionárias e as pequenas funções locais das residências particulares e pequenas empresas. A produção energética de pequena escala em residências, escritórios e mesmo veículos ou barcos pode parecer distante atualmente, mas vale lembrar que a ideia de um computador em cada lar ou escritório parecia não menos remota algumas décadas atrás. As grandes centrais elétricas de hoje, com seus cabos de alta tensão se estendendo (e vazando energia) sobre nossas florestas e fazendas, assemelham-se aos gigantescos computadores centrais (*mainframes*) dos anos 1960. Como veremos no Capítulo 5, a geração de energia elétrica está à beira de uma revolução.

6. **Substituição dos produtos de energia por serviços de energia** – Na economia real, não é por carvão, petróleo ou gás que os norte-americanos, europeus e asiáticos têm apetite; é por luz, calor, mobilidade, comunicação e entretenimento. Não é da energia propriamente dita que necessitamos, mas dos serviços que ela fornece. Por exemplo, algumas pessoas precisam de gasolina, mas todos necessitamos de mobilidade. Em certos casos, os serviços que reclamamos podem ser prestados com pouco ou nenhum uso direto de combustíveis fósseis. Discutimos isso nos Capítulos 8 e 10.

7. **Replanejamento de edifícios e cidades em função das mudanças climáticas** – Levaremos um longo tempo para construir esta viga, mas começar agora é vital. Já é possível construir casas que utilizem uma pequena fração da energia média consumida pelas residências novas. Neste preciso momento, há milhares delas na Alemanha e em outros países industrializados. Com o tempo, os habitantes das cidades também poderão reduzir consideravelmente a quantidade de energia que despendem no transporte, ao mesmo tempo em que melhoram sua mobilidade (ver também a viga 4). Precisamos estar também preparados para a dura realidade de que a elevação do nível do mar

e os crescentes riscos de marés ciclônicas logo obrigarão centenas de cidades litorâneas e ribeirinhas do mundo inteiro a transferir seus distritos para terras mais altas. Uma maciça restauração nos próximos cinquenta anos oferecerá óbvias oportunidades para um projeto urbano mais compacto, melhorando tanto a eficiência energética quanto a qualidade de vida (ver Capítulo 8).

8. **Reformulação das estratégias de gestão de águas doces** – Os atuais projetos de abastecimento de água utilizam prodigiosas quantidades de energia para bombear água por longas distâncias, montanhas acima ou por meio de poços profundos. A gestão dos recursos hidráulicos tornou-se um importante consumidor de energia, e estratégias alternativas para o abastecimento de água que não foram consideradas quando da construção de sua infraestrutura – época em que os custos energéticos eram baixos – podem agora ensejar reduções drásticas no consumo de combustíveis (ver Capítulo 9).

❖ Por que os tabus?

Esta lista combinada (ou algo próximo a ela) não apenas é capaz de proporcionar os meios necessários para a construção da ponte transicional, como também, provavelmente, a única estratégia segura para fazê-lo. Entretanto, como notamos anteriormente, a maior parte dessas vigas essenciais raramente é citada no debate público. Durante as campanhas presidenciais de 2008, o senador McCain não fez menção a sequer uma delas em seus discursos políticos e debates; seus comentários acerca do problema energético limitaram-se à utilização de novas fontes de energia. O senador Obama citou apenas algumas das vigas, notadamente a da eficiência energética no consumo veicular. A seu favor, diga-se que ambas as campanhas sinalizaram uma ruptura com a atemorizante política de energia do vice-presidente Dick Cheney, para quem questões como eficiência energética e mudanças climáticas eram objeto de escárnio e desdém. Por outro lado, refletiram a ênfase geral dos meios de comunicação em novas fontes de fornecimento, atualizada apenas por um apelo inspirador à utilização das energias eólica e solar no preenchimento de boa parte dessa nova oferta. Nenhum dos dois candidatos expôs a realidade de que a nação necessita transpor um profundo abismo no que diz respeito ao fornecimento de energia. E, após a posse de Obama, poucos sinais – afora a alocação de certo capital de incentivo à eficiência energética – indicavam que os obstáculos e barreiras do sistema vigente estavam para ser reconsiderados.

A discussão pública acerca da iminente crise climática e energética tem sido marcada predominantemente por muitos pontos cegos, e mesmo tabus, a saber:

❖ Ninguém reconheceu que *a quantidade da energia primária fornecida não é igual à quantidade de serviço energético*. A quantidade de trabalho útil produzido por um barril de petróleo pode ser ínfima ou abundante.
❖ Ninguém assinalou que *um conjunto de leis arcaicas faz perpetuar um sistema de energia elétrica obsoleto* que, se reformado, poderia aumentar expressivamente sua produção e, ao mesmo tempo, reduzir seu consumo de combustível e emissões.
❖ Ninguém chamou a atenção para o iminente desafio do "pico do petróleo". Embora muitos livros populares (e muitos outros acadêmicos) tenham se concentrado nesse tópico, e especialistas em energia e *blogs* o tenham debatido extensivamente, o mesmo não se deu com os meios de comunicação durante os primeiros estágios da crise econômica – ainda que o pico do petróleo provavelmente ponha em marcha dolorosas carências, especulações de preços e distúrbios econômicos e sociais generalizados tão logo seja retomado o crescimento econômico.
❖ Por fim, ninguém sugeriu que a recessão econômica iniciada em 2008 era fundamentalmente diferente das anteriores – que estávamos à beira do abismo, e que precisávamos *construir uma ponte a partir de outros elementos que não novas fontes de petróleo ou gás*.

Por que os tabus? Não há aqui qualquer mistério: a combinação de conveniências políticas veladas por parte dos veículos de comunicação (a maioria dos quais fortemente dependente da publicidade dos setores automobilístico, imobiliário e outros igualmente baseados no uso de combustíveis) com as complexidades técnicas de nosso sistema econômico silenciou a discussão desses fatos desconfortáveis. Qualquer político disposto a agir contra os interesses dos setores de petróleo, gás, carvão, petroquímicos e concessionárias de eletricidade – e das empresas dependentes de combustíveis fósseis, como as fabricantes automotivas, as companhias aéreas e as agroempresas – arrisca cortar as artérias financeiras vitais de que dependem os governantes eleitos. Até 2008 era relativamente seguro preconizar maiores investimentos nas energias solar e eólica, mas pouco prudente atacar absurdos como o transporte dominado por carros ou os monopólios das concessionárias de eletricidade.

O motivo de oportunidades tão formidáveis como o aumento da eficiência energética dos processos industriais não terem sido discutidas é que tais questões eram complexas demais para que fossem reduzidas a *slogans* fáceis e discursos de circunstância. Os setores de processamento e manufatura de materiais utilizam milhões de diferentes operações com elevado consumo de energia, a maioria das quais invisível aos olhos públicos. Na campanha presidencial de 2008, John McCain procurou angariar os votos da classe operária invocando o trabalho de "Joe, o encanador". Todos sabemos em que consiste a atividade de um encanador. Talvez não estejamos tão familiarizados com a atividade de milhões de homens e mulheres que, por trás de paredes sem janelas, trabalham com as dezenas de milhares de processos industriais que consomem energia fóssil e emitem os gases responsáveis pelo aquecimento global. A maior parte dessas operações foi concebida e estabelecida numa época em que a energia era barata, e não um fator primordial da gestão empresarial. Podemos reconfigurar ou reestruturar a vasta maioria dessas operações de modo a reduzir o consumo energético e as emissões de gases poluentes, mas só muito tardiamente os gestores começaram a se dar conta do enorme potencial aí presente.

Capítulo 4
A revolução da energia invisível

Em junho de 2008, poucos meses antes do descarrilamento do setor financeiro, os meios de comunicação dos Estados Unidos revolviam notícias sobre a escalada vertiginosa dos preços da energia e o crescente fosso global entre a oferta e a demanda. De fato, o preço da gasolina ocupava o centro dos noticiários televisivos noite após noite, só interrompido esporadicamente por alguma imagem das últimas catástrofes no Oriente Médio. Enquanto isso, representantes da administração Bush pronunciavam-se com indisfarçado rancor sobre a falta de atenção da OPEP para com as necessidades dos Estados Unidos.[1] Em uma entrevista televisiva, o âncora conservador Sean Hannity observou à senadora liberal Barbara Boxer que os elevados preços da gasolina estavam causando aos norte-americanos terríveis privações, e que os profissionais da saúde não estavam conseguindo chegar às pessoas sob seus cuidados. Boxer respondeu que a administração Bush vinha encaminhando a economia do país para a ruína havia sete anos e meio, e que esse era um dos resultados. Hannity contra-atacou: "Mas o que *vocês* fariam?". Boxer tergiversou. De fato, não havia dúvida de que a estratégia energética da administração republicana era um desastre, mas não parecia que os democratas estavam oferecendo alternativas melhores.

Nesse inútil intercâmbio de ideias, nem a parlamentar, nem o especialista reconheceram a possibilidade de que, se o país encontrasse uma maneira de obter mais serviço energético por barril do petróleo que já vinha consumindo, possivelmente não *necessitaria* de mais ofertas. Em outras palavras,

---

[1] O presidente Bush, que criticara desdenhosamente Barack Obama por ter dito que, se eleito, estaria disposto a estabelecer diálogo com líderes estrangeiros "tiranos", voou para a Arábia Saudita naquele mesmo mês para encontrar-se com o rei saudita Abdullah – um notório autocrata, para não dizer tirano –, a fim de destinar mais petróleo para os Estados Unidos. Um noticiário em vídeo mostra um Bush ruborizado a sorrir afetadamente, de braços dados com o rei em um cerimonial, parecendo tão embaraçado quanto um garoto de 12 anos que pede para não aparecer no palco de vestido. Sua aparente mensagem: por mais petróleo, fazemos o que precisa ser feito.

se encontrássemos uma maneira de dobrar a eficiência energética de nossa economia, o efeito resultante sobre a produção econômica equivaleria a duplicar o fornecimento de energia da nação. Mas eficiência energética não rende manchetes. No entanto, um mês antes da entrevista Hannity-Boxer, em 15 de junho, o Conselho Norte-Americano de Economia e Eficiência Energética (ACEEE) emitiu uma análise revelando que, conquanto o consumo energético nos Estados Unidos tivesse crescido consideravelmente nos últimos 38 anos, *os avanços da eficiência energética eram responsáveis por três quartos [desse aumento], ao passo que as novas ofertas de energia respondiam por apenas um quarto.* "É o *boom* energético dos Estados Unidos que ninguém conhece", disse o diretor de análise econômica do ACEEE, John Laitner. Em seu exasperado debate, Hannity ou Boxer poderiam ter perguntado se seria possível *reduzir* o consumo efetivamente, aumentando-se a eficiência energética. Era uma pergunta fundamental, mas eles não a fizeram.

Talvez os canais de comunicação não tenham respondido ao relatório do ACEEE por estarem confusos. Durante décadas, uma tendência consolidada na economia norte-americana tem sido a redução a longo prazo da *intensidade* energética – a quantidade de energia necessária para gerar um dólar por produção continua a cair. Em seu comunicado à imprensa, a ACEEE observava que, no curso dos últimos 38 anos, o consumo energético por dólar do PIB havia despencado de 18.000 Btus (unidade de calor) por dólar em 1970 para apenas 8.900 Btus em 2008. O incremento da eficiência energética é uma das causas desse declínio na intensidade (menos consumo energético por unidade de trabalho ajuda a gerar mais produção econômica por unidade de energia). Mas outras atividades, incluindo aquelas de setores de exportação com uso intensivo de energia, como a fundição de alumínio, também colaboram para tal declínio. A intensidade energética pode cair mesmo com o aumento da quantidade total de energia utilizada – desde que o PIB cresça ainda mais rápido. Os jornalistas devem ter visto aí uma história inverossímil.

O que a mídia não percebeu foi a *dimensão* do componente da eficiência – os três quartos supracitados. Até 2008, os porta-vozes da administração Bush-Cheney tanto insistiram em desprezar a eficiência energética, atribuindo-lhe valor apenas marginal em comparação com as novas ofertas de energia, que a verdadeira novidade tornou-se o que os jornalistas chamam de "*buried lead*" – uma história cuja informação mais importante se esconde em algum lugar do sétimo parágrafo, passando despercebida pela maioria dos leitores. Jamais, nos estudos anteriores sobre as tendências energéticas dos Estados Unidos, o papel da eficiência havia sido tão nitidamente separado do da intensidade. De fato, o ACEEE proporcionara o que descrevia como "a primeira tentativa de quantificar o impacto geral do *boom* oculto da eficiência energética". O relatório, intitulado *The Size of the U.S. Energy Efficiency Market: Generating a More Complete Picture*, concluía que "a nação não está a par do papel que o consumo energético eficiente tem desempenhado para satisfazer nossas crescentes demandas de energia... As contribuições da eficiência energética na maioria das vezes permanecem invisíveis".

Contudo, o tom adotado no documento do ACEEE não era nem de reivindicação, nem de celebração. Entre os informes mais memoráveis que vimos em nossas vidas, poucos ofereceram uma combinação tão intensa de boas e más notícias. A boa notícia era que a América *já havia encontrado* uma fonte para boa parte do petróleo e do gás adicional de que precisaria para ganhar tempo até a transição para uma economia pós-petróleo – bastava acelerar a exploração dessa fonte. "Com as escolhas e os investimentos certos nas muitas tecnologias economicamente eficientes, mas subutilizadas, diversos estudos (por parte do ACEEE e outros) sugerem que os Estados Unidos poderão reduzir o consumo energético por dólar do PIB em cerca de 20% a 30% nos próximos 20-25 anos", concluía o relatório. Se todas as oito vigas que descrevemos forem empregadas, o país obterá resultados ainda melhores.

A má notícia é que, se serviços energéticos mais eficientes constituem os principais motores do crescimento da demanda, como argumentamos anteriormente, segue-se que o aumento da eficiência energética foi, na verdade, a principal causa do *aumento do consumo* nos últimos 38 anos – e muito antes. Se assim é, a obtenção de maiores ganhos de eficiência energética no futuro irá acelerar o crescimento econômico; e, a persistirem as tendências passadas, tal crescimento será acompanhado por um maior consumo de energia primária – o que por muitos anos significará mais petróleo e mais gás. Nosso desafio consiste em quebrar esse elo. É complicado, talvez até perigoso, pensar nos ganhos de eficiência como uma nova fonte de energia, como um novo campo petrolífero, embora alguns tenham empregado essa linguagem.

Um problema a ser superado é a absoluta dificuldade de medir a eficiência energética e correlacioná-la com a demanda por energia e o crescimento econômico. "Sob muitos aspectos, os recursos e investimentos dedicados à eficiência energética são difíceis de observar, calcular e definir porque representam a energia que *não* utilizamos para suprir nossas necessidades energéticas", escreveram os autores do relatório do ACEEE, Karen Erhardt e John (Skip) Laitner. "E a energia que não utilizamos, quase por padrão, torna-se a energia que não vemos." E o que não vemos, não medimos. Outro perigo, mais fundamental, reside no fato de que mais eficiência costuma resultar em menos custos, e menos custos tendem a gerar mais demanda. Tal fenômeno, denominado "efeito bumerangue", tem sido uma das principais desculpas citadas pelas autoridades para não centrar-se na eficiência em primeiro lugar.

De todo modo, o efeito bumerangue de fato se aplica ao custo dos serviços energéticos, ou trabalho útil, conforme os definimos, na medida em que serviços mais baratos estimularão o aumento de seu consumo e, pois, continuarão a impulsionar o crescimento econômico. O desafio que enfrentamos é óbvio: os serviços energéticos precisam tornar-se cada vez mais baratos e rápidos, ao mesmo tempo em que a energia primária se torna mais cara. Para tanto, aprimorar a eficiência energética é essencial. O relatório do ACEEE sugere que os ganhos de eficiência passados não foram rápidos *o bastante*; responderam por apenas três quartos do aumento do consumo. No futuro, precisamos acelerar esses ganhos de modo a responder por mais ou menos 125% do incremento do consumo. Poderemos assim superar o efeito bumerangue e, de fato, *reduzir* o consumo das fontes de energia primária (ou, no mínimo, dos combustíveis baseados em carbono). Por sorte, o potencial para esse tipo de ganho de eficiência está ao nosso alcance.

Uma das razões para subestimar a magnitude dos possíveis ganhos de eficiência como recurso é a suposição generalizada de que, embora os ganhos do passado tenham sido bons, os melhores progressos já foram feitos. É como se a própria eficiência constituísse um recurso limitado e estivéssemos prestes a exaurir sua oferta. Essa não é uma percepção nova. À época em que o Congress Joint Committee on Atomic Energy dos Estados Unidos realizava audiências de energia, em 1973, o comitê solicitou a preparação de um relatório que resumisse a situação para o Congresso e o público. O documento resultante, *Understanding the National Energy Dilemma*, apresentava "um sistema de exibição de energia" tridimensional que impressionava por seus gráficos, mas curiosamente carecia de explicação científica. Ele foi distribuído por todo o país.

Qual era o dilema energético nacional? Segundo o autor do relatório, Jack Bridges, como a demanda por eletricidade estava superando a oferta, centenas de novas usinas nucleares seriam necessárias. Era um argumento que claramente se contrapunha à exploração dos ganhos de eficiência. Ironicamente, a crise energética de 1973-74 solucionou o problema imediato (tanto quanto o agravamento da recessão de 2008 pôs termo à escalada dos preços da gasolina), resultando em uma acentuada queda na taxa de crescimento da demanda prevista. A maioria dessas novas usinas nucleares não foram necessárias, e nem construídas. Mas a parte mais interessante do argumento de Bridges era seu cálculo relativo à eficiência energética do país. Sem qualquer explicação minimamente convincente, o autor argumentava que os Estados Unidos estavam utilizando a energia com uma eficiência geral de quase 50%. Tal resultado parecia tão implausível que um de nós (Robert Ayres) efetuou um cálculo alternativo baseado em princípios da física, e descobriu que a eficiência real do uso energético na economia da nação durante esse período (desconsiderando-se o problema da eficiência da carga útil anteriormente mencionado) era, na realidade, de *10%*. A disparidade entre os cálculos é tão formidável que precisamos recorrer a uma breve digressão para explicá-la.

Eficiência energética é um conceito escorregadio. À primeira vista, consiste em uma simples relação entre um produto e um insumo – noção perfeitamente satisfatória, contanto que os insumos e produtos estejam medindo a mesma coisa da mesma forma. No caso da energia, porém, ela é complicada porque, como explicado pela Primeira Lei da Termodinâmica, "energia" é, na verdade, uma quantidade conservada. *Conservada* significa não esgotada. Implica que o fluxo total de energia que sai de qualquer processo ou transformação física é sempre igual ao fluxo de energia que entra nesse processo. Não havendo ganhos nem perdas, a eficiência da transformação precisa ser de 100%, por definição. Assim, o primeiro problema com o documento de Bridge e sua mais recente exibição na Wikipédia (e com praticamente todos os debates públicos sobre energia) é que tais discussões não tratam efetivamente de energia; tratam do *componente útil*, algo que os debatedores não definem. Entretanto, existe uma definição técnica de energia útil, qual seja: a energia capaz de realizar um *trabalho útil*. O termo técnico é **exergia**.

A distinção entre aquela medida simplista, baseada na razão insumo-produto, e a medida técnica do produto real (exergia) é solenemente ignorada. Ignoram-na, por exemplo, as empresas que anunciam a (dita) eficiência energética dos aquecedores de água a gás ou outros equipamentos. Uma empresa poderia alegar que seu aquecedor possui eficiência energética de 85% porque 85% do calor do bico de gás é transferido para a água e, assim, apenas 15% são perdidos. A aritmética pode estar correta, mas é grosseiramente enganosa, na medida em que *sugere incorretamente que o calor a baixas temperaturas é tão útil (no sentido de ser capaz de dar conta de um serviço) quanto o calor a altas temperaturas*. A temperatura da chama de gás no aquecedor é extremamente elevada, cerca de 1.800° Kelvin acima do zero absoluto, mas a temperatura da água aquecida não passa de alguns graus acima da temperatura ambiente (cerca de 300° Kelvin acima do zero absoluto).

Por sorte, os conteúdos exergéticos (por quilograma [kg]) de todos os combustíveis e outros materiais comuns são conhecidos, e podem ser encontrados em obras de referência. Portanto, a forma correta de medir a eficiência é tratar tanto o insumo quanto o produto em termos exergéticos. O insumo, neste caso o gás natural, possui alto conteúdo exergético porque queima a uma temperatura elevada, ao passo que o produto, a água aquecida, apresenta baixíssimo conteúdo exergético por estar apenas ligeiramente acima da temperatura ambiente (em comparação com a chama do gás). Logo, a real eficiência exergética de um aquecedor de água deve ser muito pequena, porque a quantidade de calor produzido pela chama poderia realizar muito mais trabalho do que acaba realizando quando lavamos a louça ou tomamos uma ducha. De fato, *o aquecedor desperdiça a maior parte da diferença de temperatura entre a chama de gás e a água.* Em termos exergéticos, a eficiência dos sistemas de calefação e aquecimento de água era (e ainda é) de meros 5%. Em termos exergéticos, um problema praticamente idêntico se aplica a todos os cálculos de Bridges.

Como explicamos na nota deste capítulo ao final do livro, o Relatório Bridges – a exemplo dos departamentos de vendas de aquecedores de água – chegou a suas conclusões ignorando a Segunda Lei da Termodinâmica. Segundo essa lei, vivemos em um universo de irreversível destruição exergética (mais conhecida como **princípio do aumento da entropia**): no caso em apreço, à medida que o calor se desloca da chama para a torneira, a maior parte da exergia do calor que estava na chama é perdida. Mas o relatório de 1972 e os manuais de aquecedores não mencionam esse fato. Como resultado, essa concepção equivocada tem persistido não apenas na publicidade desses e outros aparelhos, mas também através da economia. E parece ser uma das razões que explicam a pouca disposição da administração Bush-Cheney – e da mídia – em atribuir ao aumento dos ganhos de eficiência algo mais que um potencial marginal. Acreditavam que o país já estava se saindo muitíssimo bem nessa frente. Mas não estava, e não está. Não há pouco espaço para maiores progressos: há um bocado de espaço – conforme indicado pelos cálculos de Robert Ayres em 1976, e confirmado pelo relatório do ACEEE 32 anos depois. No entanto, mesmo depois dos grandes ganhos relatados pelo ACEEE, estimamos que a eficiência energética total dos Estados Unidos atualmente não seja superior a 13% (para fins de comparação, o Japão tem utilizado a exergia com uma eficiência de mais de 20%).

O significado dessa história – e do que tencionamos mostrar – é que as indústrias, instituições e comunidades dos Estados Unidos têm agora a oportunidade histórica de incrementar sua eficiência energética (exergia) e, simultaneamente, reduzir os custos de energia e as emissões de gases estufa – em muito maior escala. É possível que tal afirmação guarde certa semelhança suspeita com a promessa de "almoço grátis". Reconhecemos que, nesta era de fraudes corporativas, usurpações de identidade e desinformação, os norte-

-americanos estejam justificadamente conscientes de que não existe almoço grátis. Reconhecemos também que, se começamos uma economia do zero, com uma contabilidade íntegra e honesta, nada que entre nela é de graça (em termos exergéticos) – nem mesmo o ar ou a água. Porém, se partimos de uma economia energética consolidada, apoiada em vastas quantidades de capital já investido, mas operando com uma eficiência de apenas 13%, e então elevarmos esse desempenho para 20% ou mais sem qualquer custo líquido, o ganho obtido *em comparação com o ponto de onde partimos* constituirá, sem dúvida alguma, um almoço grátis. E se, ao gerir uma empresa, conseguirmos promover essa melhoria na eficiência e ao mesmo tempo *incrementar* nossa receita? Nesse caso, mais que um almoço grátis, saboreamos um almoço que – segundo Amory Lovins, do Rocky Mountain Institute – "nos pagam para comer!" Em termos econômicos, tal melhoria possui um custo negativo. No nível corporativo, constitui um excelente investimento – em certos casos, até mesmo um lucro inesperado. No nível nacional, significa crescimento econômico sem esgotamento de recursos. Tal é a oportunidade de ouro que os Estados Unidos têm de aproveitar.

❖ Um novo pragmatismo lucrativo

O que terá causado o *boom* da "energia invisível" identificado pelo ACEEE? Um ganho de eficiência passando de 10 a 13% em 36 anos não chega a ser um *boom*. Mas mesmo esse incremento foi suficiente para satisfazer três quartos da nova demanda de consumo energético. Isso suscita a seguinte pergunta: o que um *boom* real seria capaz de fazer?

A razão dos ganhos obtidos até aqui pode ser resumida em quatro palavras: *retornos sobre o investimento*. De fato, alguns desses retornos têm sido impressionantes. Uma empresa do Oregon, a SP Newsprint, descobriu em 2006 que podia reduzir seu consumo de energia aumentando a quantidade de papel reciclado que utilizava, em substituição às aparas de madeira, para produzir a polpa empregada na fabricação do papel-jornal. A mudança custou à firma US$ 6,7 milhões, mas reduziu as despesas da fábrica com energia em US$ 2,8 milhões por ano – um retorno em menos de três anos, com a perspectiva de aumento substancial dos lucros dali para frente. A energia que a empresa agora economiza seria suficiente para fornecer eletricidade para quase 5.800 lares do Oregon, anualmente.

No mesmo ano, a Universidade de Cincinnati modernizou o sistema de iluminação de seu *campus* de quase 1.830 quilômetros quadrados em Ohio, a um custo total de US$ 975.793, obtendo uma economia energética de quase 29 milhões de quilowatts-hora, e reduzindo seus custos anuais de energia em mais de US$ 1,3 milhão – um retorno de cerca de nove meses. Recuperado o investimento, as economias da universidade eram suficientes para lhe permitir conceder bolsas integrais a 25 estudantes por ano (entretanto, diante dos distúrbios da recessão econômica ocorrida logo depois, duvidamos que tenham sido utilizadas para esse propósito.). Ademais, a conversão reduziu a contribuição de Cincinatti para o aquecimento global em 52 milhões de libras de emissões de dióxido de carbono. Enquanto isso, em Idaho, a fábrica de processamento de tomates da J. R. Simplot Company descobriu que, instalando novos bicos de gás equipados com diferentes tipos de controles e redesenhando o sistema utilizado para fornecer ar para combustão, poderia aumentar a eficiência de suas operações o suficiente para poupar US$ 329 mil anuais em despesas com energia. As melhorias pagaram-se a si próprias em 14 meses.

Não é preciso nada absurdo para produzir pequenas mudanças que proporcionem lucros adicionais e boas relações públicas, como mostraram a SP Newsprint, a Universidade de Cincinatti e a Simplot Company. Desafiar a estrutura básica da economia já é outro problema, do qual elas não se ocuparam. Mudanças estruturais, que discutiremos nos próximos capítulos, proporcionarão ainda mais. Mas, nesse ínterim, melhorias modestas em todo o espectro dos setores serão de grande proveito, não apenas pelo que podem fazer pelos lucros corporativos e pela produção econômica da nação, mas pela possibilidade de porem em marcha uma mudança em nossa cultura empresarial. Se mais cidadãos norte-americanos acordassem para o fato de que o ambientalismo não constitui apenas um interesse especial dos "abraçadores de árvores", mas um fundamento essencial da estabilidade econômica do país, esses pequenos passos iniciais rumo a uma economia sustentável poderiam facilitar politicamente o caminho para os passos mais largos que logo terão de ser dados.

❖ Obstáculos ao caminho dourado

A descoberta de que é possível promover mudanças que reduzam o consumo de energia *e* aumentem os lucros poderia desencadear uma nova corrida do ouro na economia industrial dos Estados Unidos. Entretanto, isso não significa que as empresas não enfrentarão grandes obstáculos. Na Corrida do Ouro de 1849, que agitou a Califórnia, os exploradores tiveram de trilhar caminhos perigosos e traiçoeiros sobre as *sierras* da região. Uma dessas trilhas, que ainda pode ser percorrida do atual Squaw Valley até a cidade de Auburn, é um tortuoso descampado de 161 quilômetros de extensão, capaz de levar o caminhante aventureiro a subir e descer cânions de dois 600 metros de profundidade com neve pelos tornozelos, e a uma temperatura de mais de 40° C, em um único dia. Alguns garimpeiros temporões, os *forty-niners*, jamais conseguiram vencê-la. Ao longo do caminho, a trilha passa pela remota cidade-fantasma de Last Chance. Para muitas empresas norte-americanas, os próximos anos serão, sem dúvida alguma, sua última chance.

Um perigo reside no fato de que, mesmo se provarmos que o mantra "ações climáticas prejudicarão a economia" constitui um equívoco, e que nossa sobrevivência econômica requer investimentos imediatos e substanciais em tecnologia e infraestrutura transicional e pós-petróleo, provavelmente teremos pouco incentivo para investir em medidas de proteção que não apresentarão um retorno visível nos próximos 10 a 20 anos. Para o norte-americano médio que não vê no horizonte do dia nenhum tornado ou furacão, o mundo provavelmente parecerá normal e estável. Graças ao engenho com que a ExxonMobil, a Shell e a BP nos asseguraram da existência de um "oceano de petróleo" inexplorado sob nossos pés, nem todos os gestores empresariais se deixarão convencer de que a realização de modificações de economia energética em suas fábricas é tão importante assim. Alguns recordam que a reação de pânico à escalada dos preços do petróleo nos anos 1970 foi sucedida por uma queda da ordem de US$ 10 por barril na década seguinte, e que o mesmo tipo de recuperação – ainda mais rápida – pôde ser visto no final de 2008. Um estudo sobre as atitudes executivas apresentado pela Alliance to Save Energy constatou que muitos executivos acreditam que os programas de economia energética são questões "técnicas" da competência de engenheiros, não constituindo aspectos relevantes da estratégia empresarial.[2]

Uma razão relacionada pela qual podemos esperar resistência significativa a quaisquer mudanças na orientação corporativa é que, mesmo quan-

---

[2] O relatório, *Executive Reactions to Energy Efficiency*, assinalava: "Embora os executivos estejam perfeitamente conscientes dos preços da energia, em geral não estão atentos a seu consumo. Eis por que a eficiência energética costuma ser delegada aos engenheiros e profissionais de manutenção das fábricas. Espera-se que as pessoas *técnicas* concebam soluções *técnicas* dentro dos limites de suas esferas de autoridade. Os engenheiros naturalmente têm seu foco direcionado para a tecnologia e o maquinário, enquanto os gerentes de produção e operações supervisionam os comportamentos e procedimentos do dia a dia que afetam diretamente os custos operacionais. Já os diretores de compras habitualmente compram equipamento com base no custo imediato da aquisição, e não no total dos custos operacionais. Infelizmente, essas diferentes interpretações acerca do controle dos custos de energia são reforçadas por questões departamentais de "território", o que impossibilita o tipo de cooperação necessário para uma organização tornar-se energeticamente eficiente."

do esses altos executivos percebem as consequências futuras de suas práticas corporativas, seu apego pessoal – a poder, controle ou senso de valor próprio – pode prevalecer sobre uma consciência já bastante tênue da responsabilidade entre as gerações. Digamos que um diretor executivo de 60 anos tenha mais duas décadas de vida pela frente. Caso disponha de um grande patrimônio pessoal, ele terá condições de proteger a si e sua família das primeiras devastações ocasionadas pelas mudanças climáticas. Poderá adquirir uma propriedade cercada sobre um terreno elevado, e aí usufruir sua aposentadoria, contratar seguranças e obter amplos estoques de gasolina, ainda que o preço do galão chegue a US$ 20, bem como fartos estoques de carne, não importa se a US$ 50 o quilo. Se ele não quer fazer nada pelos que viverão uma década ou duas depois que tiver partido, não precisa. Alguns CEOs de fato parecem *não* se importar. Para eles, a eficiência obtida com essas modificações rotineiras, como modernizar o sistema de iluminação de suas lojas ou fábricas, não representa sequer um ínfimo ponto de luz no radar corporativo.

Parte dessa resistência talvez se deva menos a uma eventual rigidez ideológica ou fraqueza pessoal dos gestores, do que à sua incompreensão quanto ao real significado de eficiência ou de como podem alcançá-la. Por exemplo, o estudo supracitado acerca das reações dos executivos observa que muitos líderes corporativos acreditam genuinamente que suas instalações já sejam eficientes. Parte desse equívoco decorre daquilo que a Alliance to Save Energy denomina de "paradigma obsoleto para a tomada de decisões sobre energia". De fato, muitas das organizações industriais de hoje "continuam a gerenciar o consumo e os custos energéticos de suas operações da mesma forma que faziam na década de 1980 – uma época de combustível barato e serviços de utilidade pública regulados". O velho paradigma caracterizava-se por três percepções, a saber:

1. "Energia não é nossa atividade principal." Logo, recebia atenção apenas marginal e recursos orçamentários compatíveis com seu *status* de função de apoio (secundária), em vez de custo controlável de produção e fonte de rendimentos recuperáveis.
2. "A solução está no baixo preço do combustível." A missão era transferida para o diretor de compras ou, indiretamente, para o governo, no intuito de reduzir o preço do combustível o máximo possível.
3. "Você é o engenheiro; você resolve!"

Tais equívocos talvez ajudem a explicar por que, passados 30 anos, apenas uma minoria de empresas norte-americanas explorou plenamente a reserva de eficiência. Para compreender melhor a questão, considere que, dos cerca de US$ 300 bilhões investidos em eficiência energética nos Estados Unidos durante o intervalo de 38 anos estudado pelo ACEEE, 29% foram destinados aos eletrônicos e aparelhos de consumo e 25% às operações industriais. De fato, as fábricas e refinarias norte-americanas têm um longo caminho a percorrer.

A resistência normalmente envolve uma combinação dos seguintes fatores: um executivo pode estar ciente de que a eficiência energética é um fator cada vez mais importante para o desempenho organizacional, mas acreditar que sua empresa já esteja suficientemente atualizada nesse quesito, ou que seus excelentes engenheiros resolverão quaisquer falhas ou problemas de natureza energética. Ele pode se preocupar com o futuro de seus filhos, mas, como agora eles já estão crescidos e emancipados, talvez não esteja inclinado a sacrificar terrivelmente os prazeres e privilégios que conquistou – incluindo o consumado prazer de seguir triunfando no jogo capitalista. Ademais, talvez alimente a crença – incutida por aquilo que a doutrina econômica dominante o ensinou – de que seus filhos inevitavelmente serão mais ricos que ele, usufruindo de um progresso tecnológico e crescimento econômico ainda maiores enquanto viverem. Pouco importa quão esmagadoras sejam as evidências do aquecimento global causado pelo homem, ou quão convincentemente refutemos a doutrina econômica dominante: muitos diretores executivos e demais líderes que comandam o nosso navio se recusarão a arriscar uma mudança radical de curso. A ExxonMobil, a Edison International, o *lobby* do "Carvão Limpo" e as pessoas que acreditam que a Terra foi criada há seis mil anos com o carvão já produzido estão entre eles. Para construir a ponte que nos levará ao futuro pós-petróleo, teremos de lutar.

Todavia, experiências como as das empresas SP Newsprint e J. R. Simplot sugerem uma estratégia capaz de abreviar essa luta. Os principais economistas ainda se apegam à ideia de que exemplos como esses constituem exceções anômalas, porque sua teoria lhes diz que, se oportunidades para maiores lucros realmente existissem em número significativo, os empreendedores arrojados de nosso sistema supostamente competitivo de livre mercado já as teriam explorado. Logo, o "almoço grátis" efetivamente não pode estar aí. O "fruto ao alcance da mão" teria desaparecido.[3] Se conseguirmos mostrar que

---

[3] Críticos dessa visão a relacionam com a piada de um homem que caminha na calçada ao lado de um amigo que é economista neoclássico. O homem vê uma nota de cem dólares no chão e curva-se para pegá-la, mas o economista diz: "Não perca seu tempo – se fosse real, alguém já a teria apanhado".

essas oportunidades *não* constituem exceções, mas estão presentes em praticamente todos os lugares, e não possuem rendimentos de declínio rápido, ganharemos um tempo valioso na corrida contra o pico do petróleo e as mudanças climáticas. Se pudermos mostrar ao público em geral que empresas de todos os lugares têm condições de realizar mudanças capazes de reduzir o consumo energético e incrementar seus lucros em um ou dois anos, mesmo os mais céticos se sentirão atraídos. A possibilidade de rápidos retornos sobre o investimento não deverá suscitar grandes objeções mesmo por parte daqueles que privilegiam o próprio conforto em detrimento do bem-estar da próxima geração. E, para os que ainda se apegam à doutrina de que as futuras gerações terão condições de cuidar melhor de si próprias do que nós, provavelmente não haverá objeção a ações que gerem retorno quase imediato – para a geração atual e também para a próxima. Se uma pequena minoria de empresas norte-americanas conseguiu dobrar de fato a produção econômica por barril de petróleo ou tonelada de carvão nos últimos 30 anos (metade da intensidade energética relatada pelo ACEEE), imagine o que poderia ser alcançado se as dezenas de milhares de organizações restantes aderissem.

❖ O mito do fruto que desaparece

O argumento dos economistas relativo ao rápido desaparecimento do fruto mais fácil de colher pode ser uma metáfora persuasiva, mas não encontra respaldo na moderna economia industrial. O pomar permanece no lugar, mas a maior parte das operações industriais são alvos móveis, introduzindo continuamente novos processos, práticas e equipamentos. As usinas de processamento, refinarias e fábricas são lugares de enorme complexidade dinâmica. Um eco-fix pode de fato criar outra oportunidade de economia – cada vez mais com o auxílio de sensores avançados, sistemas de controle automatizados ou ferramentas de rastreamento de energia.

Por vezes, uma nova safra de frutos mais fáceis de colher resulta de um desenvolvimento técnico do tipo que os economistas tradicionais descrevem como exógeno. Por exemplo, nos últimos anos, sucessivas gerações de computadores têm reduzido exponencialmente seu consumo de energia. Em 1996, o primeiro supercomputador Intel capaz de efetuar um trilhão de cálculos por segundo consumia 500.000 watts (W). Na primavera de 2007, a empresa havia produzido um *chip* do tamanho de uma moeda que, com potência equivalente, consumia apenas 62W. No contexto de nossa discussão anterior acerca da teoria do crescimento econômico, esse "progresso tecnológico" não constituiu apenas um exemplo de excepcional progresso em termos de miniaturização ou velocidade operacional, mas no sentido de *tornar a energia mais barata* para um determinado serviço energético. Como a experiência demonstra, uma empresa que empreenda um esforço concentrado para descobrir e explorar essas novas oportunidades continuará a encontrá-las.

Tal realidade tem sido documentada desde os anos 1970, quando o incipiente movimento ambiental – aliado aos decretos dos novos Clean Water Act e Clean Air Act – passou a pressionar as indústrias norte-americanas para que reduzissem as vastas quantidades de resíduos tóxicos que despejavam nas áreas públicas. As empresas eram obrigadas a documentar quaisquer progressos que obtinham em seus processos de limpeza. Como resultado, temos agora centenas de histórias de sucesso. O motivo desse registro compulsório de informações devia-se menos ao problema do consumo de energia do que ao da poluição (a crise do petróleo da década de 1970 logo foi esquecida com o recuo dos preços da gasolina), mas a eficiência energética e a redução dos resíduos industriais eram questões intimamente relacionadas. Além disso, quanto mais cedo fossem eliminados os resíduos na cadeia de processos, mais bem-sucedido resultava o esforço, pois é mais barato evitar a poluição que tentar capturá-la na chaminé ou – o que é pior – depurá-la depois de dispersa no ar, na água ou no solo. Diversas empresas instituíram programas de "prevenção à poluição". E, como prova sua experiência, medidas que previnem a poluição reduzem efetivamente o consumo energético. Esses programas demonstraram um princípio fundamental da ecologia industrial: uma operação que imite a natureza ao reciclar seus detritos – incluindo seus fluxos de energia residual – introduz menos resíduos no meio ambiente.

Uma das primeiras grandes empresas a adotar esse princípio foi a 3M Corporation (antiga Minnesota Mining and Manufacturing), baseada no estado de Minnesota, que iniciou seu programa 3P – Pollution Prevention Pays (a prevenção à poluição compensa) em 1975. Durante os 20 anos seguintes, a companhia implementou 5.600 projetos internos, que reduziram os resíduos industriais produzidos em um total acumulado de mais de 1 milhão de toneladas, e lhe renderam mais de US$ 1 bilhão em retornos *de primeiro ano* sobre o investimento (não foram medidos retornos em curso).

Nos anos 1980, a Interface Inc., maior fabricante mundial de carpetes modulares, sediada em Atlanta, deu início a uma campanha para tornar-se uma das primeiras empresas ambientalmente sustentáveis. Em 1994, seu fundador, Ray Anderson, teve o que descreve como "uma epifania de que o atual sistema corporativo estava causando sérios estragos ecológicos ao planeta".

Entre 1996 e 2006, sua empresa cortou seus resíduos sólidos em 63% e as emissões de gases estufa em 46%; ao fazê-lo, reduziu em 28% seu consumo de energia por unidade de produto.

Mais ou menos na mesma época, no Colorado, a Coors Brewing Company passou a utilizar revestimentos de cura UV em suas latas de cerveja, eliminando assim o emprego de solventes que emitiam compostos orgânicos voláteis (VOCs). A mudança reduziu significativamente sua produção de resíduos nocivos ao meio ambiente, bem como o consumo energético das operações, já que não havia mais necessidade de acender enormes fornos para curar as latas.

Outras grandes empresas também reduziram seu consumo energético mitigando a poluição. A Fedex, em colaboração com o grupo sem fins lucrativos Environmental Defense, realizou em 2000 uma campanha cujo propósito era diminuir as emissões de sua frota mediante a adoção de caminhões híbridos especialmente projetados. Até 2006, cerca de 75 dos novos caminhões já estavam em serviço, cada qual reduzindo as emissões de fuligem em 96% e os óxidos de nitrogênio em 65% – e melhorando a eficiência do consumo de combustível em 57%. A meta da empresa é converter toda a sua frota de 30 mil caminhões o mais breve possível.

Casos semelhantes têm sido documentados às centenas, muitos dos quais de fato compensaram rapidamente os investimentos feitos. *E poderia haver dezenas de milhares mais.* Ainda que os economistas neoclássicos relutem em acreditar, muitos desses programas foram iniciados pelo governo, quer pela concessão de incentivos, quer pela imposição de regulamentações. Uma vez iniciados, os programas incrementaram os lucros de forma consistente. A título de ilustração, o Departamento de Energia dos Estados Unidos (DOE) relatou em 2008 que sua campanha "Save Energy Now" avaliara 543 instalações industriais com as quais técnicos do DOE haviam trabalhado para implementar modificações técnicas, e que tais modificações produziram economias energéticas agregadas da ordem de US$ 706 milhões nos três anos precedentes. As alterações reduziram o consumo de gás natural das fábricas o suficiente para fornecer energia para 1 milhão de casas por ano, bem como as emissões de dióxido de carbono no equivalente a gases de escape de 1,2 milhão de carros.

A New York State Energy Research and Development Authority (NYSERDA), uma corporação de utilidade pública inaugurada em 1975, relatou em 2008 que, desde a década de 1990, seu programa de pesquisa e desenvolvimento havia implementado exitosamente mais de 80 produtos ou processos de baixo consumo energético. Por exemplo, a Ames Goldsmith

Company, sediada em Glens Falls, estado de Nova York, empresa que fornece 96% do óxido de prata e 12% da prata total utilizados nos Estados Unidos, desenvolveu um novo processo para recuperar a prata do catalisador de alumina gasto. A inovação reduziu o consumo de água e energia da empresa em 33%, proporcionando uma economia anual de US$ 130 mil e incrementando sua capacidade de produção em 50%. Em outro caso, a Gould's Pumps de Seneca Falls, Nova York, estava preocupada com sua produção de compostos orgânicos voláteis (VOCs), altamente tóxicos para seus empregados e o público em geral. Por 35 anos, a empresa revestia suas bombas industriais com uma solução à base de solvente (semelhante à utilizada pela Coors em suas latas de cerveja) contendo mais de cinco libras de VOC por galão. Com o apoio da NYSERDA, a Gould's uniu-se à Strathmore Products, Inc., de Syracuse, para desenvolver um revestimento à base d'água que reduziu o conteúdo de VOC para menos de 1,7 libra por galão. A seguir, em colaboração com a Optimum Air de Malta, Nova York, criou um sistema para a rápida secagem de superfícies. A mudança rendeu à empresa uma economia anual em consumo energético da ordem de US$ 183 mil, ao mesmo tempo em que incrementou suas vendas em US$ 800 mil, devido à melhor qualidade do produto. Até 2008, a NYSERDA havia ajudado a reduzir o consumo energético e a impulsionar as receitas de mais de 400 empresas – uma pequena fração das organizações atuantes do estado de Nova York, mas suficiente para defender a tese de que oportunidades como essas existem aos montes. Em seu importante relatório de 2008 sobre o *boom* da eficiência energética nos Estados Unidos, o ACEEE informava que, somente em 2008, as tecnologias de eficiência energética haviam gerado uma economia de US$ 178 bilhões no setor de construção, US$ 75 bilhões no setor industrial e US$ 33 bilhões no setor de transporte.

❖ O mito dos retornos que diminuem

As empresas norte-americanas têm sido prejudicadas não apenas pela crença generalizada de que a eficiência energética não passa de um recurso marginal, como também pela convicção resultante de que, mesmo que as empresas consigam obter esses ganhos de eficiência, eles constituem "tiros curtos", de modo que investir não valerá a pena a longo prazo, porque os retornos inevitavelmente irão diminuir. Na teoria, procede que a estratégia mais racional consista em optar primeiro pela melhor alternativa, esteja ela nos campos de petróleo ou nas minas de ouro. Mas a falha em tal teoria é que dificilmente é possível saber de antemão quais oportunidades serão as mais lucrativas. Na realidade, as primeiras escolhas tendem a ser as mais fáceis e as mais visíveis.

Encontramos um impressionante exemplo disso em um programa instituído pela Dow Chemical Corporation três anos atrás. Em 1980, um engenheiro chamado Kenneth Nelson, que trabalhava na divisão de Louisiana (uma fábrica localizada na região do estado conhecida como "Cancer Alley"), propôs à administração da empresa que lançasse uma competição interna com o objetivo de descobrir maneiras de reduzir os resíduos químicos da fábrica mediante o aperfeiçoamento da eficiência dos processos de produção. A administração da Dow aprovou a ideia, concordando em financiar quaisquer projetos da ordem US$ 200 mil ou menos que pudessem recuperar esse custo no espaço de um ano. No primeiro ano, os engenheiros do nível intermediário da empresa propuseram 39 projetos, 27 dos quais foram financiados a um custo total de US$ 1,7 milhão. Ao final do ano, os projetos haviam produzido um retorno sobre o investimento (ROI) de 173% – uma recuperação de cerca de sete meses.

A competição prosseguiu, e, ao contrário do que os economistas de Washington teriam previsto, os retornos não diminuíram no segundo ano: eles *aumentaram* substancialmente. A Dow denominou o programa de WRAP (Waste Reduction Always Pays), que fez jus ao nome durante a década seguinte e além. No décimo ano, os engenheiros apresentaram mais 108 novos projetos que renderam um ROI médio anual de 309%. No décimo primeiro ano, acrescentaram mais 109 projetos, com um ROI de 305%. No décimo segundo ano, chegou-se à marca de 140 projetos – o recorde até então – com um ROI médio de 298%. De fato, o décimo segundo ano trouxe mais lucro para a Dow que qualquer dos 11 anos anteriores. E, no entanto, a partir daí o programa WRAP – que havia proporcionado à empresa mais de um bilhão de dólares em lucros adicionais – foi abruptamente encerrado. *Por quê?*

Uma resposta é que o sistema de riscos e recompensas para altos executivos estimula o crescimento corporativo, não a eficiência. Mas isso não se aplica a todas as empresas, dado que os norte-americanos estão divididos, com algumas organizações começando a abraçar genuinamente suas responsabilidades ambientais e para com as futuras gerações, e outras, não. Todavia, no sistema corporativo dominante, as oportunidades para aumentar as receitas brutas não raro prevalecem sobre as que visam a ampliar a eficiência e a rentabilidade. Quando uma divisão cresce, seu gerente é promovido, consegue um escritório mais amplo e um salário maior, e passa a ter mais pessoas trabalhando para ele. Um engenheiro que economiza dinheiro para a empresa recebe agradecimentos e elogios, e quem sabe até uma pequena bonificação, mas não muito mais do que isso. Pouco depois que a fábrica de Louisiana finalizou seu programa WRAP, Nelson deixou a empresa.

No entanto, avaliações subsequentes do que havia acontecido na competição promovida por sua divisão de Louisiana podem ter começado a mudar a cultura corporativa da Dow. Entre 1995 e 2005, a conservação energética passou a ser um componente central de sua estratégia de negócios. Segundo um porta-voz da Dow, durante esse período a empresa obteve uma economia adicional de mais de US$ 5 bilhões, com retornos equivalentes sobre o investimento. A experiência da Dow nos deixa uma importante afirmação: as oportunidades para melhorar a eficiência energética de forma lucrativa não desaparecem rapidamente. Em pleno século XXI, nossas economias industriais e de consumo ainda estão repletas de produtos, processos e práticas que desperdiçam energia. Muito ouvimos falar sobre os exemplos dos setores de consumo e construção (utilitários esportivos com alto consumo de gasolina, alimentos importados, lâmpadas incandescentes e residências com isolamento térmico precário), mas quase nada sobre aqueles escondidos atrás das grades industriais. Hoje, com as substanciais evidências apresentadas pelo ACEEE de que a *eficiência energética pode conferir muito mais vigor à economia dos Estados Unidos do que as novas ofertas energéticas*, talvez esse quadro possa mudar.

A experiência da Dow sugere ainda que, se os acionistas tivessem ideia da frequência com que os executivos sacrificavam os lucros em nome das vendas ou da participação de mercado da empresa (um jogo com formidáveis recompensas para os CEOs, mas rendimentos decrescentes e mesmo negativos para os investidores), provavelmente pensariam duas vezes antes de eleger os diretores corporativos, para não mencionar as bonificações. Uma grande ironia surge aqui. A crítica ao capitalismo norte-americano movida por setores da esquerda há muito tem insistido numa suposta obsessão pelo lucro (à custa do bem-estar social) como raiz da divisão entre ricos e pobres e da destruição ambiental que atormenta a América, entre outros fracassos. Contudo, no jogo disputado por boa parte dos altos executivos, a vitória não é medida pela eficiência e lucratividade com que produzem seus serviços ou produtos, mas pelo poder que exercem sobre seus mercados.

Historicamente, os norte-americanos têm abominado os monopólios como assassinos da livre concorrência (e geradores de níveis de lucratividade extorsivos, resquício dos tempos dos barões industriais), o que resultou na criação das leis antitruste que por tanto tempo figuraram nos livros, mas sobre as quais pouco ouvimos falar atualmente. Nas últimas décadas, as notícias têm se detido mais sobre um caminho particular para o monopólio ou o oligopólio – o inebriante caminho das fusões e aquisições. Entretanto, transações dessa natureza não costumam conduzir a uma maior rentabilidade. A maneira mais rápida de construir participação de mercado é comprar ou sequestrar a concorrência, e agregar sua participação de mercado à nossa. No jogo do poder pessoal, indivíduos que promovem fusões obtêm vultosas recompensas – ao menos era o que vinha acontecendo até a economia inteira chocar-se contra um muro. Já os investidores pouco lucram com isso. Em um estudo recente sobre 700 fusões corporativas, a empresa internacional de consultoria KPGM constatou que apenas 17% desses negócios criaram valor real para os acionistas, enquanto mais da metade *destruiu* valor. E o mais importante: não proporcionaram qualquer benefício para a sociedade, dado que, quanto mais a concentração de uma indústria se intensifica, mais a competição perde força – e assim também o incentivo de utilizar a energia de modo mais eficiente.

❖ Uma transformação radical na cultura corporativa

A estratégia de duplicação dos dividendos ainda suscita uma importante questão: como despertar as organizações mais inflexíveis para a indispensável decisão de investir em mudanças mais amplas, de *longo prazo*? Uma resposta é que a eficiência energética nos permitirá ganhar (um pouco de) tempo até a mudança da equação demográfica e política. É uma viga essencial da ponte de transição energética. Nos próximos anos, alguns dos diretores executivos mais míopes serão substituídos por pessoas 10 ou 20 anos mais novas. Estatisticamente, o panorama será um tanto diferente para os novos gestores: suas expectativas de vida não se prolongarão 20 anos pela era de mudanças climáticas, mas muito mais – chegando a um tempo em que a possibilidade de morar em condomínios fechados e comprar o que o resto de nós não pode possivelmente não servirá para fins de proteção. Também a economia verá uma troca de guarda: os estudantes de Economia de hoje não irão (espera-se) desdenhar da ciência como fizeram seus predecessores na década de 1980, quando as ciências físicas ainda eram associadas, na opinião pública, à era da construção de bombas atômicas, produtos químicos perigosos e da exploração espacial, quando ainda não havia o IPCC. Esperamos também que, nos próximos anos, a história do teorema do compartilhamento de custos consiga chegar aos jornais acadêmicos e às aulas de Economia Básica. Ao compreender como o preço da energia influencia o crescimento econômico, os economistas poderão promover uma mudança em seus ensinamentos e nos conselhos que hoje se sentem à vontade para dar a empresas e governos. Isso, por sua vez, permitirá aos gestores das empresas ver a eficiência energética como um elemento muito mais central para seu sucesso.

Nem todos os altos executivos estão sonhando com um retorno aos bons e velhos tempos de crescimento garantido; ao menos parte deles levou a sério as implicações mais amplas de seu trabalho. Em 2005, o presidente da General Electric, Jeffrey Immelt, anunciou que a empresa reduziria suas emissões de gases estufa em 1% até 2012 – meta que exigiria diminuir em 40% as emissões da empresa, sem deixar de incrementar as vendas de acordo com as projeções. Talvez Immelt estivesse sendo conservadoramente modesto (alguns acusaram a GE de praticar *"greenwashing"*, lavagem verde*, e Immelt sabia que seria esfolado por gente como nós se não cumprisse sua promessa). No entanto, ao final de 2006, menos de um ano após o início da campanha, a GE veio a público anunciar, de forma surpreendente, que não apenas suas vendas haviam superado com folga todas as projeções, como também, apesar desse incremento, suas emissões de gases estufa haviam diminuído em 4% – muito mais do que Immelt havia prometido para 2012, e seis anos à frente do prazo. Hoje, executivos como Immelt ou Ray Anderson, da Interface, estão longe de constituir casos isolados. Desde 1992, uma aliança das maiores corporações norte-americanas e internacionais, o Conselho Mundial Empresarial para Desenvolvimento Sustentável (WBCSD), reuniu um núcleo duro de executivos com ideias afins. O WBCSD é apenas uma pequena parte das dezenas de milhares de empresas que terão de descobrir as recompensas dos duplos dividendos para que a ponte funcione. Mas, ao menos a partir de agora, qualquer conselho de diretores ou CEO que espere mover-se nessa direção não precisará abrir caminho por um território desconhecido. Há hoje um caminho aberto e bem sinalizado para o ouro.

---

*N. de .T: Manifestação de preocupações ambientais por parte de uma empresa apenas para fins de *marketing*.

Capítulo 5
O futuro da energia elétrica

A cada crise econômica ocorrida desde os anos 1930, sempre que um de nós manifestava a preocupação de que talvez estivéssemos nos encaminhando para uma nova Grande Depressão, os economistas se apressavam a nos garantir que tal possibilidade estava descartada, porque "agora dispomos de salvaguardas com as quais não contávamos antes". E de fato, no decurso das décadas, a história parecia confirmar esse panorama otimista. Nos últimos dois anos da administração Bush, porém, essas supostas salvaguardas fracassaram (a exemplo da nova roupa do Imperador, elas não existiam de verdade). A autorregulação não funcionou. O Federal Reserve errou nos cálculos, os negociantes de Wall Street conduziram esquemas Ponzi, o SEC seguiu na direção oposta e o FDIC não dispunha de dinheiro suficiente para respaldar todos os bancos que se achavam à beira da falência.

Após as crises do petróleo e a desilusão dos anos 1970, muitos de nós nos perguntávamos, preocupados, se algo assim poderia se repetir – apenas que com impacto mais duradouro, pois já sabíamos então que o petróleo se tornaria cada vez mais escasso dali em diante. Os primeiros alertas relativos ao pico do petróleo começaram a circular após o chocante (e preciso) prognóstico divulgado por M. King Hubbert em 1957, segundo o qual a produção petrolífera norte-americana atingiria seu pico entre 1969 e 1970. Especialistas apressaram-se a nos assegurar que a previsão não procedia, e que as tais salvaguardas haviam sido estabelecidas. Mas Hubbert estava certo, e as salvaguardas revelaram-se ilusórias.

Em 1978, na esteira das "crises petrolíferas" de 1973-74, o Congresso aprovou uma nova lei, o Public Utilities Regulatory Policy Act (PURPA), cujo propósito era incrementar a produção de eletricidade sem a necessidade de construção de novas usinas elétricas. Onde haviam operado monopólios, nasceria a competição; onde os Estados Unidos estavam à mercê de ditadores do petróleo do Oriente Médio, novas e vibrantes indústrias de energia solar e eólica seriam criadas. A "independência energética" converteu-se em apelo à ação.

Contudo, após o recuo dos preços do petróleo e do gás, a preocupação pública amainou e o novo sistema competitivo de fornecimento de eletricidade visualizado pelo PURPA jamais se concretizou. Passadas três décadas, com os preços do petróleo e do gás tornando a disparar em 2008, e com metade dos eleitores jovem demais para recordar o embargo de 1973-74, não havia autoridade pública que não invocasse ousadamente a independência energética como se a ideia lhe tivesse ocorrido de uma hora para outra, como numa epifania. Uma vez mais os preços do petróleo não tardaram a recuar, mas desta vez o apelo à independência não foi tão facilmente esquecido. Estávamos agora três décadas mais próximos do pico da produção petrolífera global; havia dois bilhões de pessoas a mais vivendo no planeta (centenas de milhões delas esperando dirigir carros e usufruir de aparelhos de ar condicionado); e seis anos de guerra no Iraque haviam tornado claro que a defesa militar do acesso ao petróleo – se tal era de fato o propósito[1] – era insustentável.

Que fim teve o PURPA? A resposta curta é que não havia no comando ninguém com alguma influência. Fracassou em sua missão tanto quanto falharam nas suas os encarregados do Federal Reserve, do Fannie Mae, do Countrywide Bank e de Wall Street. Só não fracassou inteiramente porque, num aspecto limitado, mas importante, liberou uma nova fonte de energia. No Capítulo 2, "Recuperando a energia perdida", observamos que cerca de mil empresas norte-americanas estão produzindo eletricidade mediante a utilização de fluxos de energia residual (calor e vapor), e que uma revisão do PURPA aprovada em 1992 permite a essas organizações revender a eletricidade excedente à rede por preços fixados pelas comissões de utilidade pública (PUCs). Mas, como também notamos, tais empresas respondem por apenas 10% do potencial de fluxo de energia residual do país. A maior parte dos 90% restantes foi bloqueada, basicamente porque o PURPA não permite às empresas vender eletricidade diretamente para outras empresas. E, numa escala mais ampla (sem considerar a revenda da energia excedente feita por outras indústrias, como as fábricas de aço, que descrevemos anteriormente), o governo bloqueou a competição real na própria indústria de serviços de energia elétrica.

O PURPA fracassou em sua missão principal por dois motivos. Primeiro, por limitar os preços que os novos competidores poderiam obter aos chamados "custos evitados" ("*avoided costs*") das concessionárias estabele-

---

[1] Após aposentar-se como presidente do Federal Reserve, Alan Greenspan escreveu em suas memórias: "Entristece-me o fato de que seja politicamente inconveniente reconhecer o que todos sabem: a Guerra do Iraque envolve basicamente petróleo".

cidas – o que significa dizer que só podiam ser pagos a um preço inferior àquele que a concessionária teria de pagar para produzir a mesma energia. Tal preço é fixado pelos contadores das concessionárias e pelos comissários de serviços públicos de energia amigáveis a elas, razão pela qual os produtores independentes – em especial os produtores de energia eólica ou solar – frequentemente têm considerado impossível competir. Na definição desse preço, os produtores de energias renováveis não recebem crédito algum por gerar energia livre de emissões, ou por reduzir a vulnerabilidade da rede à perda de um elo importante devido a acidentes ou atentados terroristas.

Tal barreira permaneceu tão obscura – sendo tão raramente mencionada no debate público – que, quando um homem de nome Bill Keith a trouxe à tona em uma assembleia municipal com o presidente Obama televisionada para todo o país em fevereiro de 2009, a imprensa a ignorou completamente. Na assembleia, que teve lugar na economicamente devastada cidade de Elkhart, em Indiana, o presidente Obama respondeu às perguntas de oito membros do público. Quando chegou a vez de Keith, suas palavras de apresentação arrancaram calorosos aplausos: "Eu fabrico um ventilador de sótão movido a energia solar aqui mesmo, em Indiana". A seguir, passou de seu negócio pessoal a uma preocupação mais geral: "O que precisamos é de um ambiente mais amigável por parte das concessionárias, de modo que, se eu quiser instalar um sistema solar em minha casa, possa conseguir mais de 9¢ pelo dólar da eletricidade que coloco de volta nele... Quem imagina que a administração anterior ou alguém nos concedeu algum tipo de benefício por ser uma empresa verde – saibam que não houve benefício algum". Obama respondeu com entusiasmo, mas não parece ter captado a ideia central da mensagem de Keith: a produção de energia renovável por parte das concessionárias decretada pelo governo não ajudará as novas empresas a incrementar a produção de energia renovável do país, se as concessionárias continuarem a determinar os preços. Nos dias que se seguiram ao encontro, *blogs* ambientais e de empresas verdes deram grande atenção ao debate, mas seu foco centrou-se na formidável publicidade conferida ao bem-sucedido negócio de energia solar *made-in-America* de Keith, e não na falta de incentivos para a produção de energia renovável. Também eles perderam o ponto-chave da mensagem.

O segundo fracasso do PURPA deve-se ao fato de que, apesar de "incentivar" a produção de energia alternativa, essa lei federal não possui poderes efetivos, subordinando sua aplicação aos estados, quando nem todos estão interessados em fazê-lo. Louisiana, estado onde a indústria do petróleo e do gás reina soberana (Louisiana é o maior produtor de petróleo e o segundo maior produtor de gás natural entre os 50 estados da federação), simplesmente ignorou o PURPA. Carolina do Sul, Kentucky e Dakota do Sul também não tomaram conhecimento do estatuto. Nos demais estados, a lei só é aplicada como meio conveniente de postergar investimentos de capital em novas fábricas e, ao mesmo tempo, proibir qualquer competição real por parte das usinas que oferecem energia limpa a partir de fontes renováveis.

Uma das principais vigas da ponte de transição energética precisa ser uma genuína reestruturação da indústria de serviços de energia elétrica – uma reforma que atinja a finalidade original do PURPA sem ser manipulada pela indústria a ser reestruturada. Tal reestruturação poderá ser a medida politicamente mais difícil de todo o esforço de construção de nossa ponte. De fato, a indústria da energia elétrica não apenas é um dos maiores setores da economia dos Estados Unidos, como também um dos mais inacessíveis e sigilosos.

Essa viga oferece sozinha uma economia potencial comparável ao custo dos US$ 700 bilhões do socorro do setor financeiro de 2008 – aquele que, de acordo com o que sabemos sobre o "terceiro indutor" do crescimento econômico, precisa ser pago mediante uma redução dos custos dos serviços energéticos. Como explicamos sucintamente, o resultado da reforma dos serviços de energia elétrica renderá centenas de bilhões de dólares em economias, ao mesmo tempo em que reduzirá o aquecimento global numa porcentagem que, segundo a maioria dos economistas, jamais poderia ser alcançada sem "ferir a economia".

Apressamo-nos a acrescentar que, nas etapas finais da reestruturação, o setor de serviços energéticos possivelmente não precisará ser arrastado aos gritos e esperneios, mas sua resistência inicial será feroz. Traçando uma rápida analogia, a IBM Corporation, a outrora gigante dos computadores de grande porte (*mainframe*), ajustou-se perfeitamente bem à onipresença dos minicomputadores e computadores pessoais que substituíram aqueles volumosos aparelhos. Entretanto, uma questão central para uma nação que constrói uma ponte energética é saber quanto tempo levará até que as entidades reguladoras e os gestores das concessionárias reconheçam qual será seu futuro, e em que medida deverão colaborar para facilitar – e não obstruir – a transformação.

Podemos iniciar o processo de reconhecimento explicando em termos simples qual será o aspecto do sistema de energia elétrica na metade do século XXI, caso tudo dê certo. Nas próximas décadas, uma profusão de fontes de energia locais independentes se juntará à rede, que hoje abastece quase todas as lâmpadas das casas do país basicamente a partir da energia fornecida pelas grandes centrais elétricas. A atual geração e distribuição de energia elétrica para a rede consiste em um sistema monolítico, cuja eletricidade é irradiada daquelas gigantes usinas a carvão ou gás natural (ou nucleares ou hidrelétricas), não tendo os usuários locais qualquer controle sobre a segurança da energia que recebem, ou sobre o preço que pagam por ela (considere a crescente incidência das quedas e cortes de energia nos últimos anos, e a dificuldade cada vez maior de compreender ou questionar sua conta de luz).

No futuro, o sistema de distribuição terá uma nova determinação: não apenas fornecer energia elétrica como faz agora, mas também proporcionar (1) uma integração mais coordenada e eficiente entre fornecedores e consumidores de portes e necessidades diferentes, incluindo picos de consumo diferentes, e (2) uma proteção mais segura e confiável contra quedas e vazamentos de energia.

A revolução microenergética não irá substituir a rede elétrica, mas melhorará consideravelmente sua eficiência. Não mais uma simples residência e uma gigantesca fundição de alumínio terão necessariamente de obter sua energia elétrica do mesmo sistema incômodo – um elefante e um ratinho bebendo do mesmo prato. As centrais fornecerão energia de reserva para todos, mas se concentrarão no abastecimento de usuários de grande porte, como as fábricas, as estações de bombeamento e as usinas de dessalinização (ver Capítulo 9, "A conexão água-energia"), bem como em distribuir a energia de regiões onde ela é abundante para outras nas quais é escassa.

Os cabos de alta tensão serão necessários não apenas para continuar abastecendo as cidades a partir de fontes distantes que não podem ser movidas, como as usinas hidrelétricas ou as estações eólicas, mas também para tirar proveito das diferenças de pico de consumo entre os diferentes fusos horários. Por exemplo, se a energia estiver sendo gerada na Califórnia às 5h, quando a demanda ainda é baixa, as concessionárias poderiam transmitir a eletricidade excedente a tal hora, simultaneamente, para o Meio-Oeste ou para o Leste – às 7h e 8h, respectivamente – onde é horário de pico. E à medida que as energias eólica e solar começarem a entrar cada vez mais em cena durante os anos de transição, a rede elétrica terá condições de transmitir eletricidade de lugares onde sopra o vento ou brilha o sol para outros onde isso não acontece. Como o presidente Obama reconheceu no início de 2009, "Se vamos abordar seriamente a questão da energia renovável, quero ter a possibilidade de transmitir energia eólica de Dakota do Sul para grandes centros populacionais, como Chicago".

Ao mesmo tempo, a energia local será gerada mais localmente. Em lugares de elevada densidade de construções (como centros metropolitanos, pequenos complexos industriais, parques industriais, *shopping centers*, aeroportos, hospitais, universidades e bases militares), o novo sistema fornecerá dois serviços – energia elétrica e calor (CHP). Precisará ser um sistema aberto, de duas vias, que permita aos clientes vender qualquer quantidade de energia ou calor excedente que produzam de volta à rede elétrica, ou diretamente para os vizinhos, contornando a rede. Desde a aprovação e revisão do PURPA, o governo tem permitido a revenda de energia para a rede em algumas localidades, mas não a venda direta para usuários que moram na mesma rua, por exemplo.

As unidades geradoras deveriam ser cada vez menores – a princípio, unidades de CHP do tamanho de fornos, instaladas em edifícios individuais ou conjugadas a instalações adjacentes, como discutimos brevemente no Capítulo 2, mas, ao fim e ao cabo, estendidas a um mercado aberto, livre, para todos os produtores e usuários. Conforme as imensas e obsoletas usinas elétricas com queima de carvão se depreciarem, poderemos substituí-las por grupos de unidades menores e descentralizadas que também vendam calor, bem como desmantelar boa parte das velhas (e horrorosas) linhas de transmissão dentro e ao redor das cidades.

❖ A distração da "Corrida do Carvão"

Um obstáculo à descentralização da energia elétrica reside no poder político da indústria do carvão e seus dependentes. De fato, o carvão é a maior fonte de energia elétrica dos Estados Unidos. O país possui mais de 600 usinas elétricas baseadas na queima de carvão, respondendo por 48% da energia consumida pelas concessionárias. Tal é a fonte que será excluída quando a geração de energia elétrica retornar às comunidades locais. Num passado distante, muitos lares da nação dispunham de calhas para carvão em seus porões. Esse tempo já passou. Mas o carvão continua a queimar nas centrais elétricas, instaladas em locais onde a fumaça e o dióxido de enxofre passaram praticamente despercebidos durante grande parte do século XX – até que, nos anos 1970, ecologistas começaram a perceber os efeitos nocivos da chuva ácida sobre as florestas e lagos e, na década de 1990, os climatologistas começaram a revelar as contribuições do carvão para o aquecimento global.

Um resultado dessas revelações foi a explosão de disputas regionais relativas a planos para a construção de novas usinas a carvão – o mais depressa possível, antes que novas restrições entrassem em vigor. E, conforme as disputas degeneraram em uma grande batalha nacional (embora, para os principais meios de comunicação, isso não chegue a constituir um problema), o efeito foi a eclosão de uma batalha ainda mais histéricas em nome dos ameaçados interesses do carvão – fenômeno geralmente descrito na Internet como "Corrida do Carvão".

Parte do azedume no tocante à questão do carvão remonta a uma brecha jurídica que durante anos isentou as emissões de dióxido de carbono de ser classificadas como poluentes sob o Clean Air Act. A brecha foi criada pelo Congresso depois que lobistas argumentaram que o dióxido de carbono é parte natural do ciclo do carbono terrestre, sendo indispensável para a sobrevivência de plantas e árvores. Como poderia um elemento essencial ao crescimento das sequoias e rosas ser considerado um poluente? Os ambientalistas, sem se deixar impressionar pela desonestidade intelectual da outra parte, fizeram notar que o carvão constitui a maior fonte geradora de gases estufa, e que outros poluentes contidos em sua fumaça, como o mercúrio, representam uma ameaça para a saúde humana tanto quanto para a estabilidade ecológica do planeta.[2]

Em 2007, após histórica decisão proferida pela Suprema Corte dos Estados Unidos, a Agência de Proteção Ambiental (EPA) norte-americana passava a ter autoridade para regular o dióxido de carbono como gás poluente. No entanto, amordaçada à época pela segunda administração Bush, a EPA insistia que só gozava de autoridade para regular fontes móveis de CO_2 (como carros e caminhões) e que as usinas elétricas, sendo estacionárias, estavam além de sua jurisdição. Quatro meses depois, a agência deu sinal verde para a construção de uma nova instalação baseada na queima de carvão dentro da usina elétrica Bonanza em Uintah County, Utah. O Sierra Club, o Environmental Defense Fund e a entidade regional sem fins lucrativos Western Resource Advocates moveram ação judicial contra a agência, sob a alegação de que tal permissão "deixa[va] de exigir qualquer controle sobre os milhões de toneladas de dióxido de carbono que a referida usina produziria anualmente". Em novembro de 2008, a Corte de Apelação emitiu decisão contrária à EPA e à nova instalação.

Na mesma época, uma batalha semelhante era travada em torno da proposta de construção de uma nova unidade na usina Cliffside da Duke Power Plant em Rutherford County, Carolina do Norte, não muito longe do Smoky Mountain National Park. Analistas estimavam que a produção da nova fá-

---

[2] A par de sua contribuição para as alterações climáticas, a combustão do carvão responde por dois terços de todas as emissões de dióxido de enxofre dos Estados Unidos – uma das principais causas dos ataques de asma nos seres humanos e da destruição de lagos e florestas pela chuva ácida.

brica baseada na queima de carvão equivaleria ao volume de gases de escape emitidos por um milhão de veículos. Em conformidade com as confortáveis relações que prevaleciam entre as comissões de serviços públicos e as concessionárias de energia elétrica pelo país, a comissão da Carolina do Norte apressou-se em aprovar o projeto. O Sierra Club acionou a Justiça uma vez mais – e venceu novamente.

Todavia, a reação da indústria de energia elétrica a carvão não foi aspirar o ar fresco do futuro e frear seus planos de expansão – mas acelerá-los. Percebendo que o Congresso parecia prestes a estabelecer limites para as emissões de carbono sob a nova administração Obama, a indústria deu início a uma corrida para construir novas usinas a carvão, calcada na tese de que poderiam ser "favorecidas" ("*grandfathered*") – eximidas de futuras restrições à emissão de gás carbônico por terem iniciado suas operações antes do estabelecimento das novas limitações. Segundo relatórios de rastreamento, planos para a construção de mais de 100 novas usinas a carvão estavam em curso no final de 2008. O resultado foi um frenético cabo-de-guerra entre concessionárias, organizações ambientais, agências federais e tribunais. Em meio ao clima de turbulência, a impressão é de que nem mesmo as decisões judiciais eram dignas de confiança – quanto mais os compromissos declarados pelos principais atores envolvidos. Jim Rogers, presidente da Duke Power, era conhecido por defender a mitigação das mudanças climáticas,[3] embora, na prática, continuasse a impulsionar agressivamente sua nova usina a carvão.

O absurdo da Corrida do Carvão, da perspectiva do interesse público, é que se trata de uma reação de pânico – ou cobiça míope – daqueles a quem os blogueiros passaram a chamar de "tolos fósseis".* De fato, lucros formidáveis poderiam ser obtidos empurrando-se as perspectivas humanas alguns passos fatídicos em direção ao abismo da catástrofe climática e ecológica. Mas, para a independência energética dos Estados Unidos, a construção de uma pletora de novas usinas a carvão, a esta altura dos acontecimentos, seria por demais tardia, cara e perigosa para a saúde humana e a estabilidade do planeta. Tal absurdo foi sublinhado por uma carta que o renomado cientista da NASA, James Hansen, o primeiro a alertar o Congresso para as iminentes mudanças

---

[3] No mesmo ano, Rogers relatou à *Electric Utility Week*: "Ao criar uma política que coloque a eficiência energética em paridade econômica com outras formas de fornecimento energético, as concessionárias poderão satisfazer as necessidades dos consumidores mediante a economia de watts, bem como a geração de watts, sem consequências financeiras negativas".

*N. de T.: "*Fossil fools*" no original, trocadilho de "*fossil fuels*", combustíveis fósseis.

climáticas nos anos 1980, remeteu ao presidente da Duke Power. A nova usina proposta, escreveu Hansen, seria "um terrível e previsível desperdício de dinheiro", e "terá de ser cancelada".[4]

De nossa perspectiva, o absurdo é melhor resumido por dois números. O acréscimo de uma nova unidade à usina Bonanza, onde foi desencadeada a corrida do carvão, tinha por propósito gerar meros 86 megawatts (MW). A usina de reciclagem Cokenergy em Indiana, que descrevemos no Capítulo 2, produz 90 MW de energia elétrica inteiramente livre de carbono, a partir de resíduos de combustíveis fósseis. É deste modelo, e não daquele, que será construída a viga da descentralização do abastecimento energético.

❖ Energia local, segurança nacional

Mesmo quando os trogloditas do carvão baterem em retirada (e as pessoas respirarem com mais facilidade, e as florestas ganharem uma trégua), as grandes concessionárias e seus lobistas irão usar automaticamente o velho argumento de que as centrais elétricas constituem monopólios naturais, com economias de escala com as quais a produção local não pode competir. Embora as centrais elétricas fossem de fato mais eficientes e econômicas à época em que foi estabelecido o sistema centralizado de fornecimento de energia, nos anos 1920, elas não aprimoraram sua eficiência energética de forma significativa no último meio século. Enquanto isso, o resto do mundo avançou. Tecnológica e economicamente, a indústria está sendo dominada pelas capacidades dos novos sistemas de pequenas unidades de geração local de energia, como as turbinas a gás, os motores a diesel, os painéis solares fotovoltaicos, as pequenas turbinas eólicas e até mesmo as células combustíveis de alta temperatura. Os quatro primeiros já se encontram em circulação, embora os painéis fotovoltaicos ainda não sejam economicamente competitivos na maioria dos casos. O desenvolvimento da célula combustível está progredindo a passos acelerados (para uma discussão mais detalhada sobre sistemas microenergéticos, ver o Capítulo 8, "Preparando as cidades para a tempestade perfeita"). As vantagens da descentralização são hoje tão formidáveis quanto o foram as vantagens da centralização nos anos 1920.

---

[4] O ensaio contido no *site* de Richard Heinberg, "The Great Coal Rush (and Why It Will Fail)", oferece uma interessante discussão sobre essa eventualidade.

Custo reduzido

Dado o impacto dos custos energéticos sobre a capacidade de respondermos a qualquer dos desafios que se desenham no horizonte de nossa civilização industrial, a redução desses custos será o prêmio final a ser conquistado. Mas, apesar de excelente, raramente esse prêmio tem sido discutido em público, pela simples razão de que, nas últimas cinco décadas, vigora em cada comunidade dos Estados Unidos um monopólio da energia protegido por lei e perpetuado por um dogma raras vezes questionado, segundo o qual as centrais elétricas são inerentemente mais eficientes em termos energéticos do que jamais poderiam ser as unidades geradoras de menor escala. Eis o ponto que confunde a opinião pública (e o Congresso). Se considerarmos apenas o custo da eletricidade gerada na usina, e admitirmos provisoriamente que o calor de baixa temperatura não possui qualquer valor, o custo da central elétrica é de fato mais barato que qualquer sistema concorrente. Encerrando a discussão aqui, se terá o suficiente para manter os caubóis das centrais elétricas no comando das rédeas.

Mas espere um momento. É óbvio que o calor de baixa temperatura tem algum valor, pois parcela considerável da conta energética dos Estados Unidos é gasta todos os anos na produção de calor de baixa temperatura para edifícios. O problema é que as chamadas "centrais" elétricas são grandes demais e estão longe demais dos potenciais consumidores desse calor. Por isso elas o descartam no ar ou, em certos casos, em lagos e rios, onde pode causar prejuízos ecológicos.

As companhias elétricas reportam-se apenas às comissões de serviços públicos, que em tese deveriam minimizar os custos de energia para os consumidores. O calor não faz parte de sua incumbência. O preço da eletricidade cobrada aos usuários é determinado pelo preço atual dos combustíveis, somado a um componente baseado nos custos de capital das usinas elétricas a vapor que geram a energia, somado aos custos de transmissão (direitos de passagem de cabos elétricos, torres e fios) e distribuição (transformadores redutores conectados aos fios elétricos dos bairros). Há também a chamada redundância (energia de reserva), algo sobre o qual a maioria dos consumidores provavelmente não deve pensar muito, mas que pode ter grandes implicações para a segurança energética nos próximos anos. Quando esses custos de transmissão e distribuição (T&D) são adicionados aos custos da central elétrica, e o total é suficientemente ampliado para atender à necessidade de capacidade extra (redundância) nos horários de pico de consumo de uma dada região, o custo total é praticamente duplicado. Isso o torna mais caro que o custo da produção local, que, por definição, possui menos T&D e requer menos redundância. (Quando uma porção maior da energia é produzida localmente, é menos provável haver perda de energia na respectiva área. Se uma linha de 500.000 volts cair em meio a uma tempestade de granizo no norte do estado de Nova York, ou durante um incêndio na Califórnia, milhares de residências e empresas poderão sofrer blecaute, mas a mesma tempestade ou incêndio não deixará às escuras um prédio que produza sua própria energia.)

A outra grande vantagem de custo da geração local reside na possibilidade de vender o calor não tão residual associado ao sistema, seja este uma turbina a gás, um motor a diesel ou uma célula combustível. A cogeração, em que um mesmo sistema produz energia elétrica e calor útil (normalmente para calefação de ambientes e aquecimento da água), permite concretizar o valor do calor. Ademais, poupa energia e reduz as emissões dos poluentes que acompanham a queima de combustíveis fósseis.

Menor consumo de energia

Mencionamos anteriormente o fato não tão louvável de que a indústria de serviços de energia elétrica dos Estados Unidos fornece aos consumidores apenas uma unidade de energia elétrica para cada três unidades de combustível que queima – uma anêmica eficiência de 33%. Em contrapartida, as instalações de cogeração que uma empresa está autorizada a instalar para seu próprio uso, sem fins de competição com alguma concessionária, podem operar a uma eficiência de 50 a 80% utilizando o calor antes descartado. Consideremos esta estimativa relativamente conservadora acerca do potencial de redução do uso de combustíveis no país: se capturarmos apenas metade da energia desperdiçada atualmente pelas centrais elétricas e a utilizarmos para a calefação de edifícios, esse calor poderia substituir o calor de baixa temperatura produzido pelas caldeiras mediante a queima de cerca de 13 quatrilhões de Btus ("quads") de combustível – 15% de todo o combustível fóssil queimado no país, bem como uma fração muito maior do carvão queimado. Se formos um pouco mais ambiciosos e utilizarmos dois terços do calor residual, a parcela de combustível fóssil queimada nos Estados Unidos diminuiria cerca de 20%. (Seria pouco realista tentar recapturar 100% do calor residual, porque parte das grandes usinas elétricas movidas a combustível fóssil continuarão operando durante décadas, mesmo na melhor das circunstâncias.) A redução de 15 a 20% no consumo nacional de combustíveis fósseis (gás natural e carvão, geralmente) proporciona uma contundente comparação com a cota de combustíveis fósseis produzidos atualmente nos Estados Unidos a partir do petróleo importado.

A produção combinada de calor e eletricidade (CHP) só é aplicável em lugares onde pode ser utilizado calor de baixa temperatura. A Agência Internacional de Energia (AIE) estabelece critérios mais restritivos para o êxito do processo:

- ❖ Uma proporção entre custos de eletricidade e combustível de no mínimo 2,5:1
- ❖ Demanda térmica (calefação) de no mínimo 5.000 horas/ano
- ❖ Preços razoáveis para conexão à rede elétrica
- ❖ Disponibilidade de espaço para o equipamento
- ❖ Distâncias curtas para o transporte do calor

Não muito tempo atrás, a AIE – com substanciais contribuições das concessionárias – estimou que o potencial de redução de emissões por parte da CHP nos Estados Unidos seria de aproximadamente 4% até 2015. Ocorre que tal estimativa, talvez por conta da colaboração das concessionárias, evidentemente não visualizava qualquer alteração fundamental nas leis que restringem a concorrência no setor de serviços energéticos. Acreditamos que o verdadeiro potencial seja muito maior. Se na Dinamarca, na Holanda e na Finlândia a CHP já alcançou 40 a 50% de penetração no mercado, nos Estados Unidos o resultado deveria ser bem melhor que os 4% calculados pela AIE.

Emissões de carbono reduzidas

Uma estratégia que reduza o consumo de combustíveis fósseis nos Estados Unidos em 15 a 20% reduzirá também as emissões de carbono mais ou menos na mesma quantidade, contanto que a combinação de carvão, gás natural, energia hidrelétrica e energia nuclear utilizada pelas concessionárias seja substituída por uma geração local predominantemente a gás. (As emissões continuarão caindo, à medida que a produção local passar gradativamente nos próximos anos do gás natural para as energias solar e eólica ou para as células de hidrogênio.) É instrutivo comparar esse corte de 15 a 20% nas emissões de gases estufa com a redução de 3 a 5% nas emissões totais de carbono dos Estados Unidos, exigida nos anos 1990 pelo Protocolo de Quioto, e rejeitada unanimemente pelo Senado norte-americano, sob a alegação de ser demasiado onerosa para a economia do país.

Maior segurança energética

Conhecemos um maratonista que treina em uma remota estrada empoeirada que atravessa a Angeles National Forest, nas montanhas ao norte do Condado de Los Angeles. Embora seja este um dos condados mais populosos dos Estados Unidos, o atleta afirma raramente encontrar outra pessoa no curso de uma ou duas horas de corrida. O único sinal de civilização consiste em uma linha de transmissão que cruza a cadeia de montanhas, transportando corrente elétrica de uma central localizada nas Tehachapi Mountains para uma cidade distante 96 quilômetros ao sul. Certo dia, no início do verão de 2008, o corredor notou que duas placas que vira instaladas no ponto onde a estrada passa por uma das torres de transmissão estavam caídas na beira da via empoeirada – derrubadas, ao que parecia, pelos fortes ventos que frequentam as montanhas. Curioso, ele deteve-se para ler a inscrição de uma delas:

Southern California Edison, uma empresa da Edison International
Gratificação US$ 1.000
Esta linha de transmissão é vigiada.
Danos a estas instalações de transmissão constituem delito passível de multa e recolhimento à penitenciária estadual.
1-800-455-6555

Ao longo de todo o verão nosso corredor passou sob a mesma torre de transmissão a cada dois ou três dias, e as placas permaneceram no chão. Certa noite, em fins de outubro, os ventos de Santa Ana atingiram impiedosamente a região, e no dia seguinte uma das placas havia desaparecido. A outra foi alguns metros para diante, esbarrando em um chaparral. Meses mais tarde, ainda estava ali. Durante todo o verão e outono, nosso corredor não viu uma vez sequer um veículo de segurança ou funcionário da Southern California Edison Company transitando pela região.

Embora habitualmente se considere segurança energética sinônimo de independência energética, há importantes diferenças. A independência energética elimina a ameaça de cortes no fornecimento de gás ou petróleo importado decorrentes de eventos como o embargo da OPEP, os incêndios em poços de petróleo da Operação Tempestade no Deserto, a Guerra do Iraque ou ataques terroristas a navios petroleiros no Golfo Pérsico. Mas mesmo a oferta interna de energia é extremamente vulnerável em sua forma atual, na medida em que depende de um sistema de transmissão de longa distância.

Além de facilitar a independência energética ao reduzir a demanda por combustíveis, a descentralização da produção de eletricidade intensificará ainda mais a segurança energética em diversos aspectos:

❖ Reduzirá significativamente a vulnerabilidade da infraestrutura doméstica a atos de sabotagem ou furtos. Afora a ameaça de ataques terroristas às centrais elétricas ou às linhas de transmissão, as concessionárias enfrentam problemas cada vez maiores com ladrões que furtam fios e outros componentes para vender como sucata. Na última contagem, os Estados Unidos dispunham de mais de 805 quilômetros de cabos de alta tensão, sustentados por mais de dois milhões de torres de aço. Patrulhar com eficiência tamanha infraestrutura seria um processo proibitivamente caro, possível apenas mediante a implantação de sistemas automatizados que, em última análise, elevariam ainda mais os custos de T&D. Economicamente, seria inviável providenciar guardas e veículos em número suficiente para tal tarefa, sobretudo numa época de profunda adversidade econômica. O máximo que as concessionárias podem fazer é lançar mão de placas de advertência, como as que jazem enferrujadas nas montanhas ao norte de Los Angeles.

❖ A descentralização reduzirá igualmente os riscos de interrupções causadas por desastres naturais. Os cabos de alta tensão são vulneráveis a incêndios florestais, tempestades de granizo, tornados e terremotos. No verão de 2008, a ruptura de um cabo elétrico desencadeou um incêndio de grandes proporções no Vale de San Fernando, na Califórnia, um entre os mais de dois mil incêndios que atingiram o estado naquele verão. Com o aquecimento global, o problema dos incêndios provavelmente será agravado, com o rompimento e a queda de mais cabos elétricos. De acordo com os climatologistas, o aquecimento do planeta intensificará as ondas de calor e as enchentes, ao mesmo tempo em que aumentará os danos causados por todo tipo de eventos climáticos extremos. Em janeiro de 2009, uma poderosa tempestade de gelo pôs abaixo um número suficiente de cabos elétricos para deixar um milhão de casas e empresas de Kentucky e outros oito estados sem luz por mais de cinco dias, resultando em dezenas de mortes. O custo dos prejuízos, o crescente passivo das concessionárias e os custos de monitoramento citados anteriormente não podem senão elevar os custos da energia fornecida pelas "centrais" elétricas que não se encontram fisicamente próximas de seus clientes. A descentralização reduzirá os impactos potenciais de falhas na rede elétrica sobre o serviço de energia local.

❖ A descentralização proporcionará mais redundância por dólar de custo de capital. Conforme determinação da North American Electric Reliability Council (NERC), as centrais elétricas e linhas de transmissão necessitam de uma capacidade de redundância de 18% para que sejam confiáveis em períodos de pico de consumo, como em dias de 40º C, quando todos os aparelhos de ar condicionado estão ligados. Como observamos anteriormente, tal necessidade eleva substancialmente o custo de capital. Um sistema descentralizado, por sua vez, necessita tão somente de 3% a 5% de redundância. Quando o Furacão Katrina atingiu o Golfo do México, em 2005, a rede elétrica foi a pique, apesar de seus 18% de capacidade extra, pondo em risco a segurança de pessoas em hospitais e casas de repouso, cujas vidas dependiam de equipamentos médicos elétricos. Em Jackson, Mississipi, apenas um hospital seguiu operando durante as primeiras 52 horas – o Missouri Baptist Medical Center, cuja eletricidade era gerada por sua própria unidade de CHP. Após o furacão, boa parte da culpa pelas vidas perdidas foi atribuída à inadequação dos diques e à lentidão da resposta federal ao desastre. Não foi mencionado o conjunto de leis arcaicas que impediam que a energia descentralizada, como aquela presente no Missouri Baptist, fosse utilizada em maior escala – como na Holanda, na Dinamarca, na Finlândia e mesmo na China.

Com todas essas desvantagens, por que não houve qualquer movimento no sentido de descentralizar a geração elétrica – nem mesmo um debate público sobre o tema? Por que esta não é considerada uma questão política importante?

Quando as coisas vão mal ao governo, o debate público parece sempre descambar para guerras ideológicas. Especialmente no que toca à política energética e climática, há uma batalha em curso nos Estados Unidos envolvendo regulamentação governamental. Como observado na discussão da teoria do crescimento econômico que realizamos em capítulos anteriores, a ideologia de livre mercado sustenta que toda regulamentação governamental prejudica a produtividade da economia de mercado. A despeito do colapso catastrófico que atingiu os mercados financeiros desregulados em 2008, os conservadores permaneceram aferrados à doutrina de que "os mercados sabem o que é melhor".[5]

De nossa parte, acreditamos que as regulamentações governamentais não sejam essencialmente boas ou más – tanto podem ser favoráveis à vida humana, à liberdade e à busca da felicidade, quanto obstrutivas, dependendo do modo como são concebidas e gerenciadas. No caso dos negociantes e banqueiros de Wall Street, a lição de 2008 – e um fator determinante para a eleição de Barack Obama – foi que a desregulamentação radical dos mercados financeiros e dos bancos promovida na década de 1980 constituíra um equívoco, e que os democratas passariam a impor controles mais rígidos. A mídia tendia a retratar esse fato como uma oscilação reativa do pêndulo ideológico, dando pouca atenção à forma como a nova regulamentação deveria ser feita.

No caso do desastre do setor financeiro, dois elementos fundamentais da boa governança – transparência e responsabilidade – estavam ausentes. No setor de energia elétrica, sucede justamente o contrário: elementos estão emperrados, como engrenagens corroídas. Em cada estado do país, leis antigas impedem que a produção ou a venda de eletricidade tenha lugar no mercado competitivo.[6] Reformar essas leis, de forma a viabilizar uma competição verdadeiramente livre, proporcionaria um incentivo para ampliar a eficiência energética mediante, por exemplo, a implantação de sistemas de CHP e a redução dos custos de transmissão e distribuição. Tais mudanças possibilitariam às concessionárias, ou a seus concorrentes, baixar o preço da energia cobrado aos consumidores. Alcançaríamos, assim, o "duplo dividendo" de diminuir o consumo de combustíveis fósseis e utilizar o preço reduzido da energia para estimular a aceleração do crescimento econômico. Eis um lugar no maquinário da economia norte-americana em que uma desregulamentação cuidadosa faz-se decisivamente necessária.

---

[5] Vale notar esta piada contada por um economista, que a cita como originalmente publicada no *Wharton Journal*: "Quantos economistas conservadores são necessários para trocar uma lâmpada? Resposta: nenhum. Estarão todos esperando que a mão invisível do mercado corrija o desequilíbrio da iluminação."
[6] O pessoal das concessionárias insiste que a competição existe, mas refere-se unicamente à competição regulada permitida em certas circunstâncias entre diferentes centrais elétricas que utilizam a mesma tecnologia obsoleta (de fato, uma forma de fixação de preço), e não a novas empresas que oferecem serviços mais baratos aos consumidores e um negócio muito melhor para a nação.

Além do incentivo econômico de uma grande oferta de energia mais barata, tal estratégia renderia algumas economias em custos de capital que colocariam o país em posição muito mais sólida para (1) acelerar o fortalecimento das indústrias de energia renovável e (2) responder de forma mais eficaz aos desastres climáticos que sabemos iminentes.[7] Como? O setor de energia elétrica não consiste apenas de uma infraestrutura fixa assentada sobre os alicerces da economia, qual um muro de pedra que conservará o mesmo aspecto daqui a 50 anos. Usinas elétricas se depreciam e precisam ser substituídas, quer por tecnologias obsoletas do tipo "mais do mesmo" (como esperavam os chefões da Corrida do Carvão), quer por algo mais produtivo; e, à medida que crescem as populações, novas instalações necessitam ser construídas.

Um recente estudo realizado pela World Alliance for Decentralized Energy (WADE) estimou quantos investimentos adicionais de capital terão de ser feitos mundo afora para que continuemos construindo centrais elétricas, em vez de satisfazer as novas demandas com usinas locais. Utilizando a projeção-base para 2030 realizada pela Agência Internacional de Energia, a WADE constatou que a indústria energética global tem a opção de gastar US$ 10,8 trilhões em custos de capital para a construção de novas centrais elétricas nos próximos anos, ou US$ 5,8 trilhões na substituição dessas centrais pela geração descentralizada. Essa economia estimada de US$ 5 trilhões equivale aproximadamente ao dobro do custo da Guerra do Iraque em seus primeiros cinco ou seis anos. A quota dos Estados Unidos seria de cerca de um quinto desse montante, ou US$ 1 trilhão. A descentralização dos serviços de energia pouparia o custo do grande American Recovery and Reinvestment Act de 2009 – e provavelmente reavivaria com mais eficiência a produtividade econômica de longo prazo do país.

Reestruturar a geração e distribuição da energia elétrica deve, sem dúvida, ser uma das principais vigas da ponte energética que visualizamos. Ainda que a transição completa para a descentralização e uma cogeração inteiramente viável possa levar de 20 a 25 anos para realizar-se, precisaremos de um forte compromisso político para iniciá-la. Isso implica uma maior disposição por parte do governo em confrontar uma indústria entrincheirada que jamais

---

[7] Em tempos mais prósperos, a Califórnia e outros estados contavam com fundos para "dias difíceis" em seus orçamentos. Hoje, cada estado necessita não apenas de um fundo para dias difíceis, mas também de um fundo para mega desastres. Tal fundo já não constitui um luxo, mas uma necessidade de alta prioridade mesmo nos piores momentos.

foi desafiada. O mundo dos negócios precisa olhar para o potencial econômico, em vez de continuar evitando automaticamente o questionamento de um sistema obsoleto, que perdeu seu vigor econômico. Você poderia pensar que tal oportunidade – praticamente uma Arábia Saudita de energia nova, limpa e gratuita dentro dos Estados Unidos! – seria perfeitamente óbvia para todo o espectro político. A desregulamentação exerce profundo fascínio sobre os conservadores (excetuando-se, talvez, aqueles que estão lucrando com o monopólio das concessionárias), e o impulso ao crescimento econômico – e a capacidade de ajudar a reduzir o déficit do orçamento federal – deveria atrair tanto a direita quanto a esquerda. No entanto, nas ocasiões em que o regime de centralização energética foi desafiado, os países, em sua grande maioria, rejeitaram reiteradamente a descentralização. Esta, sem dúvida, é outra área na qual teremos de travar uma luta prolongada.

❖ Atravancadas pelo monopólio

No final dos anos 1990, a Cabot Corporation, sediada em Massachusetts, era a maior fabricante norte-americana de negro de fumo, um derivado de petróleo usado principalmente na confecção de pneus. Entretanto, a empresa estava sendo incomodada por um padrão preocupante que se tornaria cada vez mais familiar à indústria do país na década seguinte: embora suas operações internacionais prosperassem, a produção doméstica era apenas marginalmente lucrativa. A situação se agravaria de forma significativa em 1999, com a ascensão dos preços do petróleo bruto e as crescentes importações de pneus estrangeiros baratos, derrubando as vendas da empresa. A Cabot precisava encontrar uma forma de reduzir seus custos. Ao mesmo tempo, era pressionada a diminuir seus níveis de poluição atmosférica (processo extraordinariamente impuro, a produção de negro de fumo envolve a aspersão de partículas de óleo em uma chama). Pelas chaminés de suas duas fábricas de Louisiana, Canal e Ville Platte, eram emitidos a cada ano cerca de 25 milhões de quilos de poluentes.

Uma possível solução surgiu na forma de uma proposta feita por uma empresa de sistemas de CHP, a Primary Energy. A proposta consistia em construir uma instalação que interceptasse o gás de combustão emitido pelas chaminés da Cabot e o convertesse em energia elétrica limpa, processo bastante semelhante ao adotado pela coqueria da Mittal Steel, descrita no Capítulo 2. O acordo especificava que a nova unidade de reciclagem energética seria construída junto à usina de negro de fumo, cujo volume de gases de combustão lançados na atmosfera era suficiente para gerar 30 MW de eletricidade. Para produzir seu negro de fumo, a usina da Cabot utilizava 10 MW, que comprava da concessionária de energia elétrica local, a Cleco, a um preço de US$ 55 por megawatt-hora (MWh). No acordo proposto com a companhia de reciclagem energética, a instalação de reciclagem forneceria os 10 MW necessários a US$ 45 por megawatt-hora. Ao alimentar a usina com sua própria energia residual (o resíduo sai por uma porta, a energia entra por outra), a Cabot obteria múltiplos dividendos: reduziria o custo de sua operação de Louisiana, melhoraria a lucratividade marginal de sua produção doméstica, e limitaria consideravelmente sua constrangedora emissão de poluentes.

Como a futura unidade de reciclagem possuiria 30 MW de capacidade e venderia apenas 10 MW de volta à Cabot, teria de arranjar outro comprador para os 20 MW restantes. Como, diferentemente da concessionária, ela não precisaria comprar combustível para produzir energia, poderia vendê-la com desconto (como faria para a Cabot). Não há comprador que não aprecie um bom desconto; logo, o acordo parecia próximo de concretizar-se. Outra usina de negro de fumo, a Columbian Chemicals (subsidiária da Phelps-Dodge), operava do outro lado da rua. Como a Cabot, a Columbian adquiria energia da mesma concessionária a US$ 55 por megawatt-hora, e ficaria mais que satisfeita em comprá-la da nova unidade de reciclagem por menos.

Contudo, havia um problema: a lei em Louisiana – e em quase todos os estados do país – não permite a venda de eletricidade a ninguém exceto as concessionárias monopolistas. Estava claro, portanto, que o acordo só funcionaria se a concessionária local servisse de intermediária – a unidade de reciclagem venderia seus 20 MW adicionais à concessionária, que os revenderia ao comprador. Como a energia essencialmente entraria por uma porta da concessionária e sairia por outra, sem qualquer processo intermediário, a companhia só teria de arcar com custos administrativos irrisórios. Num cenário ideal, a nova instalação de reciclagem venderia eletricidade à concessionária por US$ 45 e esta a revenderia ao comprador por US$ 50 – repassando ainda parte do desconto que o cliente obteria caso a lei não proibisse a compra direta junto à unidade geradora. Poder-se-ia pensar que a Cleco ficaria satisfeita em aceitar este lucro inesperado de US$ 5 por megawatt-hora, enquanto ajudava a prestar o serviço público de reduzir substancialmente as emissões de carbono e outros poluentes.

No entanto, a Cleco tinha opinião diferente. Via tal possibilidade como uma perda de vendas a varejo, tanto para a Cabot quanto para a Columbian Chemicals. Além disso, o contrato minava seu caso pendente junto à comissão de serviços públicos relativo à construção de uma nova linha de transmissão de US$ 50 milhões para atender a área de Canal e Ville Platte, serviço cujo custo seria posteriormente acrescido à sua taxa básica para todo o estado. Mas o problema real de aprovar um contrato de reciclagem era que, ao reduzir a demanda energética naquela região do estado, a nova instalação minaria também a justificativa da concessionária para a construção de novas "centrais" elétricas, cujo custo haveria de ser incluído em sua taxa básica. Por que concordar com um projeto que reduziria o consumo de combustível do estado, quando se poderia insistir em um acordo que permitiria lucrar com a expansão desse consumo?

Longe de aceitar a oportunidade de uma solução "ganha-ganha" para a comunidade, a concessionária anunciou que só pagaria US$ 20 por megawatt-hora pelos 20 MW restantes – um golpe mortal no contrato, visto que a instalação de reciclagem não poderia operar lucrativamente a essa taxa e, por óbvio, não poderia ser construída se tal montante fosse tudo o que obteria. A Cleco aferrou-se a esse preço durante um ano, antes de aumentar sua oferta para US$ 28 – um valor ainda demasiado baixo para que o plano funcionasse. A essa altura, o governador de Louisiana interveio para enfatizar os benefícios cívicos (incluindo a geração de novos empregos) que a instalação proposta iria proporcionar. Ainda assim, decorreriam mais dois anos até que a concessionária aumentasse sua proposta para US$ 38, um valor mais próximo, mas ainda acintosamente aquém do necessário para o êxito do empreendimento. Nessa época, porém, tanto a Cabot quanto a Primary Energy já haviam alcançado o limite de seus recursos, e o projeto foi abandonado.

Pouco depois, a Cleco solicitou permissão para construir sua tão aguardada central elétrica, em parte para fornecer a capacidade que seria suprida pela nova usina de reciclagem. Contudo, seria necessária agora uma oferta adicional de combustível fóssil queimado a 33% de eficiência, com suas correspondentes emissões. Enquanto isso a Cabot, inviabilizado o projeto de interceptar suas emissões e convertê-las em energia limpa, continuaria a lançá-las na atmosfera. Resumo da ópera: a Cleco conseguiu impedir a construção de uma usina de 50 MW que poderia ter produzido mais de 400.000 MWh por ano de energia limpa e ao mesmo tempo reduzir a poluição.

O caso do negro de fumo ilustra não apenas a perda de uma oportunidade de marcharmos rumo à independência energética e à redução das emissões de carbono, mas também uma obstrução aparentemente deliberada dessa marcha. No entanto, trata-se de um procedimento operacional comum a toda a nação: bloquear uma estratégia que seria incomparavelmente mais fácil e mais produtiva do que utilizar a força militar para incrementar a oferta de petróleo iraquiano ou venezuelano, por exemplo. O escândalo desse quadro é que o fluxo de resíduos das usinas elétricas continua a correr, dia e noite, como uma mangueira de jardim que esquecemos ligada em plena estiagem. Leis federais e estaduais, aliadas a práticas e preconceitos arraigados, perpetuam esse desperdício sem fim – e sua contribuição para as mudanças climáticas – ao proteger o controle monopolista e a riqueza das companhias de energia elétrica. Investidores, executivos, lobistas e comissões de serviços públicos complacentes mantêm as consequências dessa política longe dos holofotes da mídia e da opinião pública, assim persuadindo os norte-americanos de que a verdadeira necessidade é incrementar a oferta de combustíveis fósseis. Estendendo a metáfora da mangueira de jardim, é como gastar o dinheiro dos contribuintes para aumentar a oferta de água para as residências, em vez de desligar a mangueira quando a grama não é irrigada.

Em nossos esforços para penetrar esse emaranhado de leis e práticas paralisantes, descobrimos que seria necessário escrever uma enciclopédia para registrar todas elas. Mas, estes são, em resumo, os principais obstáculos:

- ❖ **Leis contra a venda de energia elétrica a terceiros e leis que impedem a instalação de cabos elétricos privados em ruas públicas.** Uma usina de reciclagem de energia só poderá entrar no negócio de converter calor residual em energia se tiver condições de vender essa energia de volta à concessionária monopolista com algum lucro, ou (em alguns estados) se tiver um cliente localizado do mesmo lado da rua. Caso se trate de uma empresa como a Mittal Steel, que utiliza os resíduos de sua coqueria para fornecer energia à sua aciaria adjacente, o processo é legal. Caso contrário, é proibido. Todos os 50 estados da federação possuem leis que tornam ilegal a distribuição de energia elétrica em ruas públicas por parte de outras empresas que não a concessionária local; em muitos estados (como Louisiana), é considerado ilegal até mesmo vender eletricidade para outra empresa que não a concessionária. Esqueça as leis antimonopolistas vigentes nos Estados Unidos: a indústria de energia elétrica possui um monopólio em cada cidade ou município. E em cada rua.
- ❖ **Dois grupos de livros que determinam as taxas de eletricidade:** um para as centrais elétricas e o outro para quaisquer concorrentes aspirantes de fora do sistema. Aparentemente, a taxa que uma empresa de reciclagem energética pode cobrar à concessionária é determinada pela taxa "básica" que a comissão de serviços públicos concede à cen-

tral elétrica. Contudo, vale notar que à companhia elétrica é também permitido acrescer a essa taxa básica seus vultosos custos de transmissão e distribuição (T&D) – todas as centenas de milhas de linhas de transmissão que atravessam o país. Ademais, sua infraestrutura tem de ser construída de modo a acomodar os picos de consumo, os quais vão muito além do consumo médio, e permitem às empresas de energia cobrar ainda mais pelo serviço prestado. Já as empresas de reciclagem energética e demais concorrentes locais, não necessitando de uma infraestrutura de longa distância, poderiam vender eletricidade a consumidores locais com um desconto substancial – mas não estão autorizadas a fazê-lo. Trocando em miúdos, as leis proíbem às usinas de reciclagem beneficiar-se do fato de terem encontrado uma forma mais econômica (a geração local) de oferecer energia. Para elas, o "livre mercado" é ilegal. Como resultado somente dessa extravagância, uma vasta parcela da energia comprada nos Estados Unidos é jogada fora.

❖ **Subsídios governamentais para os sistemas menos eficientes.** Como notamos anteriormente, uma usina de cogeração (CHP) pode alcançar uma eficiência de 50 a 80%, em comparação com os meros 33% de uma usina elétrica. Apesar disso, as centrais elétricas que integram sistemas estatais ou municipais não pagam impostos. Como resultado, os consumidores são ludibriados por um habilidoso artifício: os políticos os mantêm mais ou menos calmos ao proporcionar-lhes uma eletricidade aparentemente barata, enquanto os fazem pagar um bônus oculto ao elevar seus impostos ou taxas para subsidiar a conta da concessionária.

❖ **Isenções relativas a leis contra práticas comerciais predatórias.** As leis antitruste vigentes nos Estados Unidos proíbem a prática de "agregação de produtos" ("*product bundling*"), em que uma grande empresa oferece ao cliente um formidável incentivo para que compre um de seus produtos ao oferecê-lo em conjunto com outro produto por um menor preço – preço com o qual os fabricantes concorrentes do segundo produto não têm condições de competir, e que pode arruinar seus negócios. Como exemplo, alguns anos atrás a Kodak oferecia preços baixíssimos aos consumidores que adquiriam, junto com suas copiadoras, contratos de manutenção. A Suprema Corte dos Estados Unidos determinou que tal prática violava as regras antitruste concernentes à "agregação de produtos". Entretanto, quando as concessionárias de energia oferecem desconto no preço da iluminação a consumidores que concordam em adquirir também serviços de calefação e refrigeração, não há qualquer contestação. Em última análise, todos os descontos de energia elétrica desestimulam o uso de outros sistemas que não utilizam combustíveis fósseis, como os painéis solares.

Os múltiplos benefícios da descentralização tornam essa mudança monumental na produção de energia não apenas essencial, mas inevitável. As velhas usinas a carvão irão se depreciar e, à medida que a economia norte-americana tornar-se cada vez mais eletrificada (com o advento dos carros elétricos, por exemplo), a demanda por novas capacidades de geração elétrica continuará crescendo – ainda que a intensidade energética continue a cair. A oportunidade de reduzir o consumo de combustíveis fósseis e as emissões de poluentes em 15 a 20%, cortar os custos de capital em 50% e aumentar significativamente a segurança energética do país – tudo isso mantendo os serviços energéticos nos mesmos níveis atuais – ganhará maior ímpeto com o contínuo "progresso tecnológico" da revolução microenergética. A exemplo dos computadores, também a geração de energia elétrica se tornará menor, mais rápida, mais limpa – e mais barata. Mais cedo ou mais tarde, as grandes centrais elétricas, como os blocos de apartamentos da era soviética e a "economia planificada" que os construiu, passarão a ser reconhecidas como obsoletas, ineficientes e horrendas. Para servir como viga de nossa ponte transicional, a primeira etapa desse reconhecimento precisa acontecer mais cedo, não mais tarde.

Capítulo 6

Combustíveis líquidos: a dura realidade

A relação de amor e ódio dos norte-americanos com os automóveis fez desses veículos motorizados o principal foco das questões energéticas na consciência pública, forjando uma imagem perigosamente equivocada do desafio energético global, na medida em que distrai as autoridades políticas das necessidades essenciais da ponte transicional.

Isso não significa que os veículos motorizados não sejam um aspecto central da vida, da cultura, da economia e do declínio ambiental dos Estados Unidos. Eles o são. O angustiante debate para determinar se as Três Grandes montadoras do país deveriam receber socorro financeiro do governo tornou isso claro. Entretanto, tal debate constituiu também uma extraordinária manobra diversionista para desviar o foco de uma realidade mais fundamental: não há futuro em gastar grande parte de nosso tempo e de nossos recursos limitados aperfeiçoando as tecnologias obsoletas dos motores de combustão interna, dos veículos de duas toneladas que movimentam e da gasolina que os alimenta. Como observamos em capítulos anteriores, nos Estados Unidos, um carro típico ocupado por uma pessoa apresenta uma eficiência de carga de cerca de 1%. Fazer o gigantesco investimento necessário para tornar todos os veículos híbridos ou elétricos elevaria tal eficiência para não mais que 2 a 3%. Se estamos resignados com um estilo de vida que exige movimentar uma tonelada ou duas de aço a cada vez que movemos uma pessoa, podemos alegar que a eficiência energética do carro para essa tarefa é de 10 a 20%, mas ainda assim são desperdiçados oito ou nove de cada dez barris de petróleo usados para produzir gasolina, em um mundo onde o petróleo é cada vez mais escasso.

Enquanto isso, o impacto que nosso romance inicial com os carros exerceu sobre a formação da economia norte-americana (a construção de estradas e a expansão dos subúrbios, o controle político do setor automotivo e a derrocada centenária do transporte público) levou ao mesmo padrão no transporte de cargas: os caminhões e aviões reduziram o uso de trens, e o outrora próspero sistema ferroviário deteriorou-se.

Agora é muito tarde para abandonarmos os carros (exceto literalmente, por alguns meios limitados, mas importantes, que discutiremos adiante). Precisaremos projetar as cidades do final do século XXI ou do século XXII de modo a que a maioria das pessoas possa viver sem a necessidade de possuir carros de duas toneladas, e com muito menos dependência automotiva. Mas não poderemos fazer mais do que dar os primeiros passos em direção ao futuro durante o período transicional da ponte energética. O dilema que se impõe aos Estados Unidos é obter consideráveis reduções no consumo de combustível nas próximas duas décadas e, ao mesmo tempo, continuar sobrevivendo com um sistema de transporte dominado por veículos motorizados que é essencialmente ineficiente, mesmo no que tem de melhor.

Os norte-americanos de certa forma diminuíram seu ardor pelos automóveis – graças à tensão de congestionamentos cada vez piores, a acidentes trágicos que ceifam a vida de famílias inteiras[1] e à poluição do ar destruindo os pulmões –, mas esse romance tóxico floresce agora em outros países. Na China, por exemplo, cuja população é quatro vezes superior à dos Estados Unidos, o crescimento da propriedade veicular recém começa a avançar. Os Estados Unidos atingiram a saturação, com mais de um carro para cada duas pessoas, mas na China a relação é de um automóvel para cada 300 pessoas. Com seu vultoso saldo comercial em dólares, se os chineses se aproximarem, por pouco que seja, da proporção entre carros e população verificada nos Estados Unidos, e dos mesmos índices de consumo de combustível e emissões de carbono, não terão terra suficiente para as rodovias, nem combustível para os motores. E ainda que os tivessem, o impacto sobre o clima seria inimaginável.

Ainda que a *expertise* dominante agora se volte para a afirmativa outrora ridicularizada de Al Gore segundo a qual os motores de combustão interna precisam ser eliminados paulatinamente, o problema mais imediato não são os motores – mas o combustível que os alimenta. Aperfeiçoar a tecnologia desses motores, que está perto de atingir seu limite, não irá melhorar significativamente a eficiência do consumo dos combustíveis. Podemos ampliar essa eficiência produzindo carros mais leves e mais baseados na eletricidade,

---

[1] Em 2006, um ano típico, 5.973.000 acidentes veiculares foram registrados nos Estados Unidos – um acidente para cada 52 pessoas. Nessas colisões, 2.575.000 pessoas saíram feridas e 41.059 perderam a vida. Para cada soldado norte-americano morto a cada ano nos primeiros cinco anos da Guerra no Iraque, 50 norte-americanos morreram em acidentes de carro quando voltavam para casa.

em vez do petróleo. Mas, para ser realista, convém lembrar que os automóveis elétricos não estão isentos do consumo de combustíveis fósseis; afinal, a geração atual de eletricidade utiliza grandes quantidades de carvão e gás natural. E como estamos falando de uma ponte energética que deverá começar a operar em um tempo relativamente curto, convém lembrar igualmente que a maioria das picapes Ford, Dodge Rams, Cadillac Escalades, Toyota Tacomas e Hummer H2s comprados hoje ainda estará circulando daqui a oito ou dez anos, queimando um bocado de gasolina.

O transporte nos Estados Unidos depende inteiramente da disponibilidade de combustíveis líquidos. Os políticos que afirmam que a construção de mais usinas nucleares irá de alguma forma solucionar nossa crise energética, que é uma crise de petróleo, estão enganando a população e, provavelmente, a si próprios. Todos os meios de transporte do país, com a única exceção dos trens e bondes elétricos, dependem de fontes de energia móveis. E todas as fontes de energia móveis que conhecemos, com as exceções menores das baterias elétricas e das células combustíveis, são motores de combustão interna que utilizam produtos líquidos derivados do petróleo – gasolina, querosene ou óleo diesel – como combustível. A eletricidade, seja ela proveniente de usinas nucleares, parques solares ou turbinas eólicas, não gerará combustíveis líquidos.

Há cem anos, as vias férreas transportavam praticamente todos os bens e a maioria dos passageiros e viajantes interurbanos, a maior parte delas utilizando carvão como combustível para suas locomotivas a vapor. Eram veículos ruidosos, fumacentos e termodinamicamente ineficientes – de fato, o carvão era tão barato que não havia grande estímulo para redesenhar seus motores. A partir dos anos 1930, a combinação diesel-eletricidade triplicou a eficiência das velhas máquinas a vapor, mas tal inovação manteve as ferrovias do país competitivas apenas para o transporte de mercadorias em alguns mercados interurbanos de longa distância. Em praticamente todos os demais mercados de transporte, triunfaram os veículos motorizados, sobretudo após a Segunda Guerra Mundial, quando a crescente demanda por automóveis criou uma demanda por novas rodovias – as quais foram construídas e financiadas pelo governo. Em contrapartida, as companhias de estradas de ferro tinham de operar e manter suas próprias vias e direitos de passagem. Não admira, pois, que ao fim da Segunda Guerra Mundial, os governos socialistas tenham nacionalizado a maioria dos sistemas ferroviários fora dos Estados Unidos.

Na América, onde o socialismo era um pecado, o outrora eficiente e magnífico sistema ferroviário simplesmente passou a definhar ante os olhos complacentes de todos. A General Motors liderou um campanha para a remoção das linhas de bondes urbanos, legando o mercado de transporte interurbano de passageiros aos ônibus a diesel (fornecidos pela GM) e aos veículos particulares (também produzidos pela GM, bem como pela Ford e pela Chrysler). A criação da Amtrak foi um a tentativa tardia de conter o declínio das ferrovias, mas o investimento da magnitude necessária para criar uma moderna rede de trens de alta velocidade para transporte de passageiros, como as que atualmente estão sendo construídas na Europa e no Japão, não seria realizado. (É impossível operar trens modernos de alta velocidade em estradas de ferro projetadas para veículos do século XIX. Curvas acentuadas precisam ser eliminadas, montanhas precisam ser aplanadas e o leito das estradas precisa ser inteiramente restabelecido em conformidade com padrões mais elevados.) As tentativas de "ultrapassar" as ferrovias estrangeiras de alta velocidade mediante a introdução de trens de levitação magnética ("*maglevs*") ultravelozes na Flórida, em Nevada e outros lugares fracassaram, basicamente por absoluta falta de respaldo governamental. A teoria dominante tem sustentado que, se uma dada tecnologia se justifica de fato, o setor privado a financia. (Nos Estados Unidos, as companhias aéreas – utilizando motores a jato desenvolvidos pelas forças armadas e aeroportos e controles de tráfego aéreo financiados pelo governo – têm dominado amplamente o crescente mercado de viagens interestaduais e internacionais.)

  A substituição do transporte ferroviário pelo transporte rodoviário (automóveis e caminhões) reorganizou a paisagem urbana de uma forma que será quase impossível reverter. As cidades norte-americanas estão distribuídas em vastas áreas extremamente difíceis de ser atendidas pelo transporte público. Estima-se que metade da área total de Los Angeles esteja destinada a autoestradas, ruas, rodovias e estacionamentos. A maior parte dessa área apresenta pavimento escuro, e sua absorção de calor contribui significativamente para o aquecimento climático local (o efeito "ilha de calor"), recrudescendo a demanda por aparelhos de ar condicionado que elevam ainda mais o consumo energético. O grande aumento no consumo de petróleo associado ao transporte urbano em cidades descentralizadas como Los Angeles agravou o problema climático de forma inquestionável. A maior parte da culpa é atribuída, com toda a justiça, aos milhões de indivíduos que põem em movimento um SUV de duas toneladas para deslocar-se de casa para o trabalho, e vice-versa. Paralelamente, o transporte aéreo de curta distância, outra importante fonte de poluição e consumo de combustível líquido, cresce a passos ainda mais acelerados. O que podemos fazer para mudar esse quadro? A solução comumente defendida pelos políticos atende pelo nome de "novas tecnologias". Precisamos, pois, examinar atentamente as novas tecnologias propostas.

❖ Etanol de milho: um esforço inútil*

Um bom ponto de partida é a proposta que mais tem avançado nos últimos anos em algumas regiões dos Estados Unidos – a substituição parcial da gasolina pelo etanol (álcool etílico). Postos de gasolina têm vendido uma discreta mistura dos dois combustíveis, com uma porção diminuta de etanol. Essa mistura faz algum sentido do ponto de vista do varejista, na medida em que o etanol contém menos energia (exergia) por galão que a gasolina. De fato, um veículo que utilizasse etanol puro teria de ser reabastecido com muito mais frequência, ou comportar um tanque duas vezes maior. Mas, consistindo o combustível de não mais que 10 a 15% de etanol, a diferença de rendimento em relação à gasolina é muito menos perceptível.

O etanol é produzido essencialmente da mesma forma que uma bebida alcoólica – pela fermentação de açúcares provenientes de culturas agrícolas (a cerveja provém da cevada e do lúpulo, o vinho da uva e o etanol do milho). Em 2005, a produção de etanol nos Estados Unidos alcançou 4,5 bilhões de galões. Consumiu mais de 14% da produção de milho do país, mas só substituiu 1,7% da energia oriunda da gasolina. No mesmo ano, o biodiesel consumiu 1,5% da produção de soja e substituiu 0,09% do óleo diesel utilizado por caminhões e veículos *off-road*.

Mas a história não termina aqui. Também a produção de biocombustíveis consome combustíveis fósseis para seu processamento e transporte. Logo, se toda a produção de milho dos Estados Unidos fosse convertida em etanol, a redução agregada no consumo total de combustíveis fósseis (gasolina) não passaria de 2,4%. Da mesma forma, convertida toda a produção de soja, a economia chegaria a meros 2,9%. Levando em conta que ainda queremos ter nossos cereais, costeletas de porco (o milho é usado para alimentar os suínos), óleo de cozinha (tanto de milho quanto de soja) e leite de soja para bebês, qualquer nível realista de consumo de milho ou soja em combustíveis seria irrelevante para pôr um ponto final à dependência dos Estados Unidos em relação ao petróleo externo.

Os ambientalistas têm retratado o etanol de milho como uma afronta, e vale a pena examinar seriamente o que dizem – sobretudo porque Barack Obama, a quem apoiaram maciçamente durante a campanha presidencial, defendia sem qualquer pudor o incremento da produção de etanol. Logo, ou

---

* N. de T.: *A fuel's errand* no original; trocadilho com a expressão *a fool's errand*, caminhada inútil, esforço infrutífero.

o democrata sabia de algo que os ambientalistas desconheciam, ou (como desconfiamos), apesar de sua notável educação e da disposição de ouvir pontos de vista antagônicos, ele ignorava os fatos concretos sobre o etanol. Ou ainda, dada a sua dívida política para com Iowa (onde sua campanha fora lançada tão espetacularmente), talvez não lhe fosse possível – à época – suscitar questões problemáticas acerca dos subsídios ao milho.

Não queremos com isso dizer que, consumada a vitória nas eleições, a administração Obama devesse virar as costas para os agricultores do Meio-Oeste, cujo apoio à candidatura democrata baseara-se não somente na questão do etanol, mas na promessa mais ampla de revitalização da economia do país. Os problemas energéticos enfrentados pelos Estados Unidos são muito mais complexos do que poderiam os candidatos presidenciais de 2008 reconhecer em seus discursos de campanha. Entretanto, como argumentamos neste livro, um renascimento econômico eficaz só poderá ser alcançado com a redução dos custos dos serviços energéticos. E, como enfatizaram diversos grupos ambientalistas em seu protesto contra as políticas do governo Bush, não será o etanol de milho que fará isso.

Na verdade, quando os subsídios ao milho começaram a desembocar nas grandes corporações de agronegócio que eram as principais beneficiárias, a mídia desferiu uma saraivada de objeções – na *Rolling Stone*: "A fraude do etanol: uma das maiores negociatas políticas da América" (9 ago. 2007); na *Slate*: "A grande trapaça do milho" (6 jun. 2006); e uma matéria de capa da *Time*: "A fraude da energia limpa" (27 maio 2008). Uma das objeções mais citadas era de que, se contarmos não apenas o processamento e o transporte do etanol (como calculou a Academia de Ciências dos Estados Unidos), mas também a energia utilizada no cultivo do milho (na forma de agrotóxicos, combustível para tratores, etc.), veremos que o etanol de milho consome muito mais energia do que fornece à oferta nacional nas bombas de gasolina. Será verdade? O Conselho de Defesa de Recursos Naturais (NRDC) investigou essa questão em uma revisão de seis estudos acerca do "retorno energético sobre o investimento" (EROI). Os resultados da investigação indicavam que a visão transmitida pela *Time* e outras publicações possivelmente exagerara na dose – mas não muito. Cinco dos seis estudos encontraram um EROI positivo variando de 1,29 a 1,65 (129 a 165%), dependendo dos pressupostos utilizados – isto é, a energia contida no etanol é *ligeiramente* superior àquela necessária para seu cultivo, colheita, processamento e distribuição. Já o sexto estudo revisado pelo NRDC era muito mais pessimista: concluía que o etanol proveniente do milho contém menos energia do que os insumos necessários para sua produção e distribuição. Comparativamente, o EROI dos Estados

Unidos relativo ao petróleo doméstico é aproximadamente 15; nos anos 1930, era superior a *100*. Podemos com isso concluir que o etanol, considerando-se a energia necessária para sua produção, agrega nada ou quase nada à oferta energética dos Estados Unidos.

Apesar dessa realidade, a administração Bush defendia o incremento progressivo do etanol até atingir a gigantesca marca de 35 bilhões de galões, dos quais 15 bilhões deveriam vir do milho, e o restante de outras fontes. Caso implementado, esse plano reduziria drasticamente a produção de alimentos, sobretudo da carne, visto que os porcos e novilhos criados para abate alimentam-se basicamente de milho. Além do mais, a produção de biocombustíveis não é *mais barata* que a de gasolina ou óleo diesel, de modo que, além de nada contribuírem para a oferta energética do país, os biocombustíveis nada fariam pelo crescimento econômico. O preço de atacado de um galão gasolina-equivalente (GGE) de etanol em 2005 era de US$ 1,74, comparado a US$ 1,76 da gasolina, enquanto um GGE de biodiesel custava US$ 2,08, em comparação com US$ 1,74 do óleo diesel.

Apesar de constituir um sumidouro econômico, o etanol tem sido promovido com o auxílio de generosos subsídios governamentais da ordem de 76¢ por GGE de etanol de milho e US$ 1,10 por GGE de biodiesel. Além disso, os SUVs recebem crédito de quilometragem pela porção de gasolina ou diesel que substituem por etanol. Enquanto isso, as montadoras são instadas a relatar sua economia de combustível apenas com respeito à gasolina consumida – outra vitória dos lobistas dos SUVs.

Seja como for, a defesa do etanol de milho é ainda mais frágil do que os fatos apontam. Essa análise não inclui as exigências de irrigação (ver Capítulo 9, "A conexão água-energia"), a poluição por nitrogênio (ocasionada pelo uso excessivo de fertilizantes) ou o progressivo aumento da eutrofização (zonas mortas decorrentes do esgotamento agrícola) no Golfo do México, tampouco considera o fato de os subsídios agrícolas também incentivarem o desmatamento de florestas para a criação de mais terras férteis. Considerando-se usos alternativos da terra com base em hipóteses razoáveis e plausíveis, verifica-se que a estratégia *oposta* – a conversão de terras férteis em florestas – reduziria mais efetivamente as concentrações globais de gases estufa na atmosfera (mediante o sequestro do carbono na biomassa) do que a transformação de florestas em áreas de cultivo de milho ou soja.

Analisando a realidade mais ampla do que é necessário para a construção de uma ponte energética viável para um futuro econômico sustentável, fica evidente que o investimento de polpudos subsídios federais em uma solução que produz ganhos apenas marginais, se tanto, não constitui uma saída viável. Conforme salientamos em capítulos anteriores, para que nossa ponte transicional produza resultados, precisamos incrementar o quanto antes nossa oferta energética (ou eficiência, que é a oferta na prática) a um custo significativamente menor, ou mesmo *negativo*.

❖ Um combustível para o futuro – além da ponte

Obviamente, o etanol de milho e o biodiesel da soja não se qualificam como soluções econômicas ou de custo negativo. Segundo uma caracterização um tanto rude do programa do etanol, trata-se de uma dispendiosa esmola governamental aos grandes fazendeiros e colaboradores de campanha que participam das convenções de Iowa durante as eleições primárias. O máximo que se pode dizer desses combustíveis é que poderiam vir a ser um primeiro passo involuntário na direção de uma solução um pouco melhor – o etanol *celulósico*, proveniente de culturas lenhosas ou de resíduos de celulose (como talos de milho). Os pesquisadores exploram também a possibilidade de produzir etanol a partir de gramíneas crescidas em terrenos marginais sem proveito para a agricultura. Entretanto, as tecnologias necessárias para essas formas de etanol não estão plenamente desenvolvidas, não havendo produção comercial. Mas, mesmo que a produção comercial tenha início nos próximos anos, levará anos mais (como nos casos das energias solar e eólica) para que obtenha escala.

Uma profusão de textos visionários tem explorado as possibilidades do futuro pós-combustíveis fósseis. O foco deste livro consiste em um tema mais prosaico – os desafios de médio prazo que teremos de enfrentar para chegar lá. Na era particularmente desafiadora dos combustíveis líquidos, já que nenhuma das opções de etanol vai nos ajudar a construir a ponte transicional, convém distinguir entre aquelas que poderiam garantir uma pesquisa e desenvolvimento contínuos para possíveis usos no futuro pós-transição, e aquelas que estão desperdiçando valiosos recursos em um momento crítico. Convém lembrar que, embora o etanol seja apregoado como um substituto do combustível fóssil, quando queimado emite dióxido de carbono da mesma forma que a gasolina. Por outro lado, se as necessidades do futuro incluírem quantidades moderadas de alcoóis industriais, a pesquisa continuada acerca dos processos de etanol celulósico poderá justificar-se, contanto que estes não ocupem terras destinadas à produção de alimentos. No que diz respeito ao abastecimento de veículos motorizados e aviões, não há futuro para esses biocombustíveis.

Em um futuro próximo, a melhor opção de combustível líquido poderá ser o óleo diesel, quer oriundo das plantações, quer de outras fontes. Os carros europeus são muito mais econômicos que os norte-americanos. Uma razão é que a Europa possui mais carros menores do que os Estados Unidos; mas uma explicação menos familiar é que cerca da metade dos carros vendidos no continente europeu possuem motores a diesel. De fato, o consumo de combustível dos motores a diesel apresenta 50% de eficiência, contra 27% dos motores a gasolina. Ademais, os carros a diesel têm a reputação de ser mais poluentes, razão pela qual não fizeram grandes progressos nos Estados Unidos. No entanto, melhorias técnicas recentes indicam que oferecer incentivos para que os consumidores passem a comprar mais automóveis a diesel (por exemplo, fixando impostos mais baixos para o óleo diesel do que para a gasolina) poderiam resultar em ganhos significativos para a economia de combustível dos Estados Unidos.

❖ Combustível para aviões

Entre os "elefantes brancos" tecnológicos a que nos mantemos fiéis enquanto nos preparamos para ingressar em uma era energética extremamente complicada, o GM Hummer adquiriu uma reputação que uma centena de anos provavelmente não será suficiente para melhorar. A exemplo do Ford Edsel um século atrás, o Hummer conquistou um lugar na história social jamais pretendido por seus fabricantes.[2] Mas, na realidade mais ampla de nosso atual problema com combustíveis líquidos, o verdadeiro elefante de nossa sala de estar não é aquele que transita pelas rodovias, mas o que trafega nas pistas de pouso e decolagem – o avião a jato.

Os aviões queimam cerca de dois milhões de barris de petróleo por dia nos Estados Unidos – aproximadamente 10% do consumo total de combustíveis líquidos do país. No entanto, essa modesta porcentagem é enganosa, pois mascara a quantidade consumida por passageiro-milha (ou mala-milha, ou

---

[2] Críticas ambientalistas a SUVs excessivamente grandes – entre os quais o mais notório é o Hummer – passaram a mencioná-los nos últimos anos não apenas como "beberrões de gasolina", mas como pretensos veículos militares, utilizados por seus proprietários para intimidar outros motoristas. Em 2009, um comercial de TV da Honda satirizava a reputação "poderosa, mas de duvidosa eficiência" dos grandes SUVs ao mostrar um motorista de um SUV que ficara sem gasolina ganhando carona do motorista de um Honda. O proprietário do Honda deixa claro que *ele* não precisa se preocupar com gasolina porque está dirigindo um veículo econômico. Ao que o frustrado condutor do SUV, sentado no banco de trás, responde com petulância: "Mas ele é capaz de esmagar outros carros?".

merluza-negra-milha). Um avião comercial típico consome duas ou três vezes mais combustível por passageiro-milha que um automóvel, ou aproximadamente o mesmo que o maior dos modelos Hummer. Quando você e outros 250 passageiros embarcam em um voo de San Diego para Washington, D. C., o combustível que está para ser consumido é o mesmo que consumiriam você e seus colegas de viagem caso resolvessem rasgar as passagens e dirigir 250 Hummers através do país.

Os problemas com os aviões são mais espinhosos que aqueles dos veículos terrestres. Os aviões apresentam maior eficiência de carga útil que os automóveis: os passageiros respondem por cerca de um terço do peso de um avião carregado. No entanto, o combustível utilizado responde por outro terço, de modo que as aeronaves essencialmente consomem muito mais energia. E o mais importante: não possuem fontes energéticas alternativas (não líquidas) que estejam sendo introduzidas gradativamente, como no caso dos carros e caminhões. Os automóveis ao menos deram início à longa transição para os modelos híbridos, elétricos (*plug-in*) e movidos a células de hidrogênio. Tais tecnologias, contudo, não podem nem poderão fazer decolar aviões – ao menos não num futuro próximo.

Muitos boatos têm circulado na Internet sobre combustíveis alternativos para aeronaves. O presidente da Virgin Atlantic, Richard Branson, atraiu formidável publicidade em 2007 ao anunciar o primeiro voo bem-sucedido de uma linha comercial movida a biocombustíveis. Mas os protótipos experimentais, sejam de aviões ou de combustíveis, são caros demais para ser competitivos em suas fases iniciais de desenvolvimento. E mesmo que sejam surpreendentemente bem-sucedidos, levará anos para introduzi-los no mercado. Ademais, se os biocombustíveis para jatos forem semelhantes ao etanol de milho (que não funciona nos aviões de linha por congelar em altitudes de cruzeiro), precisarão, para ser produzidos, da mesma energia que levam ao tanque de combustível.

As possibilidades que se descortinam no horizonte ao menos oferecem a esperança de manter alguns aviões voando depois que o petróleo não estiver mais disponível. O hidrogênio e o gás natural liquefeito talvez um dia possam ser viáveis. Há também a perspectiva de produzirmos um biocombustível derivado de algas lacustres. De fato, o Solazyme Corp. da Califórnia elaborou uma forma de querosene derivada de algas crescidas em tanques que, segundo consta, atende à maioria dos requisitos técnicos exigidos de um combustível para jatos comerciais – incluindo não congelar a 9.000 metros. A solução das algas pode parecer hoje tão improvável quanto a ideia da piscicultura no passado, mas as fazendas de peixes constituem hoje uma indústria pujante, com muitas das antigas plantações de algodão do Velho Sul ("Old South") atualmente dedicadas à produção de filés de peixe. E uma importante vantagem das algas sobre o etanol de milho está no fato de não roubarem a comida das bocas dos filhos de nossos filhos. Por outro lado, a exemplo do etanol celulósico ou do biodiesel, elas também liberam gás carbônico quando queimadas, de modo que poderão aliviar parte do sofrimento econômico pós-pico do petróleo, mas não ajudarão a mitigar o aquecimento global. E não estarão prontas a tempo de contribuir para a construção de nossa ponte energética.

A dura realidade é que nenhum dos novos combustíveis líquidos em processo de desenvolvimento fará diferença material para a economia de transição. A única estratégia que *poderá* fazer diferença é reestruturar nossa atual economia energética de modo a que possamos utilizar a oferta de petróleo de que já dispomos com muito mais eficiência. Queiramos ou não, o combustível líquido que utilizaremos na próxima década, ou depois, será um derivado do petróleo. Podemos ampliar tal oferta para preencher as necessidades mínimas de nossos veículos motorizados e aviões mediante uma combinação de mudanças culturais e políticas. Tais mudanças incluem padrões mais rigorosos de economia de combustível média corporativa (Corporate Average Fuel Efficiency – CAFE) para aviões e automóveis, bem como uma série de alterações que reduzam o número de milhas percorridas. Discutiremos esses tópicos no próximo capítulo, "Veículos: fim de caso", e no Capítulo 8, "Preparando as cidades para a tempestade perfeita".

Na próxima década, algum auxílio poderá vir das empresas que estão reprojetando seus aviões para torná-los substancialmente mais econômicos. Espera-se que o novo Dreamliner da Boeing utilize 20% menos de combustível de jato do que seus modelos mais antigos, graças a um formato mais aerodinâmico e mais leve. As novas aeronaves substituirão boa parte de sua estrutura de alumínio por compósitos de carbono e titânio, mais leves e mais resistentes, eliminando assim a necessidade de cerca de um milhão de rebites, parafusos e outras peças por avião. No entanto, o processo de redesenho, teste e incremento da produção de novos aviões de linha ou militares, a exemplo da construção de novas plataformas petrolíferas ou usinas nucleares, poderá levar uma década. Enquanto isso, nós e nossas forças armadas talvez tenhamos de reduzir acentuadamente o volume absoluto dos pesados objetos de transporte aéreo que julgamos necessários. À medida que a oferta de petróleo cair e seus preços ascenderem a níveis inéditos, nossa principal missão não será continuar tentando substituir a gasolina ou o combustível de jato por novos combustíveis que disputem com a agricultura o uso de nossas terras, mas aprender a utilizar os combustíveis fósseis restantes de modo mais eficiente.

Capítulo 7
Veículos: fim de caso

Com a rápida escalada da crise econômica em 2008, comentaristas suscitaram uma questão que teria sido impensável alguns anos antes: mereciam as "Três Grandes" montadoras norte-americanas sobreviver? Desesperados, os diretores executivos da General Motors, da Ford e da Chrysler haviam rumado para Washington em busca de socorro governamental, mas a atmosfera no Congresso não era das mais amigáveis. Era difícil acreditar que as montadoras não obteriam algum tipo de ajuda, visto que muitos negócios e empregos dependiam delas. No entanto, teriam primeiro de ouvir o desabafo dos políticos e da nação. Por que *levaram tanto tempo para acordar* e perceber que aquele não era mais o mundo dos anos 1950 ou 1960, quando a GM gozava do *status* de maior empresa do mundo, e os norte-americanos aguardavam com grande expectativa os novos modelos lançados a cada ano? Por que a GM, depois de finalmente introduzir o modelo elétrico EV-1 em 1996, encerrou sua produção três anos depois, lançando cinicamente em seu lugar o ostensivo e beberrão Hummer? Por que haviam permitido às concorrentes japonesas e coreanas não apenas chutar as portas da maior indústria dos Estados Unidos, como ameaçar arrebatá-la? Por que seus CEOs vinham a Washington em jatos corporativos pedir esmola?

Pouco importava se esses altos executivos haviam "captado" o sentido do desabafo: o simples fato de tais questões terem sido levantadas sinalizava que os Estados Unidos definitivamente abriam os olhos para um panorama mais nítido: os automóveis já não eram os ícones culturais – símbolos definitivos de liberdade, aspiração, aventura e sucesso – que outrora haviam sido. O brilho dos tempos gloriosos ainda não desaparecera por completo, mas os mais jovens interessavam-se agora por outras coisas: TVs de tela plana, iPhones, MySpace e *videogames*. As pessoas que haviam vivido no mundo encantado dos *drive-ins* e das emocionantes travessias pela Rota 29 em Chevys '61 ou Fairlanes '56 com motores Thunderbird V-8 de 202 cavalos de potência estavam aposentadas ou prestes a se aposentar. Para muitos, um carro representava agora apenas uma forma de deslocar-se de casa para o *shopping center* ou o escritório. E isso parecia estar se tornando cada dia mais difícil.

Não queremos com isso dizer que os veículos motorizados fossem menos influentes no cenário do início do século XXI do que haviam sido décadas antes: eram agora *mais* influentes – e nisso residia grande parte do problema. Os congestionamentos de trânsito passaram a ser a regra, não a exceção. Para muitos, dirigir deixara de ser um sonho para, aos poucos, transformar-se em um pesadelo recorrente. Ademais, com o despertar ambientalista dos anos 1970, os norte-americanos em geral tornaram-se mais conscientes dos impactos dos gases emitidos pelo escapamento dos veículos – primeiro sobre problemas de saúde relacionados à poluição e à habitabilidade de cidades entupidas de automóveis e, depois, na década de 1990, sobre o aquecimento global. Nesse ínterim, as novas indústrias das telecomunicações e do entretenimento digital entraram em cena. Para os jovens, o foco do divertimento transferira-se da aventura na estrada ou nos céus para o ciberespaço. Enquanto os garotos da década de 1960 sonhavam em ser pilotos de corrida ou astronautas, os dos anos 1980 queriam assistir a *Star Trek* na TV, e os da geração seguinte, mover-se em ultravelocidade através das cidades, do espaço e do tempo via Xbox ou Wii. Os velhos motores envenenados não teriam como competir.

A importância dessa mudança é mais significativa do que pode parecer, dados os atuais congestionamentos de trânsito que atormentam as cidades e subúrbios dos Estados Unidos. Uma premissa básica deste livro é que a economia dos combustíveis fósseis possui enorme *momentum*, e levará tempo para mudar. Não obstante, os sonhos dos jovens – e sua energia – conduzirão tal mudança. E, como notamos ao longo destas páginas, quando novos mercados surgem, não são as tecnologias que incorporam que os tornam "quentes", mas os serviços oferecidos por tais tecnologias. Os automóveis e caminhões historicamente têm prestado serviços econômicos essenciais, mas ao menos parte desses serviços pode agora ser melhor suprida por outros meios.

Um dos segredos para uma economia energética mais inteligente reside em estabelecer uma distinção mais clara entre os diferentes serviços historicamente prestados pelos carros e pelos caminhões leves. Durante um século, o baixo preço da gasolina e a falta de uma consciência ambiental nos habituaram à ideia de um veículo polivalente: as caminhonetes dos anos 1950 ou, posteriormente, as *vans*, os SUVs e as picapes que podemos utilizar para *o que quer que seja* – desde uma viagem de férias de mil quilômetros até um passeio de um quilômetro ao supermercado para comprar cerveja. No futuro, os historiadores talvez reexaminem esse versátil meio de transporte e o tomem como algo comparável a um senhor da guerra que utiliza sua espada para todos os propósitos – seja para trinchar sua carne, limpar os dentes ou decepar a cabeça de um inimigo.

No século XXI, separar os serviços de viagem em autoestrada, de mobilidade suburbana ou urbana de média distância, e de mobilidade de curta distância, será essencial para uma gestão energética e climática inteligente. Igualmente essencial será revisar a própria noção de mobilidade. Serão essas diferentes categorias de mobilidade os serviços que realmente desejamos? Em alguns casos sim, porque de fato queremos ou necessitamos nos transportar fisicamente de um lugar para outro. Em outros, talvez não. Todos precisamos comprar coisas, mas isso não significa que tenhamos necessariamente de nos transportar (e conosco mais duas toneladas de aço) até outro lugar para fazê-lo. Podemos decerto desejar ir a lugares como a praia ou a uma reunião de família, onde nossa presença física é fundamental. Mas será que desejamos ou necessitamos estar fisicamente presentes em uma loja do Walmart? Ou queremos simplesmente algo que está *dentro* dela e que, nesse caso, talvez pudesse vir até nós?

❖ Um grande obstáculo mental

Para os norte-americanos do século XXI, é difícil separar as ideias de progresso e de novas tecnologias. Durante meio século, a teoria neoclássica do crescimento econômico tornou indistintos esses dois conceitos em sua noção terminologicamente vaga de "progresso tecnológico" como o grande indutor exógeno [da economia].

Logo, os norte-americanos talvez abriguem a expectativa automática de que, se viermos a encontrar uma oferta de mobilidade de curta distância superior à dos carros e SUVs convencionais, deverá ser uma nova tecnologia espetacular e revolucionária. (Calçadas móveis? Lambretas voadoras?) Temos um enorme bloqueio mental à ideia de que o progresso possa vir do passado, ou de regiões pouco apreciadas do presente. No entanto, verificamos numerosos exemplos desse progresso recentemente. Tais exemplos incluem o florescimento do mercado de alimentos orgânicos (condição de praticamente todas as comidas antes do advento dos pesticidas); um novo reconhecimento e mercados crescentes para técnicas médicas antigas como a acupuntura; e o respeito de arquitetos e *designers* por materiais de construção consagrados – pedra, madeira e terracota – em detrimento dos outrora "novos" materiais, como os revestimentos de vinil e os pisos de linóleo, que tão modernos pareciam quando surgiram pela primeira vez.

Isso nos leva à tão ignorada bicicleta, que hoje é o meio de transporte pessoal para trajetos curtos mais utilizado no mundo (exceção feita à caminhada) e, sob muitos aspectos, o melhor. Os defensores da bicicleta são apaixonados, mas têm sido consistentemente desprezados ou marginalizados, e em algumas regiões, como a China, perderam espaço. Todavia, numa era em que os sistemas de transporte urbano do mundo inteiro são cada vez mais disfuncionais, o dia deles talvez esteja por vir.

A China possui mais de 420 milhões de bicicletas, contra cerca de 32 milhões de automóveis particulares. No entanto, os proprietários de carros e os funcionários de alto escalão autorizados a trafegar em veículos oficiais são muito mais ricos e influentes que os ciclistas, sendo favorecidos por uma crença alimentada nos altos círculos do poder de que a China, para tornar-se inteiramente industrializada, precisa desenvolver uma grande indústria automotiva – como demonstrado de forma cabal pela aquisição do Hummer por uma empresa chinesa junto à falida GM em 2009. Graças a essa desproporcional riqueza e influência, os donos de carros e motoristas estão compelindo o governo chinês a construir autoestradas onde antes eram arrozais. As novas vias expressas abreviam o tempo de deslocamento entre aeroportos, centros industriais e hotéis para alguns poucos privilegiados, mas ao mesmo tempo provocam enormes congestionamentos em todas as ruas e vias de ligação. O resultado inevitável é um dos piores níveis de congestionamento e poluição do planeta (vale lembrar a preocupação dos atletas em respirar o ar de Pequim durante os Jogos Olímpicos de 2008), tornando muito mais difícil e arriscado para os ciclistas locais competir por espaço nas rodovias.

No entanto, em alguns países europeus com economias mais maduras – notadamente a Holanda, mas também partes significativas de Bélgica, França, Alemanha, Itália, Espanha e Portugal – as bicicletas tornaram-se um importante meio de transporte nas cidades e municípios. Os holandeses as utilizam para ir à escola, a lojas e escritórios, centros esportivos e à estação ferroviária mais próxima (que nunca fica muito longe). Em todos esses lugares, encontram espaços convenientes para estacioná-las. O clima certamente não é dos mais benevolentes ao longo do ano, mas isso não intimida os ciclistas.

Sem dúvida a bicicleta não é o meio de transporte mais adequado para pessoas em trajes executivos, pais acompanhados de crianças pequenas, consumidores carregando sacolas abarrotadas, ou para os idosos e enfermos. A questão, porém, não é determinar se as bicicletas podem substituir os carros nas cidades, mas se podem substituir *parte* do tráfego automotivo – o bastante para reduzir perceptivelmente o consumo de combustível e as emissões de gás carbônico de uma cidade. *Parte* das pessoas poderia utilizar bicicletas para *parte* de seus deslocamentos, de uma forma que não implique sofrimento – com o que contribuiriam para a saúde e uma melhor fruição do ambiente urbano. O pai que precisa do carro (ou de outro meio de transporte espaçoso) para levar os filhos ao jogo de futebol pode deixá-lo estacionado e utilizar a bicicleta para passeios breves e solitários até o parque ou a academia, ou, se o tempo permitir, até para ir ao trabalho. Se os habitantes urbanos puderem transferir parte de suas necessidades de mobilidade para o transporte humano, suas ações *poderão* reduzir significativamente o consumo de combustíveis fósseis da região. Ciclovias separadas, geralmente localizadas em parques ou ao longo de rios ou canais, são uma característica da maioria das cidades europeias, mas de apenas algumas na América do Norte. Começando com Amsterdã nos anos 1960, muitas grandes cidades da Europa passaram a experimentar o sistema público de "compartilhamento de bicicletas". Na maioria das vezes esses projetos eram mal concebidos ou pequenos demais em escala para que dessem certo, mas agora estão se tornando mais sofisticados.

Paris oferece um exemplo promissor. A cidade reservou vias especiais em seus bulevares para ônibus, táxis e bicicletas. (A premissa é de que motoristas profissionais podem compartilhar o mesmo espaço viário com os ciclistas sem pôr vidas em risco.) Em julho de 2007, a cidade inaugurou um programa denominado Velib, com uma doação inicial de 10.600 bicicletas de *design* uniforme (pagas pela Cyclocity, uma subsidiária da grande empresa de publicidade JCDecaux), as quais foram distribuídas em 750 bicicletários espalhados pelo centro da cidade. No ano seguinte, o número de bicicletas aumentou para 20.600 e o de bicicletários para 1.450. Cartões de crédito ativam as bicicletas, que são monitoradas eletronicamente. Para fazer parte do Velib Club, os usuários precisam pagar uma pequena taxa anual. A primeira meia hora de uso é grátis, após o que é cobrada uma módica taxa de aluguel horária.

Em Lyons, na França, um sistema semelhante foi introduzido em 2005, com cada bicicleta sendo utilizada em média 12 vezes por dia e 95% dos trajetos sendo realizados gratuitamente. A maior parte desses trajetos realiza-se de "ponto a ponto", entre um bicicletário e outro. Ainda não dispomos de dados satisfatórios sobre o impacto dessas bicicletas compartilhadas sobre outros meios de transporte; não sabemos ao certo se estão substituindo significativamente o transporte veicular, já que pouquíssimos parisienses e residentes de outras cidades europeias simpáticas ao uso de bicicletas utilizam carros para trajetos curtos dentro da cidade. O que se sabe é que as bicicletas compartilhadas substituem principalmente os deslocamentos a pé, por ônibus ou metrô, aliviando o congestionamento nesses meios de locomoção. O principal benefício para seus usuários é a rapidez – de fato, as bicicletas na maioria das vezes são mais rápidas que pegar o ônibus ou o metrô entre um destino e outro. De mais a mais, encontramos poucas evidências de conservação energética ou economia de custos.

Em todo caso, os programas de compartilhamento de bicicletas de Paris, Lyons, Viena e outras cidades podem ser um ponto de partida para a implantação de um programa mais significativo no futuro próximo: veículos elétricos compartilhados, destinados à redução dos deslocamentos pendulares dentro da cidade ou nas periferias – e, com o tempo, dos deslocamentos interurbanos, para os quais são utilizados predominantemente veículos particulares.

❖ Próximo passo: bicicletas elétricas (*e-bikes*)

O tempo ou a distância média de deslocamento para um usuário de bicicleta convencional é atualmente de menos de meia hora ou cinco quilômetros (três milhas), suficiente para alguns viajantes pendulares chegarem ao trabalho e muitos outros alcançarem a estação de transporte público. Muitos ciclistas podem ir (e de fato vão) muito mais rápido e mais longe do que isso, ao menos onde o terreno é razoavelmente nivelado. No entanto, consideramos esses indivíduos "desbravadores". Onde agora se exige energia calórica, no futuro a energia solar ou eólica proporcionará um percurso mais fácil.

A próxima etapa para além da bicicleta de propulsão humana (não a descartando, mas ampliando-a bastante) será a bicicleta elétrica movida a bateria, ou *e-bike*, capaz de alcançar uma velocidade de 15 a 20 Km/hora, dependendo do tráfego. Na China já circulam pelo menos 30 milhões de *e-bikes*, de uma população total de bicicletas de 450 milhões. O mercado chinês de *e-bikes* era de apenas 40 mil unidades em 1998, mas até 2006, segundo estimativas, havia pulado para 16-18 milhões de unidades. Hoje, mais de duas mil empresas, em sua maioria pequenas, fabricam *e-bikes*.

As bicicletas e lambretas elétricas ainda são raras na Europa e nos Estados Unidos, mas têm potencial para mudar radicalmente o jogo do transporte pendular, mesmo numa área metropolitana tão dispersa quanto Los

Angeles. Ainda que as motocicletas a gasolina tenham durante muito tempo integrado o *mix* veicular, e sejam muito mais econômicas que os automóveis, grandes barreiras atravancam sua difusão. Uma delas é o risco de acidentes, muito maior para os motociclistas que para os motoristas – embora o risco de dirigir carros seja mais elevado que praticamente qualquer outra atividade. Muitas pessoas parecem ter reagido a preocupações com segurança veicular tomando a direção oposta – optando por dirigir utilitários esportivos pesados e beberrões, precisamente por acreditarem (incentivadas pelo *marketing* das fabricantes) que veículos maiores são mais seguros.

As motocicletas a gasolina não poderão fazer parte da transição para um transporte urbano ambientalmente mais benigno devido a seus elevados níveis de barulho e poluição. Embora os SUVs, por consumirem mais combustível, produzam mais dióxido de carbono que as motocicletas, estas são 20 vezes mais poluentes em termos de monóxido de carbono, hidrocarbonetos não queimados, óxidos de nitrogênio e partículas (fuligem). As motocicletas podem não ser tão "más" quanto alguns motociclistas as fazem parecer, mas definitivamente são sujas. Impor-lhes controles de emissões reduziria significativamente seu desempenho e as tornariam menos barulhentas. Se a experiência serve de guia, muitos motociclistas simplesmente desconectariam o equipamento indesejado. O número de motocicletas que circulam pelas estradas cresce cada vez mais, aumentando a pressão para que se eliminem as brechas nas leis contra a poluição ambiental e sonora que permitem a essas motos perturbar a paz. Os custos de propriedade aumentarão, possivelmente levando os consumidores a considerar uma nova opção: a motocicleta elétrica. A Vectrix Corporation de Middletown, Rhode Island, passou a comercializar uma motocicleta de 200 quilos livre de emissões, capaz de atingir 100 Km/hora utilizando baterias de hidreto de níquel metálico (semelhantes às utilizadas no híbrido Prius da Toyota) com expectativa de vida de 10 anos. A motocicleta elétrica da Vectrix custa aproximadamente US$ 11 mil. A Brammo Motorsports de Ashland, Oregon, lançou um modelo mais leve (275 libras), a Enertia, utilizando baterias de íon lítio com expectativa de vida ainda maior, por cerca de US$ 12 mil. A Valence Technologies de Austin, Texas, produz as baterias.

As motocicletas elétricas atualmente disponíveis no mercado ainda são um pouco mais caras do que as movidas a gasolina. Em compensação, não emitem gases, e seus custos operacionais (de eletricidade) são consideravelmente inferiores aos das motos convencionais. Mesmo que a energia elétrica seja gerada pela combustão de carvão ou gás natural, a versão elétrica será quase duas vezes mais eficiente (em termos de ciclo de vida) que a versão a gasolina.

O viajante pendular de meia-idade dos subúrbios dos Estados Unidos provavelmente não irá comprar uma poderosa motocicleta a gasolina, tampouco uma lambreta elétrica de US$ 11 mil, para ir ao trabalho. No entanto, o preço dessa última já começou a despencar, graças à acelerada evolução da tecnologia de baterias de íon lítio e ao fato de que a China dentro em breve estará vendendo modelos importados muito mais baratos. Ademais, mesmo que as *e-bikes* se limitem a 25 ou 30 Km/hora, seus usuários poderão utilizá-las para trafegar em rotas ou vias reservadas que diversas cidades estão construindo em seus planos de tráfego para as próximas décadas. A queda no preço de uma *e-bike* pode significar uma queda no preço do serviço energético de transporte – um estímulo potencialmente significativo para a economia urbana dos anos de transição.

Esperamos que as motocicletas e lambretas elétricas em breve se tornem bastante populares na Europa e em certas partes dos Estados Unidos, proporcionando ao menos uma solução parcial para o dilema da expansão do transporte suburbano. Culturalmente, constituirá uma enorme mudança para os norte-americanos trocar seus grandes e poderosos automóveis e utilitários esportivos por veículos menores e mais leves – especialmente veículos para uma pessoa, sem portas ou teto. Em todo caso, também constituiu uma extraordinária mudança cultural passar dos cinemas aos *videogames* ou do correio tradicional, apelidado de "correio lesma", ao *e-mail*. (Cada uma dessas mudanças implicou uma substituição apenas parcial, mas altamente significativa do ponto de vista cultural e econômico.) Além do mais, mesmo que apenas 20 a 30% do transporte para curtas distâncias nas cidades passe a ser realizado em veículos elétricos leves, o consumo de combustível e as consequentes emissões cairão o suficiente para assegurar nossa ponte transicional.

❖ E para todos aqueles que ainda precisam de carros...

Outra grande parte da solução dos veículos motorizados para as cidades e subúrbios será o compartilhamento de carros (*car sharing*). A Suíça testou essa ideia pela primeira vez no final dos anos 1980, essencialmente em conexão com seu sistema ferroviário. Logo o conceito expandiu-se para a Alemanha. Nos Estados Unidos, sua difusão tem sido mais lenta, mas parece estar progredindo. Um estudo conduzido por uma pesquisador da Universidade da Califórnia em 2007 constatou a existência de 18 programas de compartilhamento de carros nos Estados Unidos, com a adesão crescendo em ritmo constante. Na última contagem, havia cerca de 400 mil membros utilizando sete mil carros.

O modelo de negócios tradicional do *car sharing* assemelha-se ao modelo de compartilhamento de bicicletas Velib vigente em Paris, exceto que os locais de compartilhamento de carros tendem agora a concentrar-se em áreas centrais das cidades, como estações de trem. Os usuários pagam uma taxa de adesão anual e alugam os automóveis por hora a um preço modesto (mas sem tempo grátis). O ponto fraco desse sistema atualmente é que seus usuários precisam reservar os veículos com antecedência e retirá-los (e estacioná-los na devolução) em locais específicos. O preço médio de quatro horas de uso nos Estados Unidos gira em torno de US$ 30. Para viagens ou deslocamentos de muitos dias, as taxas são comparáveis às cobradas por uma locadora convencional. Muitas empresas de *car sharing* faliram, mas o retrocesso econômico, ao que tudo indica, está ajudando a transformar a mobilidade urbana. Para um habitante da cidade que necessita dispor de um veículo por apenas duas ou três horas semanais, o *car sharing* resulta financeiramente atraente por poupar-lhe os custos de sete dias de estacionamento (168 horas), seguro e desvalorização com que teria de arcar por apenas duas ou três horas de uso.

A cidade da Filadélfia tem firmado contratos com empresas de *car sharing* desde 2004, eliminando 330 veículos da frota municipal. A Zipcar, maior empresa de *car sharing* do país, garante que cada Zipcar retira 15 outros veículos das ruas, bem como que cada um de seus membros dirige, por ano, quatro mil milhas a menos do que antes de aderir ao programa e economiza, em média, US$ 435 por mês utilizando o serviço. Trata-se efetivamente de uma solução com duplo dividendo e custo negativo, estando disponível com a tecnologia atual. Com novas tecnologias, será ainda mais competitiva.

A exemplo das locadoras de veículos, as empresas de *car sharing* utilizam atualmente veículos padronizados. Entretanto, como os padrões de uso diferem – um mesmo carro compartilhado pode perfazer diversos trajetos curtos por dia –, o veículo irá (como um táxi) acumular quilometragem muito mais rápido que um automóvel convencional. Normalmente, um carro de aluguel ou táxi é aposentado (vendido em segunda mão) após dois anos de uso intensivo e 200 mil quilômetros no odômetro, quando estará pronto para seu terceiro jogo de pneus e mostrará diferentes sinais de desgaste mecânico em outras áreas. Apesar disso, muitos dos componentes desse carro ainda são praticamente novos. Veículos em tais condições seriam bastante adequados para o negócio de *car sharing*, contanto que as empresas realizem uma regular e rigorosa manutenção. Para os propósitos da ponte de transição energética, o *car sharing* oferece ao menos duas vantagens. Primeiro, ao reduzir o número carros particulares, reduz a necessidade de espaço de estacionamento e tráfego, bem como ajuda a preparar o terreno para modelos urbanos mais compactos (ver o próximo capítulo). Isso, por sua vez, reduz as distâncias percorridas por *todos* os meios de transporte – com correspondentes reduções no consumo de combustíveis e nas emissões. Segundo, ao abreviar o ciclo de vida dos automóveis (em anos), pode ajudar a retirar mais cedo das ruas os veículos movidos a gasolina, bem como acelerar a transição para os carros elétricos.

Pode parecer curioso que tenhamos chegado tão longe em um capítulo sobre as contribuições veiculares para a construção de nossa ponte climática e energética sem qualquer discussão dos veículos híbridos. Com o sucesso inesperado do Toyota Prius e outros carros movidos a gasolina e eletricidade, os híbridos tornaram-se os representantes perfeitos da revolução tecnológica verde na América, constituindo um tributo à visão (e à habilidade comercial) da Toyota e da Honda, tanto quanto uma reprimenda à complacência da GM, da Ford e da Chrysler, que ainda zombam do apelo de Al Gore pela substituição dos motores de combustão interna. Seja como for, os híbridos talvez sejam mais importantes pelo que fizeram para mudar a cultura do que por seu impacto sobre o consumo de combustíveis, que é relativamente pequeno. Como observamos anteriormente neste livro, os típicos carros a gasolina alcançam cerca de 1% de eficiência de carga, ao passo que os híbridos elevam essa marca para apenas 2 a 3%, no máximo. De modo que os veículos híbridos, por si só, não contribuem significativamente para nossa ponte transicional. Mas contribuem como parte de uma mudança multifacetada na composição da mobilidade urbana.

É praticamente certo que as montadoras construirão a próxima geração de veículos elétricos "*plug-in*" de alumínio e plástico, utilizando as avançadas baterias de íon lítio. Tais veículos terão desempenho (alcance e aceleração) ligeiramente inferior ao dos automóveis convencionais a gasolina ou diesel, mas não produzirão quaisquer emissões. Serão ideais para deslocamentos pendulares e percursos locais, mas não para longas viagens. Oferecerão baixos custos operacionais, mas ainda a preços significativamente elevados. Nas próximas duas décadas, os custos de produção deverão cair consideravelmente, graças aos avanços tecnológicos nas baterias e às economias de escala e experiência obtidas. A difusão dos veículos totalmente elétricos poderá acelerar-se de forma significativa se os centros metropolitanos disponibilizarem estacionamento preferencial e instalações de *plug-in* para conexão dos veículos à rede elétrica. Mas os maiores ganhos virão a longo prazo, com o replanejamento das *cidades* – que deve começar agora, para fins de adaptação às mudanças climáticas –, a fim de reduzir acentuadamente a necessidade de veículos motorizados particulares.

Podemos obter alguns *insights*, ainda que limitados, comparando a eficiência energética e as emissões de diferentes tipos de veículos por passageiro-milha. Por exemplo, sabemos que um ônibus convencional a diesel emite, por passageiro-milha, apenas três quartos do gás carbônico emitido por um carro. No entanto, o modo como são utilizados os vários meios de transporte é tão importante quanto os próprios meios utilizados, se não mais. Na Introdução deste livro, notamos que o verdadeiro segredo para a ponte de transição energética não está em uma nova oferta energética, mas em novas abordagens à *gestão* da energia. De fato, o modo como gerenciamos a utilização dos ônibus é muito mais determinante para o consumo de combustível e as emissões de poluentes que a diferença material entre ônibus e automóveis. Com uma integração mais eficiente do planejamento dos transportes e do desenho urbano, em vez de lançar à atmosfera 75% do volume de poluentes produzido por um carro por passageiro-milha, os ônibus reduzirão suas emissões de carbono a cerca de 17%. No próximo capítulo discutimos como isso poderá ser feito.

Capítulo 8
Preparando as cidades para a tempestade perfeita

Entendemos haver duas razões convincentes para que sejam tomadas medidas imediatas a fim de lidar com ameaças futuras, ainda difíceis de divisar no horizonte. A primeira delas, discutida ao longo deste livro, é a necessidade de *mitigação* – isto é, de reduzirmos a médio prazo a queima de combustíveis fósseis e as emissões de gás carbônico para aplacar a gravidade dos danos climáticos futuros, bem como encontrar um caminho mais sustentável para o crescimento e para nos libertarmos da dependência das importações de petróleo. A segunda, tratada neste capítulo, é a necessidade de *adaptação* – de nos prepararmos para mudanças que, a esta altura dos acontecimentos, já não podem ser evitadas.

    O consenso no âmbito da climatologia nos diz que, por melhores que sejamos nas medidas de mitigação (e é melhor que sejamos excelentes), eventos climáticos catastróficos estão a caminho. O Katrina foi apenas uma espécie de "aquecimento". Ao organizar este livro, adiamos esta parte da discussão no intuito de maximizar o efeito do argumento que temos exposto, segundo o qual uma ação conjunta agora e nos próximos anos explicitará a diferença entre uma recuperação econômica, mesmo diante das catástrofes que se avizinham, e um retorno a condições reminiscentes dos anos 1930, ou piores. Mas, tendo dito o que podíamos sobre a possibilidade de medidas mitigatórias economicamente eficazes nos conduzirem até o próximo quarto de século, não menos essencial é nos prepararmos – simultaneamente – para o que encontraremos depois, do outro lado do abismo econômico. Essa "tempestade perfeita" – a confluência dos efeitos do pico do petróleo, do declínio das tecnologias baseadas no petróleo e das catástrofes climáticas – poderá eventualmente consumar-se antes de cruzarmos a ponte de transição.

    A primeira etapa da adaptação a longo prazo deve ser *uma parte* da ponte. Áreas vulneráveis em todo o globo podem seguir o exemplo da Califórnia, onde uma equipe interinstitucional para ações climáticas (Climate Action

Team) divulgou em 2009 os primeiros relatórios (de um total de 40) sobre os impactos da elevação do nível do mar prevista para o curso deste século, bem como sobre as ações que residentes de áreas específicas precisam tomar para evitar catástrofes. "São necessárias ações imediatas", afirma Linda Adams, secretária de proteção ambiental da Climate Action Team. "Custará significativamente menos combater as alterações climáticas do que manter a abordagem atual. O relatório apontava que 260 mil californianos já estavam vivendo em zonas inundáveis, e que uma elevação de 1,4 metro no nível do mar faria subir o contingente de pessoas em risco para 480 mil. O número de quilômetros das rodovias e vias expressas da Califórnia passíveis de submergir pularia de 3.000 para 5.600. E, como notamos mais adiante, não seria absurdo supor que o incipiente aumento do nível do mar – e a consequente devastação causada pelas marés ciclônicas – poderia produzir resultados muito piores.

Mesmo pressupondo a implantação de uma estratégia inteligente de mitigação durante o período de transição, os impactos globais do que é demasiado tarde para impedir serão tantos que não podemos abordá-los neste espaço. Basta dizer que afetarão a biodiversidade global, a estabilidade ecológica, a oferta de alimentos, os recursos hídricos, as epidemias, a geopolítica e a sobrevivência de centenas de milhões de pessoas vulneráveis. Em todas essas áreas, se realmente nos importamos com nossos netos (cujas perspectivas são menos garantidas do que nos afirmam os economistas neoclássicos), e mesmo com a sobrevivência de nossa espécie, tomaremos as necessárias medidas adaptativas de longo prazo o mais cedo possível. E, conquanto esses impactos de largo alcance tenham suas próprias comunidades de especialistas competindo entre si na elaboração de estratégias de defesa, há uma área em que todos convergem: a mega-ameaça que se acerca de muitas cidades.

Embora todas as cidades do planeta (aliás, todas as vilas, aldeias e fazendas isoladas) sejam afetadas, concentramo-nos aqui nas cidades costeiras e nos deltas dos Estados Unidos, que se encontram no caminho das ameaças mais certas – a elevação do nível do mar e a intensificação de furacões, marés ciclônicas e enchentes. Pensemos em Miami, Jacksonville, Nova York, Charleston, Tampa Bay, Galveston e Houston – os exemplos de sempre. Pensemos também nas duas maiores bases navais do país, localizadas em Newport News, na Virgínia, e em San Diego, na Califórnia. Pensemos nas cidades do interior banhadas por rios cujos níveis se elevam quando a chuva ou o degelo de montanhas são excepcionalmente severos: Sacramento, Cincinnati, Louisville, Memphis e St. Louis. O perigo alcança o coração do país: na primavera de 1997, o Rio Vermelho das planícies do norte dos Estados Unidos começou a elevar-se e, ao final de abril, as águas que banham a cidade de Grand Forks haviam subido 17 metros acima de seu nível habitual – a altura de um edifício de seis andares. Nessa época, incêndios alastraram-se pelos andares superiores de prédios nos quais os fios elétricos ou tubos de gás haviam sido rompidos pela enchente, e 50 mil pessoas tiveram de ser evacuadas. Um habitante de Grand Folks que combatera na Segunda Guerra Mundial comentou que a zona central da cidade lembrara-lhe Dresden, Alemanha, após o bombardeio dos Aliados em 1945. Na enchente dos rios Mississipi e Missouri em 2008, Cedar Rapids, em Iowa – cidade onde praticamente nenhum dos habitantes havia contratado seguro contra inundações por considerá-las altamente improváveis –, viu-se inundada.

A catástrofe jamais se limitaria a New Orleans. E, no caso de New Orleans, a tragédia do Katrina não necessariamente terminou. O agressor provavelmente voltará – talvez mais forte – mais cedo ou mais tarde. O Katrina desviou um pouco sua direção e desferiu um golpe de raspão, mas um furacão futuro poderá acertar o alvo em cheio. E, para qualquer maré ciclônica futura, haverá menos zonas úmidas para amortecer o impacto. Um século atrás, a bacia do rio Mississipi comportava cerca de 215 mil acres de terra; no entanto, essa terra – capaz de absorver grande parte do impacto de qualquer furacão – tem sofrido erosão no Golfo do México a uma taxa de 1-3 mil acres por ano (2-9 acres *por dia*), subsistindo atualmente menos da metade daquele "amortecedor" original.

Mais da metade da população norte-americana vive nas 772 regiões costeiras do país. Os demógrafos projetam que, até 2025, cerca de 75% dos norte-americanos estarão vivendo perto do litoral. De fato, cerca de dois terços da população humana – aproximadamente 4 bilhões de pessoas – vive a 150 quilômetros das zonas costeiras, centenas de milhões delas em cidades 10 ou 20 vezes mais populosas que New Orleans. Algumas dessas cidades poderiam ser destruídas neste exato momento, caso um furacão de categoria 4 ou 5 seguido de maré ciclônica as atingisse em cheio. Não obstante, a elevação do nível do mar eleva também, consideravelmente, o alcance da maré. Em lugares como Bangladesh ou o Delta do Mississipi, o aumento de um pé na altura inicial de uma maré poderia fazer avançar a inundação mais de um quilômetro continente adentro.

Os prognósticos acerca da elevação futura do nível dos mares variam bastante, sobretudo por conta de incertezas em relação à velocidade com que se derreterão os lençóis de gelo na Antártica e na Groenlândia. (O derretimento do gelo do Oceano Ártico não elevará o nível do mar, porque o gelo flutuante já deslocou água sob ele.) O IPCC prevê consensualmente um aumento de 11 a 88 centímetros (5 a 40 polegadas) até 2100, mas a gama de possibilidades é consideravelmente maior. O primeiro relatório do IPCC indicava que o Oceano Ártico poderia ficar sem gelo até 2100; estimativas subsequentes anteciparam tal data, primeiro para 2070, e depois para 2050. Hoje, é como se a lendária Passagem do Noroeste (Northwest Passage) fosse ser aberta até 2020, se não antes – uma ótima notícia para os superpetroleiros, mas péssima para os ursos polares e uma multidão de outras espécies. E para nós.

James Hansen, diretor do Goddard Space Center da NASA, é mais pessimista. Primeiro a alertar o governo dos Estados Unidos para a ameaça climática no começo dos anos 1980, Hansen observa que o prognóstico do IPCC não leva em conta a possibilidade de um rápido derretimento do gelo antártico (fator que os cientistas do IPCC não se sentiram capazes de prever); ademais, se a elevação do nível do mar continuar a acelerar-se, como tem feito desde 1950, poderá chegar a cinco metros até o final deste século – coisa que alguns de nossos netos estarão vivos para ver. Ainda mais alarmante é o cenário – o pior possível – descrito por Al Gore: se os lençóis de gelo da Groenlândia e da Antártica Ocidental sofrerem um colapso e vierem a derreter, o aumento do nível dos oceanos poderá alcançar 12 metros.

Como isso impactaria as cidades norte-americanas? Caso você tenha assistido ao documentário de Gore, *Uma verdade inconveniente*, sabe o que acontecerá a Nova York. Adeus, Wall Street. Mas, por enquanto, deixemos de lado esse cenário bíblico e consideremos simplesmente a perspectiva mais conservadora do IPCC (88 cm) – junto, talvez, com um exame cauteloso das preocupações de Hansen.

Em Nova York, cientistas da Columbia University e da NASA trabalhando para o Global Change Research Program dos Estados Unidos projetaram um aumento do nível dos mares da ordem de 10 a 89 centímetros até a década de 2080, estimativa ligeiramente inferior à do IPCC. Para os leitores com alguma familiaridade com Nova York, vale notar que dois dos cientistas da Columbia/NASA, Cynthia Rosenzweig e Vivien Gomez, calcularam que, se o nível dos oceanos subir apenas 46 centímetros, a maré decorrente de um furacão (moderado) de categoria 3 colocaria a Península de Rockaways, Coney Island, grandes partes do Brooklyn e do Queens, partes do sul de Manhattan e a zona leste de Staten Island debaixo d'água. O sistema de metrô seria inteiramente inundado. Em outro estudo, os cientistas do programa projetaram que um furacão de categoria 3 com impacto direto produziria ondas de 8 metros no aeroporto JFK, 7 metros no Battery Park e 6 metros na entrada do Lincoln Tunnel. Não disseram, porém, o que aconteceria se a elevação do nível do mar fosse maior, ou se as ondas decorressem de uma tempestade de categoria 4 ou 5.

Em Houston, em um fórum sobre as ameaças de furacões futuros realizado em 2008, os pesquisadores confirmaram que as ondas na costa do Texas haviam chegado a 5 metros acima do nível do mar durante o Furacão Ike – o suficiente para alcançar uma profundidade de 1,5 metros em locais situados 15 quilômetros adentro do continente. Mesmo com uma expansão oceânica mínima entre agora e 2020 ou 2030, ou com um furacão mais intenso, as ondas irão mais longe e mais fundo. Na Califórnia, o relatório de 2009 da Interagency projetava que, com mais ou menos a mesma elevação do nível do mar estimada pelos cientistas da NASA em Nova York, os aeroportos de San Diego e Oakland submergiriam, a exemplo de mais de 330 locais com resíduos perigosos.

A confirmar-se a projeção de Hansen ou o cenário desolador de Gore, não estaremos fazendo distinção entre o sul e o centro de Manhattan, ou entre Galveston County e Chambers County, tampouco os que tiverem perdido suas casas se postarão bravamente diante das câmeras de TV, jurando reconstruí-las. Vastas áreas costeiras dos Estados Unidos ficarão frequente ou permanentemente submersas e provavelmente inabitáveis, obrigando a reconstrução em terrenos mais elevados. Se os lençóis de gelo derreterem por completo, metade da Flórida desaparecerá. Até lá, se nós e nossos netos formos espertos, grande parte de nossas cidades costeiras e ribeirinhas terá se transferido para outras áreas. E a *maioria* das cidades e municípios, esteja ou não na rota de tempestades, terá passado por mudanças revolucionárias em sua gestão de energia.

Vale lembrar, uma vez mais, que não estamos no ramo das previsões; notamos apenas o fato de que não podemos descartar inteiramente esses cenários, sob pena de arcarmos com consequências verdadeiramente catastróficas. Talvez seja sensato investirmos com antecedência em certas medidas de proteção. O custo seguramente seria inferior ao de uma limpeza geral e reconstrução pós-catástrofe.

❖ Metabolismo urbano

As cidades não são objetos fixos preparando-se para um golpe. Como os organismos, estão continuamente crescendo, regenerando-se, lidando com ameaças e adaptando-se. E como os ecossistemas de que dependem os organismos para sobreviver, produzem energia e materiais, descartando os resíduos. A eficiência com que fazem essas coisas irá determinar a eficiência com que lidam com catástrofes.

Traçando uma analogia, um ser humano sedentário médio possivelmente consegue correr rápido por 800 metros, no máximo, antes de esgotar o fôlego – isto é, antes que seu sistema energético deixe de funcionar a pleno. Em contrapartida, um corredor de longa distância altamente treinado pode percorrer 160 quilômetros ou mais, com apenas alguns breves intervalos (de dois a três minutos) para beber água, alimentar-se ou satisfazer suas necessidades fisiológicas. A diferença de rendimento entre um e outro está na eficiência do sistema energético do corredor de longa distância – um *sistema diferente* daquele utilizado por pessoas sem o devido treinamento, produzindo um resultado total 200 vezes superior. É a prova que a natureza oferece do verdadeiro significado de "sustentabilidade": um sistema que, mantido o equilíbrio entre as taxas de insumo e produto, pode seguir adiante por longo tempo. O corredor destreinado utiliza energia de modo anaeróbico – incapaz de processar oxigênio suficiente para a tarefa – e acumula produtos residuais, como o ácido lático, depressa demais para descartá-lo. Ele (ou ela)[1] contrai uma "dívida de oxigênio" muito semelhante àquela dívida financeira exorbitante demais para ser paga, até alcançar um estado paralisante. Já o corredor de longa distância, em virtude de seu treinamento, opera no modo aeróbico, valendo-se de sua circulação mais eficiente para transmitir oxigênio e energia para os músculos à mesma velocidade com que são utilizados. Ao evitar a dívida de oxigênio ou a depleção de glicogênio, ele é capaz de prosseguir por muitas horas, em vez de alguns minutos.

De forma semelhante, as cidades podem obter uma eficiência energética muito maior – e, não por acaso, uma capacidade muito maior – de resistir a choques eventuais. Do ponto de vista da ecologia industrial, as cidades norte-americanas (e a maioria das cidades do mundo) estão fora de forma. A analogia com o sistema circulatório resulta particularmente pertinente. É tão comum nos referirmos às autoestradas em torno das áreas urbanas como "artérias" que o termo deixou de ser metafórico, e nem precisa sê-lo. Artérias

---

[1] O progresso das mulheres nas corridas de longa distância serve como uma instrutiva lição de quão rapidamente a sociedade pode ampliar suas capacidades quando os incentivos são fortes. Antes de 1984, os Jogos Olímpicos não incluíam eventos de corrida feminina superiores a 1.500 metros, por acreditar-se que as mulheres não podiam percorrer distâncias mais longas do que essa sem sofrer algum prejuízo. Os ativistas promoveram campanhas, o Comitê Olímpico Internacional mudou sua política e, em 1984, uma das ativistas, Joan Benoit, conquistou a primeira Maratona Olímpica feminina com um tempo que, algumas décadas antes, também lhe teria garantido a vitória na corrida para homens. Hoje, as mulheres competem normalmente em corridas de 160 quilômetros e mais longas. Em sua gestão da energia, as cidades poderiam seguir o exemplo de Joan Benoit.

obstruídas representam um risco à vida de um indivíduo, sobretudo se acometido de um estresse súbito. Da mesma forma, a capacidade de uma cidade suportar os impactos climáticos é notavelmente debilitada pelos congestionamentos. Vimos o que acontece quando um furacão atinge uma cidade como New Orleans e as pessoas não podem evacuá-la – trata-se de uma espécie de trombose urbana. Se uma cidade costeira é fulminada por uma maré ciclônica, um tráfego com má circulação e um transporte público inadequado poderão ser fatais para grande parte de sua população.

Mas o problema não se limita a tempos de emergência. A precária circulação do tráfego nas cidades resulta no excessivo consumo de combustíveis fósseis, acarretando emissões desnecessárias de dióxido de carbono e outros gases responsáveis pelo efeito estufa:

- ❖ O para e arranca no trânsito (o que aconteceria se o sangue em nossas artérias fizesse isso?) acarreta desperdício de combustível. O próprio fato de tratarmos essa irregularidade circulatória como normal, estabelecendo diferentes padrões de eficiência de consumo para as autoestradas e as vias urbanas, é uma medida de quão disfuncionais são nossas cidades.
- ❖ A maciça preferência por carros convencionais a gasolina em detrimento da alternativa mais rápida representada por ônibus, carros elétricos, lambretas, bicicletas e caminhadas resulta em um consumo energético *per capita* muito superior ao necessário.
- ❖ A expansão dos subúrbios resulta em maiores distâncias percorridas *per capita*, sejam elas para fins de trabalho, compras, educação ou recreação.

Tais males foram amplamente discutidos em várias situações. Se os trazemos à baila aqui, é para salientar o fato de as cidades estarem continuamente se reconstruindo e regenerando, mesmo que não migrem para longe de suas origens ribeirinhas ou costeiras. Com o tempo, poderemos reestruturar seus sistemas circulatório e metabólico. Durante o período de transição energética, distritos urbanos inteiros terão de passar pelos primeiros estágios dessa reestruturação. Embora o propósito primário da reestruturação urbana seja reduzir o consumo energético e as emissões de poluentes (*mitigação*), ela também ensejará uma maior oportunidade de nos prepararmos para quaisquer prejuízos climáticos futuros que as medidas mitigatórias definitivamente não puderem evitar (*adaptação*).

❖ Mobilidade

Embora parte significativa da mobilidade individual nas áreas urbanas possa passar dos carros às bicicletas e bicicletas elétricas, com formidável redução no consumo energético e nas emissões de poluentes, outra parte poderá concomitantemente passar para o transporte público com benefícios similares. É possível que muitos norte-americanos resistam à ideia de abrir mão de seus carros, mas, à medida que os congestionamentos se agravarem, essa opção será cada vez mais atraente.[2] Milhões de nova-iorquinos (e parisienses, romanos, berlinenses e amsterdameses) não possuem carros ou os utilizam apenas em viagens de fim de semana para fora da cidade; para a mobilidade citadina, consideram mais convenientes os sistemas de metrô e ônibus – afinal, não é preciso procurar uma vaga de estacionamento para um metrô. Mesmo na dispersa Los Angeles, o transporte público está se difundindo, na medida em que os sistemas de trens interurbanos e ônibus de linha rápida (*bus rapid transit* – BRT) induziram um contingente cada vez mais numeroso de viajantes pendulares agradecidos por deixar de dirigir até seus trabalhos pela Interestadual 10, a Ventura Freeway ou outras vias de frustração e violência veicular.

Para a estratégia da ponte de transição, os novos sistemas de ônibus de linha rápida merecem especial atenção por serem mais rápidos e mais baratos que os sistemas ferroviários. O sistema BRT foi lançado originalmente na cidade de Curitiba, Brasil, onde, meio século antes, os urbanistas haviam projetado que o acelerado crescimento do contingente populacional e automotivo urbano exigiria uma expansão maciça do sistema viário. Como alternativa, redesenharam o crescimento da cidade de modo a que, em vez de expandir-se arbitrariamente em todas as direções (como a maioria das cidades), Curitiba se desenvolveria ao longo de determinadas vias servidas por linhas rápidas irradiadas de um "*hub*" central.

Ao contrário dos ônibus convencionais, os ônibus do sistema de linha rápida compartilham algumas características dos sistemas de metrô: movimento livre, sem semáforos ou engarrafamentos, serviço frequente (em algumas linhas de Curitiba, os ônibus passam a cada 1 minuto) e rápido embarque e desembarque de passageiros em plataformas ao nível da porta dos veículos. Atualmente vivem em Curitiba 2,2 milhões de pessoas, das quais 70% utilizam o sistema de linha rápida para deslocar-se até o trabalho. Em

---

[2] Um estudo do Banco Mundial constatou que os passageiros que utilizam ônibus de linha rápida (BRT) reduzem o tempo médio de 60 minutos, de um trajeto realizado por carro, para 37 minutos.

comparação com outras oito cidades brasileiras de tamanho similar, Curitiba consome 30% menos de combustível por pessoa.

Os sistemas de metrô rápido (*light rail transit*) levam mais tempo para ser construídos e custam mais caro, mas, a exemplo do sistema de ônibus de Curitiba, podem conferir muito mais ordem e eficiência ao sistema metabólico de uma cidade. O MetroRail de Houston começou a operar em 2004 e, conforme as estimativas iniciais, deveria contar com 45 mil usuários por dia até 2020. No entanto, o sistema mostrou-se muito mais pendular que o previsto, atingindo essa meta já em 2007. O Lynx Blue Line elétrico de Charlotte, Carolina do Norte, previsto para alcançar cerca de nove mil passageiros diários em seu primeiro ano, bateu a marca de 16 mil no nono mês de operação. Não apenas em Nova York e São Francisco, mas em todo o país, para os milhões de pessoas que desejam locomover-se sem aumento da pressão arterial, o *affair* com o automóvel particular está terminado.

Em comparação com sistemas de transporte alternativo no quesito consumo de combustível e emissões de poluentes, os sistemas BRT oferecem enormes vantagens. Um estudo de dois novos sistemas de BRT implantados em Los Angeles (ao longo dos corredores de Wilshire Boulevard e Ventura Boulevard) verificou uma economia de 19 mil barris de petróleo por dia. O Breakthrough Technologies Institute, baseado em Washington, D. C., mediu as emissões de gás carbônico por passageiro de várias alternativas de transporte urbano, obtendo os seguintes resultados aproximados em gramas por passageiro-milha:

Veículo pessoal	400
Ônibus convencional a diesel com 12 metros de comprimento	275
Metrô ligeiro (*light rail*)	210
BRT híbrido com 18 metros de comprimento	125
BRT a gás natural comprimido com 12 metros de comprimento	65

Não é de admirar que em países signatários do Protocolo de Quioto, os sistemas BRT tenham se tornado parte fundamental do planejamento urbano, sendo implantados em cidades da Colômbia, do Chile, do Laos, do Panamá, do Peru e do Brasil. Até 2009, 63 sistemas BRT operavam em seis continentes, e ao menos 93 mais estavam a caminho. No entanto, mesmo esses sistemas representam não mais que uma pequena fração do potencial global de redução, tanto do consumo energético mundial durante o período de transição, quanto dos riscos de insuficiência congestiva em tempos de evacuação ocasionada por tormentas.

❖ Edifícios

A principal ferramenta para deixar as cidades menos vulneráveis ao aumento do nível dos oceanos, a marés ciclônicas e a inundações será atualizar nossas normas de construção – tomando por base as normas recentemente implantadas no Japão e na Califórnia para tornar os edifícios mais resistentes a terremotos.

O risco mais imediato a ser enfrentado pelos novos padrões – no caso de rompimento de molhes e diques – é o prejuízo ou a destruição das linhas de gás natural e cabos elétricos, bem como dos equipamentos utilizados para cozimento, refrigeração, iluminação e purificação da água. Possivelmente não se imagine que o principal perigo de uma enchente é o incêndio, mas, como observamos em nossa recordação da enchente de Grand Forks em 1998, o cenário após vários dias de inundação não era apenas de edifícios e casas imersos na água, mas de chamas nos andares superiores dos edifícios. E o perigo não é apenas de incêndios, mas de eletrocussão, contaminação da água potável e doenças. As novas normas prediais – e os arquitetos – terão de transferir as entranhas elétricas dos edifícios situados nessas áreas para bem acima do nível do solo, preferivelmente para suas coberturas ou sob elas. Ademais, uma energia solar de reserva (se não mesmo um sistema microenergético independente) proporcionaria uma medida extra de proteção para o caso de a própria rede vir a falhar.

Devemos fazer aqui uma pausa para distinguir entre duas diferentes preocupações: a capacidade das cidades de resistir a um desastre climático e a capacidade de operarem com elevada eficiência energética em tempo integral. A última é crucial para a ponte de transição energética por se aplicar a *todas* as cidades e municípios, estejam ou não em uma rota óbvia de desastre, e por mitigar a severidade de quaisquer prejuízos que venham a ocorrer no futuro. Em um mundo interconectado, a eficiência energética superior na maior altitude de Denver contribui para um futuro mais seguro para Houston, tão vulnerável a furacões. Possivelmente precisaremos de diferentes normas de construção para equipamentos elétricos em diferentes zonas de risco de desastres, mas precisaremos de materiais de alto desempenho e eficiência energética em todos os lugares.

Nos últimos anos, vimos uma progressão das residências de "baixo consumo energético" cada vez mais populares oferecidas por construtores como Pulte Homes (que, desde 2008, construíra mais de 15 mil casas Energy Star) a edifícios de "energia zero". Adicionando-se um sistema solar fotovoltaico ao projeto de energia zero, o prédio pode então ser chamado de "energia *plus*", o significa que produz mais energia do que consome, e seu proprietário vende o excedente de volta à rede. No caso dos proprietários que não desejam sistemas externos à rede que requerem baterias de armazenamento elétrico ou células combustíveis, a rede serve como um dispositivo ilimitado de armazenamento. E, à medida que os carros elétricos *plug-in* se tornarem mais comuns, suas baterias conferirão ao sistema como um todo mais capacidade de armazenamento para nivelar os períodos de alta e baixa demanda da rede.

Embora os *retrofits* sejam caros, projetar edifícios com consumo energético baixo ou nulo a partir do zero, especialmente quando terrenos ou bairros inteiros estão envolvidos, enseja outra grande oportunidade para contribuições de baixo custo e alto retorno à ponte de transição energética. Por exemplo, em Guangzhou, na China, um novo edifício de escritórios de 71 andares, o Pearl River Tower, combina um projeto de elevada eficiência energética com geração solar e eólica, operando com consumo zero.

Ao fim e ao cabo, todas as cidades e municípios incorporarão melhorias de engenharia e *design*, e os *retrofits* proporcionarão ganhos contínuos em matéria de eficiência energética e geração de microenergia. Muitos dos *retrofits* presentes em casas e edifícios mais antigos serão modestos (substituindo as velhas janelas de uma só folha, obstruindo as fugas de calor, adicionando isolamento, etc.), mas outros tantos serão radicais. Em San Jose, Califórnia, a Integrated Design Associates remodelou uma elevada estrutura de concreto dos anos 1960 e a reinaugurou em 2007 como um edifício conhecido como "*z-squared*" – sem qualquer consumo energético e emissões de carbono reduzidas a zero. O prédio emprega uma série de técnicas de conservação energética prontamente acessíveis, como o uso ótimo da luz solar para minimizar a iluminação elétrica durante o dia, arrefecimento a partir de bombas de calor geotérmicas, sistema de isolamento avançado e janelas (de duas folhas) com película de baixa emissividade (*low-e*).

O maior potencial para a redução do consumo energético nos edifícios está na diminuição da necessidade de calefação. Para tanto, não são necessários novos desenvolvimentos tecnológicos: bastam as comprovadas técnicas de elevado isolamento, janelas de baixa emissividade e *design* solar passivo. A melhor prova está no projeto European Passive House, iniciado alguns anos atrás, que obteve reduções no consumo energético de 90 a 95% em comparação com as casas existentes (muito antigas, em geral) e de 50 a 65% em comparação com as típicas casas *novas*. A primeira casa europeia com sistema solar passivo, construída em Darmstadt, Alemanha, em 1990, utilizava 90% menos energia do que uma típica casa nova da época. Na Alemanha, o consumo médio anual de energia gira em torno de 210 quilowatts-hora (kWh) por metro quadrado para as estruturas existentes, 95 kWh para as novas construções, e 20 kWh para as casas passivas. Até 2007, cerca de oito mil moradias passivas haviam sido construídas naquele país. Tal número corresponde a apenas 1% do parque habitacional total da Alemanha, mas, com boa parte da resistência institucional inicial agora aplacada, o ritmo está se acelerando.

Na Áustria, onde os invernos são rigorosíssimos, o consumo anual de energia primária gira em torno de 240 kWh por metro quadrado para uma casa existente, e 130 kWh por metro quadrado para uma construção nova, mas é de apenas 20 kWh para uma casa passiva. A primeira casa passiva da Áustria foi construída em 1995; no ano seguinte foram construídas outras três; e até 2006 havia 1.600. Com o crescimento exponencial dos mercados, a expectativa do país (antes da recessão econômica de 2008-09) era construir 50 mil unidades por ano até 2015. A maioria dos outros países europeus trilha caminho semelhante. Na Noruega, onde a população tem de lidar com um frio sem paralelo, as atuais moradias consomem muito menos energia, cerca de 100 kWh, que as novas casas passivas reduzem para apenas 10 kWh anuais por metro quadrado.

No lançamento de seu projeto Passive House, a Comissão Europeia objetivava ter todas as novas construções residenciais atendendo às novas normas até 2015. Para superar as previsíveis barreiras do *business as usual* que caracterizava os mercados e práticas vigentes, a Comissão organizou uma campanha, intitulada Promotion of Europeans Passive Homes (PEP), para fornecer informações facilmente acessíveis na *web* para todos os interessados – desde arquitetos e construtores até urbanistas, instituições financeiras, governos nacionais, proprietários de imóvel e locatários. A transformação irá reduzir drasticamente a demanda energética da Europa ao longo do tempo, e parece começar em ritmo acelerado. Nos Estados Unidos, a primeira residência passiva (em Berkeley, Califórnia) só foi concluída em 2009.

Nas cidades norte-americanas onde distritos inteiros talvez precisem ser transferidos ou reconstruídos, projetar novas construções a partir do zero facilita considerações que não seriam possíveis com *retrofits*, tais como orientar os edifícios e ruas no sentido de tirarem máximo proveito da luz solar e fazerem melhor uso da área habitável. Podemos projetar os telhados e coberturas de bairros inteiros com vistas à coleta de energia solar, possivelmente reduzindo a zero o consumo energético e as emissões de poluentes. Se as autoridades municipais despertarem para a importância de coordenar um planejamento regular de novas construções com a relocação de distritos baixos, obterão o benefício *triplo* de minimizar o aquecimento global futuro, evitar os consequentes estragos ocasionados por possíveis marés ciclônicas e proporcionar um novo e urgente impulso para a recuperação e crescimento econômico do país.

❖ Revolução no telhado: a oportunidade da energia solar fotovoltaica

As avançadas tecnologias de construção habitacional – zero energia, *z-squared* ou casas passivas – proporcionarão uma radical economia energética a longo prazo, conforme as estruturas mais antigas forem gradualmente sendo substituídas. A curto prazo, porém, o potencial desse ganhos é limitado pelo fato de as tecnologias mais avançadas exigirem novas construções.

O ritmo lento desses avanços poderá mudar à medida que os custos da energia solar fotovoltaica (FV)[3] caírem. A exemplo da descentralização dos serviços de energia elétrica e do redesenho das cidades, levará décadas até que a energia FV realize todo o seu potencial, mas a primeira etapa desse processo será parte importante de nossa ponte de transição. Os custos dos sistemas solares fotovoltaicos estão caindo rapidamente – o suficiente para disparar o preço das ações das empresas que os fabricam, apesar do quadro alarmante do mercado acionário global.

Segundo estimativa do Prometheus Institute for Sustainable Development, os custos diretos dos painéis fotovoltaicos caíram de US$ 6 por watt em 2004 para US$ 5 em 2009, devendo cair ainda mais até 2013. O Earth Policy Institute projeta uma queda ainda mais acelerada. A principal fabricante de painéis fotovoltaicos de película fina dos Estados Unidos, a First Solar Inc., empresa sediada em Ohio que também opera fábricas na Malásia e na Alemanha, desenvolveu um eficiente processo para a fabricação de uma célula fotovoltaica de película fina de telureto de cádmio, mais barata de produzir que as antigas células de polissilício. Conforme os cálculos da First Solar, os custos de manufatura das novas células poderão cair a US$ 1 por watt no futuro próximo – custo que poderia competir com o da energia gerada por uma central elétrica a carvão.

---

[3] A importância futura da energia solar é consequência de um fato simples – mas raramente admitido: o sol fornece a cada dia praticamente a mesma energia que os humanos utilizam durante um ano. O problema é que a maior parte da luz solar é demasiado difusa e não incide sobre os lugares certos para o máximo aproveitamento industrial. As células fotovoltaicas podem ajudar a superar esse problema.

Entretanto, ao menos duas possíveis nuvens pairam sobre essa brilhante perspectiva: a escassez de materiais fundamentais e problemas com os resíduos tóxicos produzidos por painéis solares em fim de vida útil, que são descartados. O telúrio é um elemento extremamente escasso – a crosta terrestre contém apenas uma parte por bilhão (1 ppb), contra 33 ppb de platina, por exemplo. O telúrio é um subproduto do refino de cobre, e os cientistas não conhecem nenhum minério que possa ser extraído dele. O processo de produção utilizado pela First Solar requer em torno de 10 gramas de telúrio (junto com cerca de nove gramas de cádmio) por metro quadrado de película fina. Isso resulta em aproximadamente 135 toneladas métricas por gigawatt (GW) – valor que equivale quase exatamente à produção total global (excetuando-se os Estados Unidos) desse metal em 2007. Se o utilizássemos inteiramente na fabricação de painéis solares, sua capacidade equivaleria mais ou menos a um décimo de 1% da produção de eletricidade dos Estados Unidos.

Felizmente existem outras possibilidades, e as pesquisas marcham em ritmo acelerado. Além disso, outras películas finas poderiam entrar em cena. O crescimento mundial dos sistemas fotovoltaicos tem seguido a passos largos, sobretudo em países cujos governos ofereceram fortes incentivos para auxiliar no estabelecimento da indústria. A Alemanha, que instituiu uma tarifa de "alimentação" (exigindo às concessionárias o pagamento de um preço mais elevado pela energia recebida de pequenos produtores), registrava, até 2007, 300 mil edifícios com telhados e coberturas fotovoltaicos – 57% de todas as instalações mundiais.

Nos Estados Unidos, as instalações – impulsionadas pelo Energy Policy Act de 2005, com um incentivo fiscal de US$ 2 mil para os custos de construção, bem como pelo programa californiano "Million Solar Roofs" ("1 milhão de casas com aquecimento solar") – pularam para 83% em 2007. Ainda assim, os Estados Unidos respondem por apenas 7% das instalações globais, figurando muito atrás de vários outros países. Na frente de produção, o desempenho norte-americano está ainda mais atrasado. Embora a produção mundial de sistemas fotovoltaicos tenha crescido a uma taxa de 48% desde 2002 – alcançando 3.800 MW em 2007 –, a produção norte-americana figura atrás de Japão, China, Taiwan e Alemanha.

Os US$ 60 bilhões alocados pelo American Recovery and Reinvestment Act de 2009 para o investimento em projetos de energia renovável ajudarão a impulsionar a vagarosa marcha dos Estados Unidos rumo a uma economia urbana mais sustentável no futuro a longo prazo. Porém, como sublinhamos anteriormente, nossa maior necessidade a médio prazo é de investimentos que diminuam mais depressa o preço dos serviços energéticos e as emissões de carbono. O impulso do Recovery Act fornece pouco apoio concreto para a reciclagem energética, a cogeração, a descentralização dos serviços de energia e outras vigas de nossa ponte transicional.

❖ Armadura *versus* agilidade

Uma questão que se esboça no horizonte em relação às regiões em rota de desastre – questão que ainda não irrompeu na consciência pública, mas que provavelmente o fará da próxima vez que uma catástrofe climática da magnitude do Katrina, ou maior, atingir uma cidade norte-americana – é determinar se, uma vez devastados, tais distritos devem ser reconstruídos ou relocados. E, para os que estão dispostos a tentar gerenciar tal evento antes que ele aconteça, uma forma mais direta de colocar essa questão é determinar se a estratégia mais eficaz é "armar" as áreas litorâneas e portuárias com barragens e diques mais fortes, ou começar a recuar no desenvolvimento sem esperar para ver se a armadura é forte o suficiente para absorver o golpe.

Entretanto, não há uma resposta certa que se aplique a todas as regiões vulneráveis. Algumas cidades possuem menos flexibilidade que outras. Manhattan, em Nova York, não tem para onde ir, e sua grande concentração de arranha-céus, infraestrutura e investimento de capital é tão imensa que guarnecê-la com uma armadura é a única opção mesmo em face da pior elevação do nível do mar e maré ciclônica possível. Em 2007, o congressista norte-americano Anthony Weiner afirmou que o ativo mais subutilizado de Nova York é sua zona portuária, o que sugere a possibilidade de uma combinação sinergética de construção de diques com uma infraestrutura pós-petróleo – por exemplo, uma orla solar fotovoltaica ao redor da ilha de Manhattan, combinada com uma via para bicicletas elétricas e pedestres ao longo dessa orla. Para áreas menos compactas, soluções de fortificação urbana provavelmente seriam muito mais dispendiosas que uma relocação organizada. No caso de New Orleans, a esperança de proteção a longo prazo por meio de diques pode ser ilusória.

Historicamente, uma das primeiras reações das pessoas que têm suas casas destruídas por um furacão ou uma enchente é postar-se diante das câmeras de TV e declarar: "Vamos reconstruí-la". Em seu livro *The Control of Nature*, John McPhee relata a história de uma família que constrói a casa de seus sonhos na Califórnia, ao sopé das San Gabriel Mountains, em um local situado na rota direta de duas ameaças bastante previsíveis – incêndios florestais e inundações decorrentes de chuvas torrenciais. Periodicamente, quando temporais se seguem a um incêndio que desnudou as encostas escarpadas daquela região, a consequente saturação do solo pode desencadear calamitosos deslizamentos de terra. Certa noite, um deslizamento dessa ordem desceu o cânion atrás da residência da família, chocou-se contra a parede dos fundos e rapidamente começou a soterrar a casa com lama. Conforme subia o nível da lama, a família fugiu para o andar superior e agarrou-se a uma cama, que flutuava em direção ao teto. Diante do fim iminente, os familiares ergueram os rostos para o espaço de ar cada vez mais exíguo entre a cama e o forro, e despediram-se. Nesse preciso momento, a corrente de lama cessou o avanço. O traumático evento em que a família escapara por um triz era um lembrete brutal de que, em cânions como aquele, deslizamentos de terra são frequentes. Apesar disso, indagados sobre o que fariam, eles disseram que reconstruiriam a casa no mesmo lugar.

Esta tem sido a resposta comum das pessoas desabrigadas após cada desastre natural em quase todos os lugares do mundo, desde o *tsunami* que castigou Sumatra em 2004, até as enchentes que flagelaram o Meio-Oeste em 2008. New Orleans não era exceção. Mas, quando a devastação se estende a toda uma comunidade costeira ou ribeirinha, e a promessa é de reconstruir a localidade com um quebra-mar maior e mais forte, é um pouco como a reação de um cavaleiro medieval que é brutalmente atirado ao chão em um combate com um cavaleiro muito mais poderoso. Será que vale a pena tornar a montar em seu cavalo para um novo confronto? Tal atitude poderá revelar valor, mas, se o cavaleiro valoriza a própria vida, até que ponto ela é inteligente? Para um distrito armado que foi "jogado ao chão", isso provavelmente depende da viabilidade de uma retirada. No caso da Holanda ou da cidade de Nova York, definitivamente não há para onde ir. Daí que os holandeses tenham empreendido um maciço projeto de engenharia para proteger o país, projeto que parece estar funcionando. Mas a caríssima solução holandesa não será viável em muitos outros lugares – e poderá não funcionar diante do pior cenário de elevação do nível do mar.

Entre os urbanistas e as autoridades públicas, temos visto um despertar para o perigo das mudanças climáticas como um fenômeno geral, mas não tanto como uma ameaça de ataque direto a seus domínios. Em 16 de fevereiro de 2005, data em que o Acordo Climático de Quioto finalmente entrou em vigor (com os Estados Unidos figurando praticamente solitários entre as grandes nações industriais em sua recusa a assiná-lo), a Conferência dos Prefeitos dos Estados Unidos emitiu um "U.S. Mayors Climate Protection Agreement" para fazer avançar as metas do tratado de Quioto mediante ações locais. O acordo empenhava as cidades participantes a "lutar para satisfazer ou superar os objetivos do Protocolo de Quioto em suas próprias comunidades", por meio de ações que variavam desde políticas antiexpansivas de uso da terra a projetos de restauração das florestas urbanas, bem como a "exortar suas administrações estaduais e o governo federal a implantar políticas e programas para satisfazer ou superar o objetivo de redução das emissões de gases estufa sugerido para os Estados Unidos no Protocolo de Quioto". Assinaram o acordo prefeitos de 710 cidades.

É politicamente mais fácil enfrentar as alterações climáticas como uma ameaça geral que, em certa medida, ainda constitui uma abstração, do que empreender a tarefa bastante específica, cara e invasiva de começar a retirar distritos inteiros do caminho do desastre. Para além dos protestos de que a mera sugestão de uma tal relocação é mexer em vespeiro, um fator significativo de sua não discussão talvez seja a noção de que um projeto dessa natureza está muito além das tradicionais funções e responsabilidades – e da capacidade financeira – dos governos locais. Conforme observamos no Capítulo 4, "A revolução da energia invisível", um obstáculo que impede as organizações de perseguir medidas de eficiência energética mais agressivas é a visão de muitos gerentes de que tal eficiência não faz parte do "negócio principal" (*core business*) de suas empresas. Da mesma forma, para muitas autoridades públicas, antecipar-se e proteger-se contra uma possível devastação futura de suas cidades talvez pareça extrapolar seu *core business*, tanto quanto prepará-las para uma invasão militar.

Um entrave relacionado talvez esteja na relutância dos políticos (que algumas vezes têm sido caracterizados mais como seguidores do que líderes) em expressar opiniões que fujam à perspectiva convencional dominante. Mark Twain escreveu em 1905 que quanto mais inteligente é o homem, tanto maior a probabilidade de que abrigue opiniões impopulares sem as declarar, porquanto "o preço da declaração é alto demais; pode arruinar o homem em sua empresa; fazê-lo perder os amigos; sujeitá-lo a insultos públicos e abusos...". Hoje, é de mais bom-tom defender políticas sustentáveis, mas ainda demasiado radical sugerir, em um dia de céu azul sem furacão no horizonte, que é hora de iniciar uma evacuação. Se é difícil para os economistas neoclássicos reconhecer que algo terrivelmente perturbador sucedeu a suas expectativas há tanto tempo cultivadas, também o é para as autoridades públicas.

Seja como for, ao fim e ao cabo tais eventos impelirão ao êxodo, ainda que as cidades não estejam preparadas para empreendê-lo. A questão é determinar se deverão se preparar como um cavaleiro de armadura, ou como um especialista em jiu-jítsu. A escolha a ser feita – confiar em barragens e diques fortificados ou evitar golpes pesados – passará a ser uma questão mais debatida. Surgiu como um assunto incipiente em 1993, quando uma prolongada enchente de verão inundou nove estados da bacia do rio Mississipi, destruindo 50 mil casas e 15 milhões de acres de terra cultivada. Exercendo forte pressão sobre o programa federal de seguro contra enchentes, o desastre desencadeou um sério debate político para definir se a melhor maneira de proteger as pessoas é fortalecer e elevar os muros de proteção contra enchentes, ou removê-las para terras não propensas a inundações. A decisão tomada à época foi transferir diversas fazendas para longe das baixadas aluviais, mas defender firmemente cidades fluviais como Des Moines e St. Louis com barragens e muros mais elevados.

Houve uma exceção, contudo, que poderia oferecer um instrutivo precedente. A cidade de Valmeyer, em Illinois, localizada cerca de 48 quilômetros ao sul de St. Louis, foi completamente arrasada pela enchente. Para todos que testemunharam a tragédia, não havia a menor dúvida de que, se a cidade fosse reconstruída no mesmo local, mais cedo ou mais tarde tornaria a ser destruída. E, como se constatou mais tarde, *teria* sido destruída no verão de 2008. No entanto, após a inundação de 1993, o comitê de planejamento regional do condado decidiu transferir a cidade inteira para o alto de uma encosta situada a 3,22 quilômetros de distância, num terreno 120 metros mais elevado. Assim, em 2008 os residentes relocados puderam assistir em segurança, de suas janelas, o rio passar enfurecido bem abaixo, ao longe.

A mudança da cidade de Valmeyer propiciou uma oportunidade não apenas para evitar uma devastação futura, mas para elaborar uma preparação mais abrangente para o futuro pós-petróleo. Com o apoio de agências estaduais e federais e do Working Group on Sustainable Redevelopment, a nova Valmeyer foi projetada para ser uma das comunidades mais eficientes do país em termos de consumo de energia. Seu novo Emergency Services Building, que abriga o departamento de polícia e o corpo de bombeiros, além de parte dos escritórios municipais, foi construído com as mais modernas e eficientes tecnologias de energia solar, utilizadas também no estabelecimento de uma nova escola e livraria, um complexo de apartamentos residenciais e um centro para idosos. Novas casas unifamiliares foram construídas com alto isolamento térmico, janelas de baixa emissividade, chuveiros de baixo fluxo, vasos sanitários econômicos, e sistemas de calefação e refrigeração com eficiente consumo de energia. Ademais, pesquisas começaram a ser realizadas para avaliar a possibilidade de geração de energia eólica para a cidade.

Obviamente, há uma enorme diferença entre uma localidade de 950 habitantes como Valmeyer e uma cidade real. Não estamos sugerindo que cidades inteiras precisam mudar-se – apenas, talvez, seus distritos mais baixos e zonas portuárias. A nova Valmeyer foi construída sobre um terreno de 500 acres. A maioria das cidades norte-americanas possui no mínimo a mesma porção de terra em áreas mais elevadas – ainda que apenas alguns metros mais elevadas – de distritos arruinados que necessitam de renovação, estejam ou não no caminho de um evento catastrófico.

Ao replanejar uma cidade em função das alterações climáticas, a motivação que se precipita talvez seja um furacão, uma grande enchente, ou qualquer outro evento potencialmente devastador. Entretanto, esse projeto monumental servirá também como estímulo para aprimorar a eficiência dos recursos de áreas urbanas inteiras. Por exemplo, projetos de construção de diques ou de relocação chamarão mais atenção para as possibilidades de desenho urbano, como aperfeiçoar os prédios e residências atuais com vistas à utilização de energia solar fotovoltaica e um melhor isolamento térmico. Para esses esforços, pelo menos quatro metas são fundamentais:

1. **Desenvolvimento pautado pela conservação do espaço** – Os novos distritos construídos sobre terrenos mais altos deverão ser mais compactos que os distritos baixos que substituem. Os benefícios incluem distâncias menores entre a residência, o trabalho, o centro de compras e outras áreas, ou seja, menos viagens por pessoa e uma maior parcela de deslocamentos razoavelmente realizáveis de bicicleta elétrica, bicicleta convencional ou a pé – resultando em menos quilômetros por pessoa, e menos consumo de energia por quilômetro. Haverá menos espaço urbano pavimentado, isto é, menos superfícies escuras com absorção intensa de luz solar e irradiação de calor (o efeito urbano conhecido como "ilha de calor"), que contribuem diretamente para o aquecimento global.
2. **Transporte público orientado** – Em algumas cidades norte-americanas, os urbanistas precisaram justificar a construção de linhas de metrô em parte sob a alegação de que revitalizariam áreas deterioradas. Por exemplo, uma proposta de extensão do metrô de Washington, D. C. foi aprovada porque traria nova vitalidade para uma parte da cidade situada a cerca de uma 1,6 quilômetros da Casa Branca, que havia se tornado uma área assolada pelo crime, repleta de prédios abandonados e terrenos baldios. Ideias semelhantes foram propostas para áreas deterioradas de Los Angeles. Com novos desenvolvimentos em terreno alto planejados a partir do zero, o transporte público (mais provavelmente linhas rápidas de ônibus) poderá ser o primeiro aspecto a ser considerado, com a nova construção projetada em torno dele. Os engenheiros poderão projetar pontos de *car sharing* dentro do

sistema, e não como um desenvolvimento urbano tardio. Da mesma forma, poderão projetar uma rede de tomadas elétricas para veículos *plug-in* espalhadas pela cidade. O resultado final desse planejamento a partir do zero poderá ser muito mais exitoso que um projeto que requer um processo *ad hoc* inverso, de trás para frente, como uma cauda que abana o cão.

3. **Espaço habitável orientado** – Com o transporte público consistindo do principal meio de mobilidade pessoal e os veículos particulares convertidos em itens secundários, poderemos obter um ambiente compacto sem sacrificar o espaço habitável. A economia de espaço virá de áreas pavimentadas, não de cozinhas ou salas de estar. Com o tráfego de automóveis subordinado, os urbanistas poderão proporcionar ainda mais espaço vital ao ar livre (jardins, parques e áreas para pedestres), além de um ar mais limpo e um ambiente comunitário em geral mais seguro. Redes viárias para bicicletas, caminhada e corrida poderão complementar o transporte público, permitindo que os carboidratos providenciem parte da mobilidade, em lugar dos hidrocarbonetos – resultando em emissões de carbono consideravelmente menores (haverá apenas a respiração das pessoas e seus cães e gatos) e uma população urbana mais saudável.

4. **Prédios com baixo consumo energético e emissões de poluentes** – Uma das maiores esperanças de um possível êxodo para longe da rota da catástrofe reside no fato de que um novo projeto urbano proporcionará, mais do que os *retrofits*, a oportunidade de reduzir o consumo energético e as emissões de poluentes. Como mostra a experiência da European Passive House, construções antigas apresentam uma eficiência energética extremamente precária – e, nas cidades europeias, onde muitos prédios consistem em estruturas de pedra centenárias, os ganhos de eficiência energética têm sido gerados basicamente pelas novas construções. Nos Estados Unidos, como sua parcela maior de casas de madeira, e seus índices superiores de demolição de velhas estruturas e novos desenvolvimentos para atender à crescente expansão populacional, os benefícios de novas e inteligentes construções habitacionais poderão ser ainda maiores. Não é absurdo esperar que, dentro do período de transição energética, possamos modernizar e aprimorar grande parte dos lares norte-americanos, convertendo-os em estruturas com "zero energia" e "zero emissões", situadas em bairros onde os riscos de enchentes, gases veiculares, blecautes e crianças correndo na rua serão todos significativamente reduzidos.

Capítulo 9
A conexão água-energia

O chamado "pico do petróleo" tem sido objeto de uma preocupação que cresce cada vez mais – articulada em livros que variam de acadêmicos a alarmistas; em *blogs* dedicados ao tema; em tensas reuniões a portas fechadas entre engenheiros e executivos de companhias petrolíferas; e na publicidade de controle de danos realizada por tais companhias, no intuito de nos assegurar de que ainda há um "oceano de petróleo" por descobrir – a preços ligeiramente mais elevados. Do ponto de vista técnico, o pico do petróleo será um momento histórico. Mas, na realidade, provavelmente só será reconhecido depois de consumado. O que mais nos deve preocupar são os anos que virão *após* tal reconhecimento. Com a população humana prevista para crescer até a metade do século e o pico da produção petrolífera projetado para materializar-se muitas décadas antes, o fosso entre a oferta e a demanda começará a abrir-se a uma velocidade assombrosa.

É impossível prever em detalhes o que acontecerá depois disso. No entanto, podemos ter a razoável certeza de que, se até lá não tivermos cruzado a ponte de transição energética (o que é provável), a ordem mundial será severamente testada. Para além da opinião geral de que a Guerra do Iraque foi motivada basicamente por interesses petrolíferos, observamos outros sinais de um possível problema: os pesados investimentos chineses no Sudão; raptos de executivos do petróleo no Delta do Níger; o sequestro de um superpetroleiro na costa da Somália; roubos descarados em poços de petróleo do Texas; e disputas acirradas sobre direitos futuros de exploração do petróleo sob o gelo ártico, em bairros residências, ou no Arctic National Wildlife Refuge.

Temos visto paralelos impressionantes nas cada vez mais acirradas disputas mundiais pela água potável. Ao contrário do petróleo, porém, a água não será "exaurida", ao menos não no sentido literal. Mas também com a água potável veremos alargar-se o fosso mundial entre a oferta e a demanda. Na verdade, em termos *per capita*, já passamos pelo "pico da água". A quantidade de água *potável* disponível na Terra vem decaindo conforme os aquíferos são esvaziados, mas não recarregados, e as geleiras nas montanhas derretem e escoam para os oceanos salgados.

Com a água, assim como com o petróleo, vemos sinais de uma incipiente desordem civil: na Índia, fazendeiros e uma fábrica engarrafadora da Coca--Cola debatem-se pelo acesso a um aquífero que se esgota; na China, conflitos eclodem entre fazendeiros, indústrias e usuários urbanos por lençóis freáticos em acelerada queda. No Oeste norte-americano, cidades apressam-se a comprar os direitos sobre a água de fazendeiros que precisam de dinheiro. Califórnia, Nevada, Colorado, Arizona e cercanias do México travam longo conflito pelo acesso à água do rio Colorado, que agora é bombeado a seco no momento em que alcança a foz. Nos últimos anos, a exemplo do termo "guerras do petróleo", "guerras da água" começou a aparecer com crescente frequência. Uma pesquisa no Google à época em que escrevíamos este livro resultou em 68 milhões de referências a "guerras do petróleo" e 137 milhões de referências a "guerras da água".

No discurso público e na mídia, a escassez de petróleo e a escassez de água têm sido tratadas como questões separadas, embora estejam profundamente relacionadas, sob dois aspectos. Primeiro, no plano biológico, a água e a energia são igualmente essenciais à vida – ao metabolismo de todos os organismos ou comunidades. Sem água, a energia – quer procedente do sol, quer contida na comida ou no combustível – não é capaz de manter viva uma pessoa, um cão ou uma árvore. Segundo, no plano industrial, a água é fundamental para ajudar a obter formas de energia úteis a partir de matérias--primas e utilizar a energia explorada nas principais indústrias da civilização: agricultura, produção, construção – e na própria indústria de energia. A quantidade de água utilizada no aproveitamento da energia (principalmente na refrigeração de usinas elétricas) é a mesma empregada em qualquer outra atividade humana, com a possível exceção da irrigação agrícola. Tanto a lavagem industrial quanto a municipal requerem água. Trata-se do elemento mais aproximado de um solvente universal – o principal transportador de fertilizantes, pinturas, detergentes, corantes, tintas, ácidos e álcalis utilizados na indústria; o principal transportador dos dejetos humanos; e também o principal transportador de calor.

Para obter trabalho útil não é necessário queimar derivados de petróleo, como gasolina ou querosene. Todavia, enquanto os motores de combustão interna ou as turbinas a vapor realizarem boa parte do trabalho, a relação água-óleo será cada vez mais problemática. Estamos ingressando em uma era na qual os conflitos em torno do acesso à água potável ou ao petróleo (ou gás) poderão desencadear uma guerra. A escassez de um pode ameaçar a oferta do outro. Em um sentido mais amplo do que aquele provavelmente pretendido pela pessoa que primeiro o disse, óleo e água não se misturam. Para compreender o perigo em que se converteu esse casamento de conveniência, convém examinar mais detidamente onde se encontra a água no mundo contemporâneo – e onde ela se cruza com nosso atual sistema energético.

O grosso da água doce do planeta encontra-se "preso" na forma de gelo, sobretudo na Antártica e na Groenlândia, bem como em algumas geleiras cujos maiores volumes recobrem as montanhas do Himalaia e dos Andes. Do restante líquido, as maiores quantidades compõem alguns poucos lagos, como os Grandes Lagos na América do Norte, os lagos do Grande Vale do Rift na África e os lagos do norte do Canadá e da Sibéria. Acredita-se que outro quarto circule permanentemente na bacia amazônica e seus afluentes. Em todo o mundo, o derretimento sazonal da neve e do gelo nas montanhas alimenta os rios de grande extensão, como St. Lawrence, Mississipi-Missouri, Columbia e Colorado, nos Estados Unidos, e muitos outros ao redor do globo. Os rios constituem uma das duas principais fontes de água doce para consumo humano. Na Califórnia, por exemplo, a neve derretida da Sierra Nevada alimenta os rios American e Sacramento, que compõem uma das principais fontes hídricas dos 37 milhões de habitantes do estado. A outra fonte primária de boa parte do mundo é a água da chuva.

Tanto o degelo quanto as chuvas são fenômenos tipicamente sazonais. O degelo que ocorre na maioria dos continentes durante a primavera, e os meses de chuvas de monção no sul da Ásia, criam um grande excedente de água seguido por meses de estiagem. Assim, é preciso armazenar a água abundante, seja em aquíferos, reservatórios ou cisternas. Curiosamente, o problema do armazenamento da água é muito semelhante ao do armazenamento das energias solar e eólica; a demanda por energia ocorre 24 horas ao dia, sete dias por semana, esteja ou não o sol brilhando ou o vento soprando. Um dos principais desafios para incrementar as indústrias de energia renovável será aprimorar consideravelmente a capacidade de armazenamento da energia e a tecnologia de distribuição – além da infraestrutura. À parte os estoques de combustível fóssil, nossa maior capacidade de armazenamento energético atualmente é também nosso maior sistema de armazenamento hídrico: os reservatórios acima das usinas hidrelétricas.

No entanto, a energia hidrelétrica responde tão somente por uma pequena parcela da oferta energética dos Estados Unidos – e não tende a crescer. Estamos esvaziando muitos de nossos reservatórios mais depressa do que a natureza consegue repô-los. Para se ter uma ideia, o nível da água no Lake Meade, sob a Barragem Hoover, em Nevada, baixou cerca de 30 metros nas duas últimas décadas – em parte pelo crescimento da vizinha Las Vegas, em parte para satisfazer as demandas do sul da Califórnia, do outro lado do deserto de Mojave. A necessidade de desenvolver dispositivos eficientes, de pequena escala, para o armazenamento da energia elétrica é cada vez mais crucial – e uma das razões pelas quais salientamos a necessidade de construirmos uma ponte de transição que nos permita passar dos combustíveis fósseis para fontes renováveis esporadicamente disponíveis, como as energias solar e eólica. Da mesma forma, com bilhões de pessoas vivendo em lugares onde as estações de chuva ou as monções são acompanhadas por longos períodos de seca, conservar a água é cada vez mais imprescindível.

Quando a população humana era menor e mais agrupada nas cercanias de fontes hídricas disponíveis durante todo o ano, as pessoas tinham menos necessidade de armazenar a água – sendo que parte desse armazenamento era na forma de grãos de comida armazenáveis. Os rios desempenharam um papel central no desenvolvimento da civilização, quer como fonte contínua de água para beber ou cozinhar, quer para a irrigação das lavouras. A água do Nilo, correndo através de um deserto implacável, propiciou o desenvolvimento agrícola do Egito Antigo. O produto excedente das culturas plantadas na terra úmida deixada pela cheia anual do Nilo subsidiou a criação de cidades e governos centrais – e sua subsistência durante as estações secas. O silte depositado pelas cheias anuais dos rios Tigres e Eufrates possibilitou aos primeiros habitantes do Oriente Médio proceder à mesma transição. Praticamente a mesma história parece ter se desenrolado no vale do Indo, no Ganges-Brahmaputra e nos vales dos rios Azul (Yangtzé) e Amarelo (Huang He), na China.

Quaisquer que tenham sido suas origens, a civilização depende agora da agricultura, e a agricultura depende de água doce. Com a atual população global mil vezes maior do que à época das primeiras civilizações suméria ou egípcia, nossos rios e canais já não bastam para suprir as necessidades agrícolas. Em alguns afortunados países e regiões, como a França, a água das chuvas é suficiente para a agricultura (a irrigação só se faz necessária nos meses mais quentes do verão, se tanto), e fontes renováveis podem prover a água doce. No entanto, o grosso das colheitas mundiais de cereais e grãos – as principais culturas de consumo humano, seja como alimento, seja como ração para gado, aves e peixes de criação – depende atualmente da irrigação feita a partir de lençóis freáticos. Infelizmente, os aquíferos dos quais provém a água estão sendo exauridos em quase todos os cantos do mundo.

Hoje, o processo de irrigação é realizado predominantemente por meio da perfuração de poços. Alguns aquíferos são reabastecidos naturalmente pela chuva ou pelo escoamento das águas, mas a maioria não. Nos Estados Unidos, irrigadores giratórios bem supridos agora salpicam com espessas gotas de água o cinturão do trigo a oeste do Mississipi e a leste das Montanhas Rochosas. Olhando de cima, a terra parece consistir de pontinhos verdes contra um fundo marrom. Bombas elétricas extraem a água, na maioria das vezes do gigantesco Aquífero de Ogallala – um longo lago subterrâneo de água "fóssil" remanescente do derretimento dos últimos glaciares da Era do Gelo, 10 mil anos atrás. O escoamento das águas provenientes das neves de inverno e das chuvas de verão nas Montanhas Rochosas provê parte do reabastecimento do aquífero, mas não o suficiente. O Ogallala está sendo exaurido a uma taxa estimada de 12 quilômetros cúbicos por ano – superior ao fluxo anual do rio Colorado. Essa taxa de exaustão não pode prosseguir por muito mais tempo. Em partes do Texas, Oklahoma e Kansas, os lençóis freáticos estão baixando até 30 metros por ano, e grande parte do Ogallala pode ficar seca em apenas 25 anos. À medida que diminui o nível da água, a energia necessária para bombeá-la de níveis cada vez mais profundos aumenta. Mas, sem irrigação, o cultivo de grãos na porção meridional das Grandes Planícies se tornará impossível e a terra reverterá à forma de ervas nativas ou algarobeiras. Se não tomarmos medidas de conservação da água o quanto antes, a Tempestade de Pó (Dust Bowl) dos anos 1930 poderá retornar com força avassaladora.

    Ademais, estamos desviando a água dos rios para canais de irrigação (onde grande parte da água é perdida na evaporação), deixando secos os primeiros e seus vales. O Rio Grande e o rio Colorado são dois exemplos dessa tendência, de efeitos desastrosos para o norte do México. O Mar de Aral no Uzbequistão reduziu-se a uma fração do que era, graças aos desvios artificiais realizados para a irrigação de campos de algodão plantados nos anos 1950 e 1960. As formidáveis perdas decorrentes da evaporação, somadas a outros desvios da Represa de Assuã, na seção superior do Nilo, reduziram acentuadamente o fluxo de água para o baixo vale – de 32 bilhões de metros cúbicos ao ano (antes da represa) para apenas dois bilhões atualmente. O rio Amarelo, na China, a exemplo do rio Colorado, não desemboca no mar durante muitos anos. Também a China está desviando a água das nascentes do Mekong, deixando menos para a Tailândia, Laos e o Vietnã. A Turquia está retirando mais água das fontes a montante dos rios Tigres e Eufrates, deixando a Síria e o Iraque com menos. Não é de admirar o recrudescimento das tensões naquela região.

    Isso nos traz de volta ao nexo água-energia. Como em nossa discussão acerca do metabolismo urbano, convém considerar a relação entre o metabolismo humano e o metabolismo industrial. As cidades e as civilizações foram originalmente desenvolvidas em favor das necessidades físicas experimentadas pelos seres humanos ao longo do ano (comida, água, abrigo e descarte de resíduos), não sendo coincidência, portanto, que a gestão de recursos urbanos tenha por finalidade oferecer os mesmos serviços básicos exigidos pelo corpo humano.

A fonte de energia dos seres humanos é a comida, feita basicamente de compostos de carbono, hidrogênio e oxigênio provenientes das plantas (carboidratos). De modo semelhante, a principal fonte de energia industrial nos dias de hoje consiste em compostos de carbono e hidrogênio formados a partir de plantas que surgiram centenas de milhões de anos atrás (hidrocarbonetos). Quase todos os alimentos além dos peixes marinhos são provenientes da agricultura, que hoje consome vastas quantidades de água. De fato, para produzir uma tonelada de grãos (trigo, milho ou arroz) são necessárias aproximadamente mil toneladas de água. Segundo Lester Brown, do Earth Policy Institute, a quantidade de água necessária para produzir a comida consumida pelo norte-americano médio é de cerca de dois mil litros (mais de 500 galões) diários.

Os Estados Unidos são afortunados pelo fato de as chuvas fornecerem boa parte dessa água, com apenas um quinto dos grãos do país necessitando vir de terras irrigadas. Outros países não têm a mesma sorte. Na Índia, três quintos dos alimentos provêm de campos irrigados; na China, são quatro quintos. Combinados, esses dois países possuem uma população cerca de oito vezes superior à dos Estados Unidos, e a demanda por água em suas fazendas está rapidamente exaurindo os aquíferos naturais. No estado indiano de Gujarat, por exemplo, o nível dos lençóis freáticos está baixando 6 metros por ano. Se um aquífero fóssil é bombeado a seco, séculos não bastarão para que a chuva o reabasteça. No nordeste do Irã, o nível d'água desceu cerca de três metros ao ano durante a década de 1990, mas os poços atualmente estão secos porque os aquíferos estão vazios. As pessoas que antes viviam acima desses aquíferos tornaram-se "refugiados da água". Conquanto nos Estados Unidos apenas uma fração da terra agrícola seja irrigada, tal fração responde por grande parte da produção de trigo, sorgo e milho – a fonte de energia básica tanto para o metabolismo humano quanto para o metabolismo do gado, das aves e dos peixes que criamos para nos servir de alimento.

As implicações internacionais dessa queda são graves. A capacidade da China e da Índia (sem falar na do Paquistão, Irã e de uma centena de outros países) de alimentar-se está ameaçada. O declínio na disponibilidade da água subterrânea traduz-se diretamente na redução da produção de grãos nos poucos países do mundo que historicamente dispunham de excedente de cereais. Graças à maior utilização de fertilizantes, a China logrou manter um excedente de produção durante alguns anos antes de 2004. Nesse ano, porém, viu-se obrigada a importar sete milhões de toneladas de grãos devido à escassez da água na porção setentrional do país, normalmente irrigada pelo rio Amarelo.

A produção de grãos na Índia dentro em breve também poderá declinar. Países com crescente escassez de água e populações em expansão terão de importar cereais para cobrir os déficits. O mercado de grãos pode ser considerado como uma forma de mercado de água. Porém, assim como o número de países exportadores de petróleo está caindo, também cai o número de países exportadores de grãos. Talvez estejamos nos aproximando de um tempo em que dezenas de países que não dispõem de água suficiente para produzir seus próprios grãos terão de comprá-los de exportadores que, por sua vez, não terão o suficiente para vender.

Nos Estados Unidos, como notamos anteriormente, a indústria de energia elétrica utiliza grande parte da água doce do país para refrigerar suas usinas elétricas. Em 2000, tais usinas utilizaram 136 bilhões de galões de água por dia, volume equivalente a cerca de 450 galões diários por pessoa, apenas para nossa eletricidade. A esta altura, tal quantidade deve ter aumentado. Grande parte dessa água é devolvida aos rios ou lagos dos quais foi extraída, de modo que não é inteiramente "consumida" (tornada indisponível para outros usuários durante muito tempo). Todavia, as usinas mais novas utilizam agora sistemas de resfriamento de circuito fechado em lugar dos antigos sistemas de circuito aberto, o que significa que a quantidade de água ocupada pelas usinas elétricas está crescendo à medida que novas capacidades tornam-se *on-line*. Nas velhas usinas com sistemas de circuito aberto, o calor residual é continuamente restituído aos lagos e rios, onde tende a acarretar danos ecológicos, quando poderia ser aproveitado por uma usina de geração combinada de calor e eletricidade (CHP) para a calefação de casas ou edifícios, como discutimos no Capítulo 2, "Recapturando a energia perdida".

A primeira resposta da engenharia ao problema da água consiste geralmente em construir gigantescos aquedutos para transportar a água de lugares onde ela é abundante para outros nos quais a oferta local não basta para suprir as demandas da população. Na China, a água do monumental projeto hidrelétrico Três Gargantas, no rio Yantgzé, será bombeada para a porção setentrional do país, incluindo Pequim, a uma taxa de 44,8 bilhões de metros cúbicos (44,8 quilômetros cúbicos) por ano. Mas o custo da construção e operação desse projeto de desvio do sul para o norte será enorme. As condições para o bombeamento da água provavelmente consumirão parcela significativa da energia elétrica gerada na Hidrelétrica de Três Gargantas. Paralelamente, não há dúvida de que engenheiros indianos estão contemplando projetos similares de desvio da água dos Himalaias para o sul, sobretudo de Madras para o estado de Tamil Nadu.

A Califórnia foi o protótipo desse tipo de resposta. Toda a porção meridional do estado, incluindo partes do Central Valley, do Imperial Valley e os 18 milhões de pessoas residentes no cinturão urbano de Santa Barbara a San Diego, é dependente das águas oriundas da seção norte do estado ou do rio Colorado. Grande parte da água proveniente do norte é bombeada através de montanhas de até 600 metros, e a energia elétrica empregada na operação das bombas utilizadas apenas para a transferência interbacias consome, hoje, 6,9% da eletricidade utilizada no estado (no plano nacional, equivale a cerca de 3%). Os sistemas de água e esgoto, como um todo, consomem 19% da energia elétrica utilizada no estado, e 33% de todo o seu gás natural não gerado em usinas elétricas.

São necessários mais de 5.400 quilowatt-hora (kWh) de energia elétrica para bombear 1 acre-pé de água (43.560 pés cúbicos), ou 1 kWh para cada banheira cheia, desde o delta de Sacramento-San Joaquin até o Cherry Valley, o destino mais distante ao sul da Califórnia. Em comparação, a eletricidade necessária para a dessalinização do oceano é de 3.800 a 4.400 kWh por acre-pé. A energia elétrica necessária para distribuir água doce do extremo norte para o extremo sul do sistema californiano é, de fato, superior à que se exigiria para dessalinizar uma quantidade equivalente de água salgada. Há outras opções com consumo muito menor de energia: a purificação das águas subterrâneas por osmose reversa (dependendo do local) requer, em média, cerca de 1.000 kWh por acre-pé. Apenas para o bombeamento dessas águas, a energia média necessária – segundo dados da Califórnia, o que também deve se aplicar ao Aquífero de Ogallala – é de 2.250 kWh anuais por acre-pé.

De uma perspectiva energética, a melhor fonte hídrica para a Bacia de Los Angeles seria reciclar as águas residuais do tratamento de esgotos. Para fins de irrigação (sem osmose reversa), a energia elétrica exigida para o tratamento da água é de apenas 400-500 kWh por acre-pé; com a osmose reversa (necessária para o consumo doméstico), gira em torno de 1.300 kWh por acre-pé – quantidade ainda muito aquém do necessário para bombear água desde o norte da Califórnia ou do rio Colorado. A solução de reutilização talvez não agrade a muitas pessoas, mas é exatamente o que ocorre na natureza. Na Europa, esse processo já é uma necessidade. A água doce que chega a Londres vinda do curso superior do Tâmisa é reciclada oito vezes antes de chegar ao mar.

De acordo com o Relatório de Política Energética Integrada de 2005 da Comissão de Energia da Califórnia, "O estado poderá cumprir metas de redução de energia e demanda comparáveis àquelas já planejadas pelas concessionárias de energia elétrica estatais... simplesmente reconhecendo o valor da energia economizada para cada unidade de água economizada... Uma avaliação inicial indica que tal benefício poderia ser concretizado para os contribuintes por menos da metade do custo das tradicionais medidas de eficiência energética". Esse processo constitui outro possível duplo dividendo, mas as regulações que atualmente limitam as possibilidades de investimento das concessionárias regulamentadas o estão atravancando.

Embora o conflito água-eletricidade afigure-se maior na agricultura, ele está se expandindo para outros domínios a passos largos. No Colorado, em Wyoming e em Utah, os interesses relativos à água e as companhias petrolíferas travam uma batalha pelo futuro da exploração do xisto betuminoso, o que poderia ter um impacto assombroso sobre o futuro não apenas do Oeste montanhoso, mas de grande parte do sul da Califórnia. A Shell Oil e outras empresas estão animadas com o potencial teórico do xisto betuminoso presente na região; algumas estimativas sugerem a possibilidade de haver, preso às rochas sob esses estados, a mesma quantidade de petróleo existente na forma líquida sob a Arábia Saudita.

Infelizmente (ou talvez felizmente), não há hoje nenhuma tecnologia viável que possibilite a extração comercial do óleo das rochas. Como vimos em inúmeros casos de desenvolvimento tecnológico no passado, muitos anos são necessários para se desenvolver uma nova e importante tecnologia industrial, construir as fábricas e a infraestrutura necessária para pô-las em funcionamento e conferir-lhes uma escala com a qual seus custos sejam competitivos. A exemplo do "carvão limpo" e de outras esperanças fulgurantes relacionadas ao carbono, o xisto betuminoso não tem a menor chance de contribuir para a oferta energética dos Estados Unidos durante o período da ponte de transição. Ademais, é bem possível que, no momento em que se mostrar viável e acessível (se é que um dia o fará), tenhamos finalmente cruzado a ponte para o futuro livre de carbono, e ele será obsoleto.

Ao que parece, o processamento do xisto betuminoso demandará prodigiosas quantidades de água (como vapor), o que implicaria a retirada de formidáveis quantidades do rio Colorado, que já se encontra superexplorado. Quanta água exatamente exigiria tal processo? Ninguém sabe ao certo, pois a tecnologia ainda não está tão evoluída. Alguns especialistas estimam que serão necessários dez barris de água para produzir um barril de óleo de xisto. "Há estimativas de que o xisto betuminoso poderia utilizar toda a água remanescente da bacia superior do rio Colorado", afirmou Susan Daggett, comissária do Denver Water Board, em entrevista datada de 2008. Em outubro do mesmo ano, o Congresso norte-americano permitiu que expirasse uma moratória relativa ao desenvolvimento do xisto betuminoso em terras federais, desencadeando uma corrida pelo mineral semelhante à Corrida do Ouro descrita no Capítulo 5, "O futuro da energia elétrica". As companhias petrolíferas chegaram a receber parte do socorro inicial de US$ 700 bilhões prestado ao setor financeiro, para ajudá-las em sua busca. Tal montante teria sido mais bem empregado na conservação da água.

❖ Metas de água-eletricidade

A exemplo dos impactos das alterações climáticas sobre as cidades, a crescente escassez de água e os consequentes conflitos humanos constituirão um problema de longo prazo cujas soluções levarão décadas para ser plenamente alcançadas. As distâncias através das quais a água terá de ser bombeada continuarão a crescer, bem como os custos de energia. Entretanto, como no caso da relocação de distritos urbanos baixos para terrenos mais elevados, o longo prazo necessário para chegarmos a tal remédio é uma razão a mais para começarmos o mais depressa possível. Assim como o redesenho urbano, a primeira fase da reforma da gestão da água deve constituir uma das vigas de nossa ponte de transição energética.

A importância desse nexo pode não ser inteiramente visível ainda, mas talvez estejamos no limiar de um ciclo vicioso que, com o progressivo aumento da temperatura global, fará explodir o custo energético associado à água. Já estamos assistindo ao agravamento de alguns impactos, a saber:

❖ **Desertificação** – Ao longo das últimas décadas, grandes áreas do mundo outrora aráveis, ou ao menos marginais, transformaram-se em desertos. Entre as principais causas dessa degradação estão o pastoreio excessivo e o desmatamento. Por exemplo, 50% das terras férteis do Cazaquistão foram abandonadas a partir da década de 1980, por força da desertificação. No Irã, consta que as progressivas tempestades de areia soterraram mais de 100 vilarejos. Na África, o Deserto do Saara está avançando sobre Gana e a Nigéria em mais de 2.600 quilômetros quadrados ao ano. Segundo estimativa de um estudo da Universidade das Nações Unidas, a persistirem as atuais tendências na África, até 2025 o continente possivelmente só terá condições de alimentar 25%

de sua população. E, no norte da China, estima-se que 1 milhão de acres transforme-se em deserto a cada ano. Com as alterações climáticas, a desertificação tende a acelerar-se. E com o encolhimento das terras cultiváveis, cresce a demanda por irrigação e diminuem ainda mais os níveis dos lençóis freáticos.

- **Ciclos de incêndios florestais** – O aquecimento global está tornando as florestas mais secas, com o consequente aumento da frequência e da intensidade dos incêndios florestais. Combater incêndios tem se tornado uma indústria ativa o ano inteiro em boa parte do Oeste norte-americano, consumindo parcela crescente dos estoques de água em face dos milhares de caminhões de bombeiros e aeronaves que sacam água dos reservatórios para verter sobre as chamas. Ademais, os incêndios aumentam as emissões de gás carbônico (sem falar no calor) para a atmosfera, contribuindo ainda mais para o aquecimento – e, em última análise, para a dessecação das florestas.
- **Salinização da água doce em áreas costeiras** – Com o aumento do nível dos oceanos, o sal marinho invade cada vez mais os lençóis freáticos costeiros e os estuários. Os aquíferos que abastecem as cidades litorâneas são arruinados, e os rios que alcançam a costa tornam-se salgados leito acima.

Todos esses impactos aumentarão a necessidade de um transporte ou bombeamento de água com consumo intensivo de energia – feito a partir de poços mais profundos à medida que diminuam os lençóis freáticos, de reservatórios à medida que aviões cisterna e caminhões de bombeiros combatam os incêndios, e de fontes cada vez mais recuadas para o interior do continente, à medida que a salinidade contamine as reservas hídricas locais nas regiões costeiras. Na Califórnia, um estudo realizado em 2005 por Matt Trask, da Comissão de Energia da Califórnia, constatou que a quantidade de energia necessária para o bombeamento, o transporte e a distribuição da água era de 11.953 bilhões anuais de kWh, quantidade praticamente equivalente aos 12.482 bilhões de kWh exigidos para a calefação, a refrigeração ou a pressurização da água em suas inúmeras aplicações finais.

O objetivo da política de gestão da água não pode, realisticamente falando, consistir no incremento da oferta, mas antes na redução de seu consumo *per capita* e, paralelamente, na redução do consumo de combustíveis fósseis. A boa notícia, em certo sentido, é que o desperdício de água, assim como o desperdício de energia elétrica, é enorme nos Estados Unidos – com grandes possibilidades de melhorias. Além dos diversos benefícios da conservação da água (segurança em seu abastecimento, segurança alimentar, menos tensões políticas e uma melhor saúde pública), o uso mais eficiente da água reduzirá o consumo de energia para seu bombeamento e outras aplicações intensivas em energia, como a refrigeração de usinas nucleares ou movidas à base de combustíveis fósseis. Talvez a maior oportunidade de médio prazo para serenar o cabo de guerra entre a água e a eletricidade, até que uma parcela maior de nossa geração elétrica passe para o sistema CHP, é sugerida por um relatório de 2007 realizado pelo Argonne National Laboratory para o Departamento de Energia dos Estados Unidos: "Use of Reclaimed Water for Power-Plant Cooling". O estudo observa que mais de 50 usinas elétricas norte-americanas utilizam atualmente água reciclada – a maioria delas na Califórnia, na Flórida e no Texas, estados que têm enfrentado preocupações crescentes com o fornecimento de água doce.

Um farto conjunto de pesquisas identificou alguns recursos para reduzir o uso *per capita* da água entre os consumidores, desde os familiares chuveiros e vasos sanitários com fluxo regulado até o paisagismo com baixo consumo de água e o xeriscape. Entretanto, a principal fonte de consumo hídrico está na agricultura, e o maior potencial de conservação – tanto da água, como da energia para seu bombeamento – na irrigação por gotejamento. Essa tecnologia utiliza de 30 a 70% menos água do que os convencionais sistemas por aspersão. Nos Estados Unidos, 80% de toda a água consumida destina-se à agricultura, embora apenas 7% da terra seja irrigada pelo processo de gotejamento. (Conforme a U.S. Geological Survey, 47% são alagados e 46% são aspergidos.) Um dos mais clamorosos desperdícios hídricos nos Estados Unidos é a produção do etanol de milho (vale lembrar o Capítulo 6, "Combustíveis líquidos: a dura realidade"), que da irrigação até o processamento consome 10 mil galões de água para cada galão de combustível produzido.

Conforme o consumo da água se torna mais eficiente, é possível que mal notemos a diferença, pois o benefício simplesmente compensará o que, do contrário, seria um aumento alarmante nos custos de energia associados ao bombeamento da água, à refrigeração das usinas elétricas e à dessalinização da água do mar. Para obter ganhos mais visíveis, os gestores da água poderiam seguir o exemplo das indústrias que estão utilizando lucrativamente os fluxos de energia residual. A reciclagem de águas residuais muito provavelmente proporcionará a mais confiável – e barata – oferta de água nas próximas décadas.

Capítulo 10
Prioridades políticas

As discussões políticas na América costumam ser frustrantes, exceto quando motivadas por crenças religiosas, ideologias políticas ou conflitos do tipo "não no meu quintal" – casos que resultam em visões muito distorcidas do que realmente importa para a sobrevivência e o bem-estar de nossa civilização. Salvo raras exceções, os problemas verdadeiramente relevantes para o planeta, como o crescimento da população humana, as alterações climáticas ou a rápida perda de biodiversidade, são discutidos com devida seriedade em fóruns e jornais acadêmicos, mas mal tangenciados pelos principais veículos de comunicação.[1] Talvez o melhor debate sobre políticas públicas veiculado na grande (ou quase grande) mídia nos últimos anos tenha sido aquele promovido pelo apresentador de TV pública Bill Moyers, cujos convidados tiveram a oportunidade de explorar, entre outros temas, o poder das corporações farmacêuticas em moldar as necessidades e valores norte-americanos, e o conflito generalizado entre ciência e ideologia, que abordamos neste livro. Apesar disso, em 2008 o programa de Moyers, *Now with Bill Moyers*, atraiu uma média de menos de três milhões de telespectadores, em comparação com os 30 milhões que ouviam no rádio o guru da direita Rush Limbaugh, ou com os mais de 97 milhões que assistiram à final do Super Bowl no último ano de Moyers à frente do programa.

Infelizmente, as questões políticas que agora enfrentamos na construção de nossa ponte de transição energética são tão cruciais quanto quaisquer outras já enfrentadas pelo país – ou pela humanidade. As ameaças que pairam sobre nós são iguais em escala às da Segunda Guerra Mundial ou da corrida nuclear da Guerra Fria e – acreditamos – muito mais graves que o terrorismo internacional. O enigma com que deparamos expressa-se no simples fato de que, do ponto de vista do excitamento e da mobilização pública, a ideia de

---

[1] As alterações climáticas constituem uma emergente exceção, que pode sinalizar um avanço na consciência pública neste momento crucial da história da humanidade.

reciclar o calor residual ou de eliminar a fumaça da queima de combustíveis sujos não exerce sobre o imaginário popular o mesmo fascínio que a visão de Al Gore de um futuro de energias renováveis livres de quaisquer emissões de carbono. Ainda assim, a primeira é uma ponte essencial para a segunda. E, se for necessário acrescentar um pouco mais de dramaticidade, prometemos que o que está em causa relativamente a essa ponte gerará, no mínimo, tanto suspense quanto qualquer outra questão que já nos tenha chamado a atenção. As políticas que nos permitirão transpor com êxito os anos de transição são questões um tanto obscuras de gestão legislativa e executiva, mas o modo como as conduzirmos afetará o modo como centenas de milhões de pessoas viverão ou morrerão nas próximas décadas.

No Capítulo 3, "Projetando uma ponte econômica", listamos brevemente as oito principais vigas que, a nosso ver, serão necessárias para a sustentação da ponte transicional. Nos Capítulos 2 e do 4 ao 9, descrevemos essas vigas e as funções que cumprirão para reduzir o consumo de combustíveis fósseis, cortar as emissões responsáveis pelo aquecimento global e impulsionar o crescimento econômico ao tornar mais baratos os serviços de energia. (O Capítulo 1, "Um despertar norte-americano", investigou os argumentos econômicos e científicos.) Retornamos agora à lista das principais vigas, focalizando as ações que mais facilitarão sua construção. Como ingressamos numa era em que as famílias, os governos e as empresas encontram-se em modo de sobrevivência e debatem-se na busca de soluções, muitos remédios estão sendo propostos ou testados, e não sabemos quais deles poderiam revelar-se inesperadamente promissores. Entretanto, a experiência sugere que alguns desperdiçarão tempo e recursos cruciais. Para mantermos nosso foco nas ações em que mais confiamos, enfatizamos dois princípios fundamentais que merecem uma breve explanação antes de descrevermos as políticas que ditam.

❖ 1º princípio fundamental: invertendo a manobra de Sísifo

O primeiro requisito de uma política eficaz para a construção de nossa ponte de transição é que forneça incentivos para ampliar a eficiência energética e a prosperidade econômica da nação. A maior parte dos incentivos vigentes segue a via oposta. O problema fundamental dessa via é que as companhias de carvão e petróleo, não obstante as energias alternativas que proclamam abraçar em seus comerciais de TV,[2] recebem incentivos de lucro para vender mais carvão e petróleo. Da mesma forma, as concessionárias de energia elétrica recebem incentivos para realizar investimentos que elevam sua tarifa básica (e, consequentemente, vendem mais eletricidade), as construtoras recebem incentivos para vender casas maiores (que demandam mais calefação e refrigeração), as montadoras recebem incentivos para produzir automóveis mais amplos e mais potentes (que consomem mais gasolina), e assim por diante.

Interesses regionais ampliam as distorções. As populações rurais contam com representação desproporcionalmente ampla no Senado norte-americano, o que implica uma super-representação dos interesses industriais do campo (sobretudo das indústrias de mineração e agronegócio). Podemos associar a tal distorção os subsídios concedidos à produção do etanol de milho. Da mesma forma, as elevadas taxas de "desconto" defendidas por alguns economistas consideram os benefícios presentes muito mais importantes que os futuros. Os executivos das corporações Archer Daniels Midland ou Monsanto possuem atualmente muito mais representação na elaboração das políticas energéticas dos Estados Unidos do que as pessoas que viverão em San Diego ou na cidade de Nova York no ano de 2050.

Se pudéssemos mudar o sistema de incentivos de modo que as empresas de energia passassem a vender, em vez de um bem tangível, como petróleo ou gás, um serviço final (calefação, refrigeração ou – melhor ainda – conforto físico), também o seu comportamento mudaria. Seus executivos ainda perguntariam: "como nossa empresa pode operar de forma mais rentável?" Mas a resposta seria outra: produzindo o máximo de serviço pelo menor custo – utilizando o mínimo possível de energia combustível. Em vez de ter o consumidor a difícil tarefa de descobrir como reduzir os custos da propriedade de produtos altamente complexos, assumiriam tal responsabilidade os profissionais especializados na confecção desses produtos. Mudar os papéis corporativos – passando-se da venda de produtos com uso intensivo de energia à venda dos serviços oferecidos por esses produ-

---

[2] A quem quer que tenha impressionado a manifestação de responsabilidade social transmitida por esses comerciais, vale notar que, até recentemente, essas mesmas empresas nos asseguravam tranquilamente que o aquecimento global não era um problema. Somente quando ficou claro que a opinião pública já não acreditava em tal garantia é que as empresas de energia iniciaram sua blitz de publicidade "verde". Mas, nos bastidores, continuam a fazer *lobby* em favor das políticas arraigadas que operam contra a transição para uma energia renovável de larga escala.

tos – proporcionaria ainda uma mudança na orientação dos incentivos: do máximo para o mínimo consumo energético. Promover uma alteração tão fundamental nos modelos de negócios corporativos pode levar um longo tempo. Mas compreender como os incentivos atuais na verdade aprofundaram o abismo que temos diante de nós talvez ajude a esclarecer a forma e a estrutura da ponte transicional.

❖ 2º princípio fundamental: simplificando a regulamentação

O segundo princípio fundamental baseia-se na dura realidade de que as "externalidades" (poluentes e outros efeitos colaterais pelos quais ninguém assume a responsabilidade) são onipresentes na economia moderna, na medida em que não existem, nem podem existir, mercados para todos os serviços ambientais – independentemente da importância desses serviços. Não pode haver um mercado para algo que ninguém possui, ou que ninguém pode comprar ou utilizar. Ninguém é proprietário do ar; logo, não há mercado para o ar fresco. Um homem pode defender sua propriedade com uma espingarda, mas, para tanto, ele necessita também de uma cerca e de uma placa com a inscrição "proibida a entrada". Isso não é possível para o ar que envolve sua propriedade, ou para os pássaros que voam sobre ela.

De forma análoga, não há mercado para a maior parte dos poluentes do ar e da água que nosso mundo vem gerando em quantidades cada vez mais avultadas. Com limitadas exceções, como sucata ou papel, não há mercado para a maioria dos objetos que descartamos porque ninguém necessita ou deseja adquiri-los. Ninguém está se oferecendo para comprar os gases estufa que lançamos na atmosfera. No mundo real, os preços da maioria de nossos resíduos são negativos, ou seriam negativos se existisse um mercado real. O poluidor teria de pagar a alguém para recolhê-los – e não raro essa pessoa acabaria por jogá-los em um rio, esgoto ou no mato mais próximo.

Os resíduos e poluentes continuam a acumular-se. Mas, na prática, como poderia uma empresa privada justificar a proteção de algo que é inteiramente de domínio público? Não podemos instalar uma cerca em torno de uma parte do sistema climático ou hidrológico do mundo (chuva, rios e aquíferos) e geri-la como um negócio privado. O clima não conhece limites. E, da perspectiva do comprador, quantas pessoas concordariam em pagar por algo, como a luz do sol ou o ar, que receberão de qualquer forma – pagando ou não? Isso não seria um mercado: seria um dízimo.

Como os mercados não podem ou não trabalham para proteger os "bens comuns" – a reciclagem natural e a filtragem da água doce, a biodiversidade dos oceanos e das florestas, ou a estabilidade do clima –, a resposta dos governos tem consistido de uma profusão daquilo que os economistas denominam de "segundas melhores soluções". Exemplos incluem as volumosas regulamentações relativas a itens como qualidade do ar e da água, segurança alimentar, segurança dos trabalhadores, segurança dos motoristas, segurança infantil e segurança de pedestres portadores de necessidades especiais; regulamentações acerca do que é demasiado tóxico para reciclar ou do que não pode ser transportado por meio das fronteiras estaduais; regras concernentes aos tráfegos aéreo e marítimo; regras contra o descarte de detritos e leis de zoneamento; proibições de uso de chumbo na gasolina e nos inseticidas (DDT); leis antitabagistas e antinarcóticos; normas de eficiência no consumo de combustíveis veiculares (CAFE); e assim por diante. Embora essas segundas melhores soluções sejam bem intencionadas (e tenham protegido a vida e o sustento de milhões de pessoas), tornaram-se uma colcha ainda maior de retalhos sobre retalhos. O resultado é uma forma de governança cada vez mais difícil para o cidadão comum acompanhar ou mesmo compreender. Ademais, suas regras e regulações muitas vezes acabam gerando problemas ainda piores do que aqueles para cuja resolução haviam sido originalmente concebidas.

É essencialmente perigoso para o público confundir regulamentações que poderiam ser decisivas para a sobrevivência da civilização com os tipos de regulamentações relativamente triviais, que suscitaram em muitas pessoas o cinismo ou a revolta contra as "interferências" governamentais em geral. Se a percepção pública colocar na mesma balança decretos que afetam a recuperação econômica dos Estados Unidos e a proteção contra catástrofes climáticas com leis que determinam que a porta da rua de cada residência deve ter uma varanda com no mínimo 36 polegadas de comprimento, um senso de perspectiva – e urgência – sumamente importante poderá se perder.

Em vista disso, não deveria ser difícil para a esquerda compreender, se não necessariamente partilhar, a veemência dos representantes da direita que reivindicam menos governo. Por outro lado, chegamos a um ponto em que qualquer um, salvo um recluso, é capaz de reconhecer que agora, mais do que nunca, o governo tem um papel crucial a desempenhar. Um governo fraco constitui uma ameaça potencialmente tão perigosa à liberdade e ao bem-estar humano quanto uma ditadura, pois permite que piratas, poluidores, assaltantes – e Madoffs – façam seus estragos. Também os conservadores agora admitem que a falta de regulamentação possui seu lado negativo. A catástrofe financeira de 2008-09 foi uma preocupante ilustração dos riscos dessa ausência. Mas persiste a pergunta: como poderíamos elaborar regulamentações que ajudem em vez de atrapalhar? O debate intelectual em torno dessa questão tem sido estruturado como uma escolha entre regulação direta por um governo ou agência internacional e regulação indireta, via "obtenção dos preços certos" por meio de um mercado. Até os anos 1990, o foco central dos ambientalistas direcionava-se à regulação direta e aos mecanismos para a formulação e aplicação de leis. Nos anos 1970, estava posto sobre determinadas proibições (de asbestos, DDT, chumbo tetraetila na gasolina, clorofluorcarbonetos destruidores da camada de ozônio [CFCs], etc.) ou limites a emissões específicas de uma indústria ou mesmo de um processo. Esses últimos aplicavam-se ao dióxido de enxofre, aos óxidos de nitrogênio e a micropartículas de processos de combustão que não podiam ser proibidos. Com o passar dos anos, porém, foi-se percebendo que a regulação direta, sobretudo quando se tornou mais específica quanto aos detalhes, poderia ser economicamente ineficaz. Ademais, tendia a gerar incômodas e pesadas burocracias administrativas.

Desde a década de 1990, cada vez mais se tem notado que outras abordagens poderiam ser mais eficientes, ao menos em alguns casos. O exemplo clássico (ainda largamente confinado a produções acadêmicas e modelos teóricos) é o imposto sobre a poluição, ilustrado pela taxação do carbono (*carbon tax*). A indústria a odeia, mas os economistas aprovam a ideia, em princípio. Já os conservadores do "estado mínimo" objetam que burocracias teriam de fixar essa taxa e garantir o cumprimento de sua coleta, e que os governos – tendo coletado o tributo – gastariam o dinheiro.

O consenso que hoje emerge parece ter duas vertentes. Primeiro, onde a regulação direta parecer inevitável, o truque é estabelecer normas ambientais e de desempenho energético amplas, em vez de especificar limites para emissões ou soluções tecnológicas. Segundo, onde a abordagem tributária fizer sentido na teoria, a barreira burocrática poderia ser evitada mediante a criação de um novo "artigo de comércio", como permissões negociáveis relativamente às emissões de carbono, fazendo uso de poderes governamentais para estabelecer mercados sintéticos para essas permissões. Um exemplo pioneiro é o hoje controverso sistema de "limitar e negociar" ("*cap and trade*"), implantado originalmente pela União Europeia em 2004. Apressamo-nos a reconhecer que, em tais mercados, como ilustrado pelo exemplo europeu, os detalhes de projeto são importantes. Os primeiros anos do sistema europeu são em geral considerados um fracasso, resultando em lucros inesperados para algumas concessionárias de energia elétrica (em particular) e quase nenhum progresso na redução das emissões. Após algumas revisões, o sistema europeu de permissões negociáveis parece estar funcionando um pouco melhor, mas apenas um pouco.

O segundo princípio fundamental é substituir sistematicamente a colcha feita com retalhos de "segundas melhores soluções" que legamos de épocas anteriores por um modelo regulatório e tributário mais simples e mais aperfeiçoado, que simultaneamente premie a eficiência energética (exergia), estimule o trabalho produtivo, e minimize os danos. Por exemplo, as diretrizes que propomos para nossa ponte energética – e para os anos que lhe sucederão – diminuiriam o preço dos serviços de energia (trabalho útil), impulsionando o emprego e a renda ao transferir os impostos das folhas de pagamento e da renda pessoal para as emissões de carbono. Paralelamente, essa mudança tributária desestimularia a venda ou a queima de combustíveis ao encarecer o custo de tais atividades. Essa reestruturação transferiria parte do peso de uma economia problemática dos ombros daqueles que se esforçam por ganhar a vida àqueles que têm se esforçado por fazer fortunas.

❖ Prioridades políticas para a ponte energética

Nesta seção, listamos as principais vigas da ponte de transição energética (introduzida originalmente no Capítulo 3) e as diretrizes – norteadas por dois princípios fundamentais – que julgamos mais favoráveis à sua construção.

1. Estimular a reciclagem dos fluxos de energia residual

A boa notícia é que milhares de empresas não necessitam de ajuda governamental para começar a lucrar – e prestar um excelente serviço público – capturando fluxos de energia residual e os convertendo em eletricidade para consumo próprio ou para revenda à concessionária de energia elétrica. Trata-se de uma solução mutuamente proveitosa ("ganha-ganha"), desde que a eletricidade excedente possa ser vendida a um preço atraente para ambas as partes. A má notícia é que, na maioria dos casos, tal solução reduzirá as vendas da concessionária e, consequentemente, também os lucros. De fato, as companhias elétricas fazem um *lobby* pesado para impedir mudanças que possam abalar seu rentável monopólio. Será preciso coragem política para fazer frente a empresas tão grandes e poderosas, que, aliás, são importantes doadoras das campanhas políticas. Os interessados na reciclagem energética precisarão contar com apoio governamental – não na forma de dinheiro, mas de alterações em leis obsoletas – se quiserem vender eletricidade excedente diretamente a um consumidor de sua rua, e não de volta à concessionária por um preço baixo por ela determinado. Se um reciclador de energia residual puder vendê-la a quem quer que esteja no mercado de eletricidade, terá muito mais incentivo para produzir energia solar, eólica, reciclada ou cogerada do que se lhe for permitido vendê-la a um único cliente potencial que define o preço. Os conservadores dizem acreditar em mercados livres e competitivos; logo, devem ser favoráveis a essa mudança.

As concessionárias de energia elétrica destacarão corretamente o fato de terem construído e mantido a rede de cabos elétricos e transformadores que hoje fornecem eletricidade para todos os consumidores a preços (relativamente) acessíveis. Passarão então a argumentar, desta vez incorretamente (já os ouvimos praticar esse discurso), que a introdução da competição local destruirá a rede – uma tática de amedrontamento desprovida de qualquer fundamento. Como notamos no Capítulo 5, "O futuro da energia elétrica", as principais funções da rede – confiabilidade e disponibilidade 24 horas por dia, sete dias por semana – não mudarão. Os negócios perdidos para a geração própria local ou cogeração serão substituídos por novos negócios, sobretudo por parte dos motoristas dos novos veículos elétricos. A grade continuará suprindo necessidades de larga escala e longa distância. Sim, as concessionárias precisarão realizar certa reengenharia para concorrer com produtores locais que exploram a energia antes desperdiçada. Em todo caso, elas contam com vantagens de escala e experiência mais do que suficientes para competir exitosamente.

Acreditamos que, ao permitir uma maior reciclagem energética, o sistema será capaz de acomodar uma maior demanda por parte de carros elétricos ou híbridos, que não tardarão a aparecer em grande quantidade, sem precisar construir novas e dispendiosas centrais elétricas. Evitando a construção de novas usinas, as centrais evitarão o aumento das emissões de carbono para o total nacional, ao mesmo tempo em que tornam o sistema menos suscetível a quedas e paralisações decorrentes de eventos climáticos extremos, incêndios ou sabotagem.

> *Política necessária nº 1*: Reescrever o atualmente ineficaz Public Utilities Regulatory Policy Act (PURPA) de modo que deixe de permitir que comissões de serviços públicos impeçam a promoção da livre concorrência. A lei deve oferecer incentivos aos produtores de energia renovável na venda e distribuição local de eletricidade. O

PURPA tinha por propósito original estimular tal competição, mas já perdeu a efetividade, frustrado por gigantescas brechas jurídicas e pelo fato de certos estados simplesmente o ignorarem. A lei reescrita deverá incluir ao menos três alterações básicas, a saber: (1) eliminar a exigência de "custo evitado", que só permite a uma usina ingressar no mercado se puder vender eletricidade à rede a um preço que poupe à concessionária o custo de aumentar sua capacidade; (2) permitir a usinas concorrentes vender energia à rede a preços superiores aos da concessionária, contanto que gerem energia isenta de emissões de carbono e provida de outras vantagens de redução de poluentes relativamente ao *mix* de energia da concessionária; e (3) exigir que todas as concessionárias adquiram eletricidade de quem quer que a forneça, por um preço não inferior ao preço de varejo praticado pela concessionária em tal localidade (e mesmo superior, caso a energia oferecida seja isenta de emissões, como observamos anteriormente). A lei deverá instruir cada estado a garantir o cumprimento de tal exigência. Com essas mudanças, muitos milhares de fábricas industriais terão incentivos para gerar energia elétrica a partir do calor residual de alta temperatura ou de quedas de pressão.

Política necessária nº 2: Abolir todas as leis estaduais que proíbem empresas não concessionárias de instalar cabos elétricos através de estradas ou vender eletricidade diretamente a outros consumidores. Se as próprias necessidades de eletricidade de uma fábrica não forem suficientes para justificar o custo de capital referente à instalação de uma usina de reciclagem de energia, agregar a capacidade de vender energia excedente a um usuário vizinho por vezes marcará a diferença entre falir e ser capaz de manter-se no negócio e oferecer empregos. E, quando isso acontecer, a quantidade de carvão ou gás que a concessionária teria utilizado para gerar essa energia será eliminada do combustível consumido pela nação. Como resultado final, as emissões dos gases produtores do efeito estufa diminuirão. (Ver também a viga nº 2, a seguir.)

2. Aumentar a geração combinada de calor e eletricidade (CHP)

Como notado no Capítulo 2, "Recuperando a energia perdida", descentralizar a produção de eletricidade por meio da cogeração local permitirá que a energia térmica atualmente descartada pelas distantes "centrais" elétricas seja empregada na calefação de casas, prédios de apartamentos, edifícios de escritórios e *shopping centers*. Ao fim, tal medida reduzirá em mais da metade a quantidade de combustíveis fósseis queimados por essas usinas ultrapassadas. Medidas para trazer as centrais elétricas para o século XXI, conforme discutido na viga nº 5, ajudarão, mas uma mudança compulsória no competitivo mercado de energia produzirá o impulso mais direto:

> *Política necessária*: Aprovar legislação que exija das empresas de distribuição de eletricidade adquirir uma porcentagem cada vez maior da energia produzida por unidades de CHP descentralizadas, painéis fotovoltaicos em telhados, turbinas eólicas particulares ou outras pequenas fontes privadas de energia. A vantagem de tal obrigatoriedade é que o mercado determinará o preço pago aos produtores descentralizados (com a condição de que não seja inferior ao preço pago às concessionárias, como discutido na viga nº 1), em lugar de uma tarifa de "alimentação" [*feed in*] fixada legislativamente, como a que vigora em diversos estados norte-americanos e outros países. Como no caso da reciclagem dos fluxos de energia residual, a quantidade de carvão ou gás que uma concessionária teria de queimar para produzir a energia adquirida dessa forma será eliminada dos combustíveis consumidos pela nação. Isso ajudará a desencadear a revolução microenergética. Ao reduzir o preço dos serviços de energia (reduzir o consumo combustível por quilowatt), a microenergia estimulará o crescimento econômico e diminuirá as emissões de gás carbônico.

3. Aumentar a eficiência energética em prédios e instalações industriais

Aqui, como no caso da reciclagem dos fluxos de calor residual, concretizar o imenso potencial que permanece inexplorado requer um modelo de negócios inovador, bem como estímulo governamental por meio de impostos e seguros. Conhecemos muitos casos em que as economias obtidas pagarão o investimento realizado em poucos anos. O principal problema de tal mudança, afora a necessidade de fornecer melhores informações para o público, é que, para a maioria dos proprietários residenciais e muitas companhias de pequeno e médio portes, a taxa de retorno necessária para induzi-las a investir na conservação energética (em comparação com outras necessidades organizacionais ou com o consumo corrente) tem sido muito maior do que a baixa taxa de retorno auferida sobre depósitos bancários ou fundos mútuos.

Podemos lidar com tal problema criando um novo tipo de empresa de serviços de energia (ESC – *energy service company*). A ESC, uma empresa de boa reputação capaz de tomar empréstimos a uma taxa razoavelmente baixa, propõe-se empreender e financiar as mudanças necessárias para aprimorar substancialmente a eficiência energética de uma residência ou empresa – e assumir a responsabilidade pelo pagamento das contas do cliente junto à concessionária pelo período de vigência do contrato. No curso desse período, o cliente pagará à ESC, mensalmente, a mesma quantia paga à concessionária durante os 12 meses anteriores, devidamente reajustada em caso de aumento da demanda do serviço.[3] Entretanto, a ESC pagará à concessionária valor consideravelmente inferior a esse, devido ao menor consumo por unidade de serviço (graças à maior eficiência energética). Assim, com essa conta, a ESC estará obtendo uma receita líquida mensal. Durante a vigência do contrato, a diferença mensal entre o pagamento do proprietário do imóvel e o pagamento da ESC será o lucro desta. Depois disso, será a economia do consumidor. Variações desse contrato poderiam permitir ao proprietário do imóvel começar a economizar mais cedo, ou à ESC lucrar por mais tempo, dependendo do tamanho do ganho de eficiência, das taxas de juro disponíveis, etc.

Para realizar seu potencial máximo, as ESCs inicialmente precisarão de respaldo governamental para fornecer informações e subscrever garantias de desempenho, ao menos durante os primeiros anos. Os investimentos em ESCs deverão ser tão seguros quanto as economias aplicadas em uma conta-poupança, mas com retorno muito maior. Investir em ESCs isentas de impostos, como títulos municipais, poderia atrair capital de risco.

Uma importante ferramenta para alcançar a redução das emissões em todos os setores da economia – mediante o estabelecimento de fortes incentivos para melhorar a eficiência energética da indústria – seria um sistema nacional (se não mesmo global) de "*cap and trade*" ("limitar e negociar"). Uma versão desse sistema – aniquilada no Senado norte-americano em 2008 – foi objeto de uma acalorada contenda política nos últimos anos da administração Bush. A natureza administrativamente incômoda do plano proposto contribuiu

---

[3] O contrato provavelmente precisaria especificar uma cota máxima de quilowatts-hora, em relação à qual todo e qualquer excesso teria de ser pago pelo proprietário domiciliar, de modo que este não teria qualquer incentivo para utilizar a eletricidade em excesso, o que eliminaria os ganhos de eficiência.

para sua extinção,[4] como igualmente contribuíram as crenças conservadoras – largamente promovidas pelos lobistas da indústria – de que a redução compulsória das emissões reduziria o crescimento econômico e custaria caro ao país. Acreditamos que tal controvérsia seja fruto de um mal-entendido e, como tal, provavelmente não se manterá como barreira por muito mais tempo – primeiro, porque é claramente possível construir grandes partes da ponte energética a um custo baixo ou mesmo negativo e, segundo, porque há uma possibilidade de realizar o comércio de carbono que envolve muito menos contabilidade e burocracia do que temem os opositores de tais planos.

Política necessária nº 1: Estabelecer um programa federal para regular e subscrever empresas de serviços de energia (ESCs) que confiram a pequenas empresas e proprietários de imóveis investimentos iniciais em eficiência energética ou melhorias em termos de energia renovável.

Política necessária nº 2: Projetar e implantar um sistema de "*cap and trade*" de carbono muito mais simples do que aqueles até então propostos ou testados. O objetivo do comércio de carbono é reformar o sistema estabelecido de precificação energética, que tem permitido o livre descarte de gases estufa em espaços públicos globais. Tentativas de estabelecer mercados de carbono nos Estados Unidos fracassaram, em parte porque sistemas como o europeu ou o projeto de lei relativo ao sistema "*cap and trade*", rejeitados pelo Senado norte-americano em 2008, tentariam especificar metas máximas de emissão de carbono para cada setor da indústria, permitindo às empresas obter os créditos necessários mediante a criação de "compensações". O problema do sistema de compensações é que é fácil demais obter crédito por um

---

[4] O sistema "*cap and trade*", iniciado na Europa alguns anos atrás, e semelhante ao que mais tarde propuseram os senadores norte-americanos Warner e Lieberman, estabelecia limites de emissões de carbono para cada empresa baseada no setor industrial. Alocava então a maioria dos créditos de carbono gratuitamente às empresas existentes, baseado em um princípio de "favoritismo" ("*grandfathering*"). Apenas uma fração dos créditos podia ser adquirida em leilão. Limitando o número total de créditos a ser emitido, esperava-se que a demanda por créditos excedesse a oferta, resultando em um bom preço de mercado. Entretanto, o sistema europeu ofertou créditos demais, provocando baixos preços no mercado e, consequentemente, um baixo incentivo para a introdução de projetos reais de mitigação das emissões. As grandes concessionárias de energia elétrica a carvão alemãs – notadamente a RWE – contavam os créditos que haviam recebido gratuitamente como um custo implícito, que repassava a seus clientes, resultando em lucros inesperados estimados em 5 bilhões somente para a RWE. A RWE contesta esse valor, mas o escândalo refletiu negativamente sobre o próprio conceito de "*cap and trade*".

investimento que teria sido feito de qualquer maneira, e que acarreta dificuldades administrativas e de fiscalização.

Um sistema que requeira permissões de carbono apenas para os fabricantes e importadores de combustíveis fósseis (hidrocarbonetos) ou produtos florestais – as empresas de carvão, petróleo, gás e madeira – será mais eficaz. Tais permissões não seriam alocadas diretamente às empresas, seja por favoritismo (*grandfathering*) ou leilão. Empresas que extraem ou importam combustíveis fósseis, madeira ou produtos agrícolas não alimentares (para a produção de etanol ou biodiesel) teriam necessariamente de adquirir permissões de carbono no mercado aberto, em quantidades determinadas pelo conteúdo de carbono de seus insumos. Os compradores seriam basicamente os grandes produtores de energia primária (empresas de carvão, petróleo e gás), que acrescentariam o custo das permissões ao custo de seus produtos. Os custos acrescentados às empresas de energia primária seriam repassados aos clientes, afetando todos os usuários *downstream* como um imposto. Entretanto, os usuários *downstream* (como as empresas fabricantes que utilizam a energia gerada por carvão ou as companhias aéreas que compram combustível) não precisariam, eles próprios, adquirir permissões, visto que o custo de suas emissões já estaria agregado ao custo de seus insumos com uso intensivo de carbono.

O segredo é alocar os créditos anual ou mensalmente apenas aos contribuintes individuais. O sistema operaria como uma versão ampliada da previdência social, ou como o sistema de milhas das companhias aéreas. O contribuinte recebedor poderia tanto vender as permissões imediatamente, por meio de um mercado computadorizado, ou poupá-las na esperança de obter um preço mais elevado no futuro. Para evitar acúmulo, as permissões precisariam ter datas de vencimento. (O governo possivelmente teria de regulamentar a criação de fundos ou títulos à base de carbono para propósitos especulativos.) O impacto seria similar ao do chamado "imposto de renda negativo" defendido muitos anos atrás pelo conservador e Prêmio Nobel de Economia, Milton Friedman.

O plano que delineamos nestas páginas reduziria significativamente as dificuldades de aplicação e o custo administrativo dos esquemas de "*cap and trade*" em torno dos quais têm disputado os legisladores norte-americanos, na medida em que apenas a primeira camada de produtores (as empresas de energia à base de combustíveis fósseis e biocombustíveis ou de madeira) seria diretamente afetada. Os reguladores do mercado teriam de monitorar as transações de carbono e as compensações de apenas um pequeno grupo de empresas, em vez de centenas de milhares de organizações espalhadas por muitos setores diferentes. Essas centenas de milhares de empresas teriam de trilhar um caminho relativamente simples – em condições de igualdade – para introduzir melhorias de eficiência energética. Igualmente importante é o fato de que os consumidores de bens e serviços com uso intensivo de energia teriam um incentivo para conservar energia.

Finalmente, o dinheiro pago por essas permissões de emissão de carbono não iria para o governo (exceto em caso de tributação da renda dos vendedores individuais) e não estaria disponível para outros projetos governamentais. Esse atributo deverá agradar aos conservadores que, teoricamente, se opõem aos gastos públicos. Enquanto isso, a alocação de permissões a indivíduos constituiria também uma transferência de receita dos grupos de maior renda (e maior consumo) para os de menor renda (e menor consumo). Isso deverá agradar aos esquerdistas que desejam ver uma partilha mais equitativa dos benefícios da revitalização da economia norte-americana.

4. Ganhos de eficiência contínuos no consumo final

Abordamos aqui aquelas aquisições de consumo independentes, como carros, lanchas motorizadas, sopradores de folhas a gás, aquecedores portáteis, TVs, computadores e outros produtos com consumo de energia. Nesse domínio, como na eficiência energética industrial, fartas oportunidades de custo negativo precisam tão somente de uma melhor disseminação das informações para tornar-se autossuficientes. A crescente popularidade das lâmpadas fluorescentes compactas é um exemplo. Mudanças políticas – como a decisão da Alemanha de proibir a venda de lâmpadas incandescentes – podem acelerar esse progresso de forma significativa. Duas dessas mudanças estão entre as reformas fundamentais sugeridas em nosso princípio fundamental nº 2 – a necessidade de substituir "segundas melhores soluções" contraproducentes por remédios que não precisem travar árduas batalhas contra incentivos que operam no sentido contrário.

Política necessária nº 1: Estender e intensificar os padrões de milhas por litro de gasolina para os veículos motorizados (média corporativa para economia de combustível, ou normas CAFE – *corporate average fuel economy*) a fim de que incluam todos os veículos, incluindo caminhões, em um cronograma ascendente – por exemplo, 45 milhas por galão (mpg) para todos os carros (rendimento já atingido pelo Toyota Prius) até 2030 e 60 mpg até 2050. Trata-se de uma meta exequível, mesmo com o espaço de tempo de (aproximadamente) 10 anos necessário para que um novo *design* seja produzido em série.[5] Caminhões ou SUVs que tenham sido classificados como "caminhões leves" não devem ser excluídos.[6] Da mesma forma, devem ser estabelecidas normas CAFE para aviões.

Política necessária nº 2: Eliminar os subsídios federais concedidos a companhias petrolíferas.

Política necessária nº 3: Introduzir uma lei de "responsabilidade ampliada do produtor" (EPR – *extended producer responsibility*) que exija das empresas que vendem produtos manufaturados complexos (como carros, TVs, computadores ou impressoras) receber de volta seus produtos no fim de sua vida útil, para fins de refabricação ou reciclagem. Essa legislação deve incorporar também medidas para facilitar a locação a longo prazo de bens duráveis em lugar da venda definitiva, já que isso proporcionaria aos locadores (e aos fabricantes) fortes incentivos para promover a eficiência operacional e realizar uma boa manutenção.

A EPR afigura-se como uma ideia radical para os norte-americanos (embora esteja próxima da adoção na Europa), em parte por ser essencialmente difícil de implementar e em parte porque, sob certos aspectos básicos, parece contrariar inteiramente a noção de "propriedade". Os problemas de implementação que encerra incluem determinar e garantir a responsabilidade pelos vários componentes do produto final, como os pneus, as baterias e o sistema elétrico dos automóveis. Deveria o fabricante original ser responsável por componentes (como freios, alternadores ou luzes) que foram trocados,

---

[5] Cerca de cinco anos para projetar e testar a carroceria, o motor e o sistema de direção novos, bem como as máquinas empregadas em sua produção, e mais cinco anos para criar a cadeia de suprimentos, construir as máquinas e a fábrica e contratar e treinar os trabalhadores.
[6] A exceção feita aos caminhões leves foi tornada lei sob o pretexto de que as pessoas *obviamente* não compram esses novos Hummer ou Lincoln para impor-se nas rodovias ou para levar as crianças à Disney World, mas para realizar trabalhos de picape, como transportar lenha ou feno para vacas.

durante a manutenção, por componentes fabricados por outros fornecedores? Resolver esses problemas e organizar a logística – na verdade, a "logística reversa" – necessária para recolher e devolver veículos em fim de vida (ou TVs, PCs ou geladeiras) a seus fabricantes levará alguns anos, mas finalizará grande parte da colcha de retalhos regulatória que cobre os incontáveis problemas acarretados pelo descarte de resíduos sólidos.

Um método devidamente testado e aprovado para estimular devoluções são os depósitos monetários reembolsáveis, os quais garantem que um produto jamais perderá inteiramente seu valor. Um depósito de 25¢ (ou menos) praticamente garantirá a devolução de uma garrafa ou lata de bebida. Um depósito de US$ 1 garantirá a devolução de qualquer bateria pequena. Um depósito de US$ 5 trará de volta qualquer cartucho de impressora usado. Um depósito de US$ 25 reaverá qualquer aparelho elétrico ou dispositivo eletrônico portátil, como um telefone celular, um PC ou uma TV. Um depósito de US$ 100 provavelmente bastará para garantir que carros velhos não sejam abandonados. O que funciona para latas ou garrafas funcionará para pneus, carros ou qualquer coisa entre eles. E cidadãos responsáveis receberão de volta seus depósitos.

A capacidade dos depósitos em reduzir o descarte e melhorar os materiais e a eficiência energética é conhecida de anos, mas só tem sido empregada de forma rara e marginal. Os fabricantes e vendedores costumam opor-se a esse sistema. Aos revendedores não interessa recolher produtos usados por razões de espaço, entre outras. Também os fabricantes não têm interesse em receber seus velhos produtos de volta, mesmo quando podem ser refabricados (o que geralmente não acontece).

Outra parte da equação é o fator "ferro-velho". Compre um carro, e ele é seu. Se mais tarde o automóvel estiver desgastado e você quiser adquirir um modelo novo mas o revendedor não aceitar o veículo velho como moeda de troca, você pode guardá-lo em sua propriedade (se for rural) ou abandoná-lo em beco ou terreno baldio qualquer, deixando que enferruje. Um dos autores deste livro, quando olha da janela de sua casa, vê uma dúzia de carros acomodados no pátio de seu vizinho, dos quais apenas um é utilizado. Mais acima na rua, num outro pátio, repousa um Volkswagen 1965 com uma árvore de quase três metros crescendo por entre as ferragens. Nos Estados Unidos existem possivelmente de 20 a 50 milhões de carros, caminhões e tratores abandonados.[7] Nas duas últimas décadas, esses refugos passaram a ser acompanhados por um sem-número de televisores, lavadoras de roupas, computadores e mesmo aparelhos médicos contendo perigosos materiais radioativos. Alguns desses descartes eventualmente são recolhidos por sucateiros, outros vão parar em aterros sanitários. Nos Estados Unidos, porém, maciças quantidades de sucata são abandonadas em lugares onde contaminam a água, o solo ou o ar, ou põem em risco a vida de crianças.

Um sistema básico de depósito para devoluções, aliado a uma política de EPR (ou "aceitar de volta"), trataria esse problema de forma ampla e radical, pela simples razão de que uma corporação que fabrique um produto complexo sob semelhante lei põe em marcha dois incentivos complementares: o consumidor recebe um incentivo para devolver o objeto adquirido ao ponto de compra (ou outro local designado), em vez de descartá-lo; o fabricante recebe um incentivo para reduzir seus custos finais de descarte ao utilizar todas as possíveis opções de reciclagem (para diversos resíduos metálicos, plásticos e químicos), além de contar com o conhecimento técnico e a capacidade de desmontagem necessários (que o consumidor não possui).

Como uma política nesses moldes contribui para ampliar a eficiência do produto durante seu ciclo de vida? Uma forma é canalizando mais sucata para a reciclagem. Por exemplo, é necessário muito mais energia para produzir aço a partir de minérios do que de sucata. O alumínio e o cobre reciclados economizam ainda mais. A EPR proporcionará um extraordinário estímulo à utilização de "minas urbanas" (reciclagem contínua de prédios, pontes, autoestradas, veículos, equipamentos industriais e produtos de consumo depreciados ou demolidos), de modo a reduzir a dependência de indústrias extrativas mais prejudiciais ao meio ambiente. O fato de a mineração urbana demandar menos energia que a mineração convencional ou a exploração florestal implica também menos consumo de combustível e menos emissões de gás carbônico.

---

[7] Os Estados Unidos possuem mais de 250 milhões de veículos registrados, mas o número dos veículos abandonados é desconhecido. Seja como for, os dados de algumas cidades e estados podem ser indicativos desse volume. O departamento de saneamento da cidade de Nova York recolheu 146.880 carros abandonados em 1989. Com a crescente reciclagem da sucata, esse número caiu para 9.200 em 2006. Recentemente, Michigan retirou das ruas 92 mil automóveis abandonados. Esses, porém, eram apenas os carros deixados em ruas públicas. A maioria dos veículos abandonados pode estar em propriedades particulares, sendo, portanto, de difícil acesso para os recicladores.

5. Descentralizar a produção de eletricidade

As etapas iniciais da reciclagem dos fluxos de energia residual e da cogeração (nº 1 e nº 2) compõem grande parte dessa viga. Tais etapas – sobretudo a reformulação das leis PURPA – estabelecem uma forma de promover uma competição de economia energética às grandes concessionárias no nível local. Mas a maior parte do esforço de descentralização deve visar às próprias concessionárias.

> *Política necessária*: Atualizar o Clean Air Act a fim de eliminar as brechas jurídicas que têm permitido às concessionárias manter operando usinas elétricas há muito obsoletas. O motivo de manter essas velhas usinas fumegantes é evitar as despesas que seriam necessárias para atualizá-las com modernas tecnologias de controle de poluição. Sob a segunda administração Bush, delegados federais trataram de zelar por essas brechas, isentando as usinas elétricas de cumprir as exigências do Clean Air Act quanto à redução das emissões de dióxido de carbono e prometendo favorecer as usinas a carvão construídas antes que as novas regras de mitigação climática entrassem em vigor. Desencadeou-se, assim, uma "Corrida do Carvão" que ameaça prejudicar ainda mais a qualidade do ar dos Estados Unidos. Em novembro de 2008, a Environmental Review Board da EPA determinou que a agência não possuía qualquer razão válida para deixar de limitar as emissões de carbono das usinas a carvão. Entretanto, em seus últimos dias de mandato, o presidente Bush passou por cima do Congresso com uma série de "ordens executivas" que procuravam anular os regulamentos. Obviamente, as brechas jurídicas relativas às usinas elétricas continuarão a constituir um joguete político até que uma atualização incontestável do Clean Air Act seja aprovada. (Ver também as vigas nº 1 e nº 2.)

6. Encontrar meios alternativos para a oferta de um serviço energético

Um tema recorrente neste livro sugere que o que realmente procuramos quando compramos no Walmart ou em uma concessionária Toyota não é um produto, mas o serviço realizado por esse produto. Infelizmente, o que nos é oferecido, na maioria dos casos, é um objeto feito de plástico, vidro ou metal que possivelmente oferecerá o serviço que desejamos. No entanto, tal produto não *é* o serviço propriamente dito. De fato, não nos dirigimos a uma agência imobiliária porque sempre acalentamos o desejo de ter uma caixa gigante de madeira – mas porque queremos ter um lar.[8] Provavelmente não sonhamos em ser proprietários de duas toneladas de aço, plástico e borracha; queremos mobilidade e conforto. Não satisfazemos nossas necessidades nem abastecemos a economia comprando casas, carros e computadores – mas comprando conforto e segurança, mobilidade e entretenimento.

Por vezes essas necessidades podem ser mais bem supridas por outros meios que não exigem adquirir ou mesmo utilizar esses produtos. Em muitos casos, é possível reduzir o consumo de energia utilizando-se um tipo de produto diferente, com menor consumo energético, para executar o mesmo serviço (ou equivalente). Exemplos clássicos incluem trabalhar em casa e fazer compras pela Internet em vez de dirigir até o local de trabalho ou lojas, ou utilizar ônibus ou bicicletas em lugar dos automóveis particulares para trajetos curtos (quando as condições permitem), ou assistir a filmes na TV a cabo em vez de ir até o cinema. Atualmente, cerca de 40 milhões de norte-americanos trabalham em casa ao menos parte do tempo, e as compras pela Internet têm evoluído a passos acelerados como alternativa ao deslocamento até o *shopping*. Um estudo Nielson de 2008 constatou que mais de 85% da população *on-line* do mundo havia utilizado a Internet para fazer compras, "incrementando o mercado de compras *on-line* em 40% nos últimos dois anos". Em tese, as compras *on-line*, ao possibilitar aos consumidores permanecer em casa em vez de deslocar-se até as lojas, também reduzirão o consumo energético.

> *Política necessária*: Estimular uma substituição da mobilidade que reduza acentuadamente a demanda energética, condicionar a alocação de fundos para rodovias federais à criação de ciclovias, sistemas de ônibus de linha rápida (BRT), tomadas de recarga para veículos elétricos e outras facilidades que ajudem os habitantes urbanos a

---

[8] O aluguel, seja de apartamentos, carros ou ferramentas, constitui uma forma de serviço que transfere parte da responsabilidade pela eficiência do consumidor para uma empresa com mais *expertise* em cálculos de eficiência. Todavia, o aluguel possui benefícios limitados nesse quesito. Mesmo um apartamento de aluguel, que fornece uma forma de serviço habitacional (não é necessário consertar o telhado ou substituir o aquecedor de água), não satisfaz as necessidades de seu ocupante até ser mobiliado com uma variedade de outros produtos, de televisores a camas, geralmente pertencentes ao inquilino.

minimizar o uso de automóveis particulares. A legislação poderia permitir a uma cidade com densa área central de negócios (com uma população diurna superior a cem mil) obter créditos de carbono mediante a criação de vias reservadas para veículos com grande ocupação e BRTs, ciclovias e estacionamento especial destinado a veículos elétricos e *car sharing*. Sobretaxas para carros grandes e pedágios urbanos para motoristas pendulares poderão financiar esses programas. A legislação poderia ainda criar um "banco de mobilidade" nacional, parcialmente financiado por esses pedágios, de modo a promover a construção dessas alternativas ao tráfego automotivo convencional. (Ver também as empresas de serviços de energia, na viga nº 3.)

7. Redesenhar as cidades

No mundo real dos próximos cinquenta anos, o choque entre o planejamento urbano e as alterações climáticas provavelmente será complexo e caótico, quase para além da imaginação. Só nos Estados Unidos, renderá literalmente milhões de reuniões de conselho, estudos de viabilidade e debates políticos entre autoridades públicas, organizações da sociedade civil, engenheiros civis e agências federais tais como o Departamento de Segurança Interna dos Estados Unidos, a Agência Federal para o Tratamento de Emergências (FEMA) e o Corpo de Engenheiros das Forças Armadas ou seus sucessores, bem como a mídia, as empresas de serviços públicos e um amplo espectro de setores (imóveis, construção, bancos e construção de estradas, entre outros).

Não nos julgamos clarividentes nem alegamos a capacidade de simplificar as complexidades o suficiente para propor, em algumas poucas páginas, um plano compreensivo ou polivalente de ações urbanas. Uma das questões que não podemos determinar é até que ponto o gelo derretido, o aumento do nível do mar ou os desmatamentos aumentarão os riscos de inundações ou marés ciclônicas catastróficas em determinadas cidades, e que medidas serão necessárias para proteger essas cidades nos próximos anos. Podemos prever que tais medidas serão necessárias em grau significativo numa série de áreas metropolitanas vulneráveis dos Estados Unidos, bem como em centenas de pequenas comunidades. Como discutimos no Capítulo 8, "Preparando as cidades para a tempestade perfeita", o que aconteceu a New Orleans em 2005 provavelmente foi apenas o começo. Em todo caso, levar as pessoas a construir quebra-mares e diques adequados ou mudar-se para outras regiões será um tremendo desafio. O replanejamento de uma comunidade, distrito ou mesmo de uma cidade deveria se dar sobre um terreno suficientemente elevado e afastado do mar, a fim de proteger seus habitantes contra a pior previsão possível do IPCC quanto à intensidade do derretimento do gelo, do aumento do nível dos oceanos e das tempestades para o século XXI.

Política necessária nº 1: Lançar uma campanha nacional nos moldes do projeto europeu de residências passivas, com uma prioridade de segurança nacional comparável à do projeto Manhattan, determinando que todas as novas construções residenciais dos Estados Unidos atinjam uma redução no consumo energético superior a 90%. Uma norma de consumo médio de energia domiciliar para uma construtora, semelhante às normas CAFE exigidas às montadoras, poderá implementar a campanha de forma barata. O governo não deverá abrir exceções para "McMansões" classificadas como *"light hotels"*.

Política necessária nº 2: Em cada região costeira vulnerável, em vez de aguardar até que surja uma situação de emergência para a qual ninguém está preparado, os estados devem estabelecer planos de longo prazo para a evacuação de ilhas e comunidades litorâneas ameaçadas e iniciar depressa as fases de execução desses planos. Ao oferecer incentivos para que as pessoas se mudem e desincentivos para que permaneçam, a primeira etapa poderá ser voluntária. (Ver as políticas necessárias nº 3 e nº 4.)

Política necessária nº 3: Aprovar legislação para garantir que os maiores riscos à vida e à propriedade sejam, tanto quanto possível, quantificados e determinados de modo local (quarteirão a quarteirão), e não sobre uma grande cidade ou região. Trazer a público os riscos associados a inundações e tempestades, bem como assegurar que os impostos prediais e as taxas de seguro contra inundações e tempestades reflitam os custos das medidas de proteção e emergência. Eliminar progressivamente os subsídios para seguro-inundação e seguro-tempestade, que se tornam cada vez mais insustentáveis. Considerar a limitação de subsídios ou a devolução de impostos para estimular a transferência para locais menos vulneráveis.

Política necessária nº 4: Incentivar cidades e regiões vulneráveis a adquirir terra em regiões mais elevadas, adjacentes ou dentro da área urbana, para uso em uma relocação gradual de bairros baixos. Rezonear os distritos mais vulneráveis, a fim de evitar novos desenvolvimentos em zonas de alto risco, e estabelecer um fundo de compensação para proprietários domiciliares que decidam mudar-se voluntariamente. Custear esse fundo mediante a fixação de um imposto suplementar para novas construções em terra virgem, com isenções para desenvolvimentos em terras altas que preencham as necessidades da relocação planejada. Na eventualidade de inundações ou tempestades com grandes prejuízos (como em New Orleans), recorrer a expropriações para assumir áreas não adequadas à reconstrução e convertê-las em parques florestais, dunas, pântanos, etc.

Política necessária nº 5: Revisar os códigos de construção para zonas de risco das quais as populações não sejam relocadas, a fim de minimizar a destruição de tubulações de gás ou cabos e equipamentos elétricos em caso de marés ciclônicas ou inundações. Embora seja difícil de imaginar que grandes cidades ou municípios serão completamente desconstruídas e reconstruídas em novos locais ainda neste século, podemos antecipar que partes significativas de cidades atualmente situadas alguns metros acima do nível do mar terão de ser relocadas para terrenos mais elevados dentro da mesma região, como discutimos no Capítulo 8. Enquanto isso, atualizar os códigos de construção para aquelas propriedades que permanecerem nas mesmas localidades poderá oferecer proteção vital contra os perigos de incêndios elétricos, quedas de energia, disseminação de águas de esgoto ou de substâncias tóxicas, contaminação da água potável e a consequente perda das proteções habituais contra a febre tifoide e o cólera. (Ver também a viga n° 6.)

8. Coordenar a gestão da água com a gestão da energia

Como discutido no Capítulo 9, "A conexão água-energia", a era pós-pico do petróleo será também uma era pós-pico da água doce. Embora a quantidade de água doce do planeta não possa aumentar, espera-se que a população mundial continue crescendo em mais de 70 milhões de pessoas por ano nos próximos anos, e a disponibilidade global da água doce *per capita* cairá de forma constante. A progressiva exaustão de muitos aquíferos irá exacerbar essa tendência. Nos Estados Unidos, o exemplo mais drástico é o Aquífero de Ogallala, que se estende desde Nebraska até o a região oeste do Texas, e irriga cerca de 20% das plantações de grãos do país. A água das chuvas não reabastece plenamente grande parte dos aquíferos "fósseis", incluindo o Ogallala, que estão sendo rapidamente exauridos. Tal exaustão só fará acelerar-se à medida que o aquecimento global agravar a estiagem. A grande Tempestade de Pó dos anos 1930, a exemplo do Furacão Katrina e das inundações do Meio-Oeste em 2008, poderá, no fim das contas, ter sido tão somente uma advertência antecipada.

Durante o período da ponte de transição energética, as medidas necessárias para a redução do consumo de combustíveis fósseis terão de incluir ações para a redução do consumo de água. Na agricultura, na indústria e no consumo doméstico, a escassez da água está se tornando, ela mesma, uma crise cada vez mais acentuada. Em cada uma dessas áreas, a crescente escassez da água e os crescentes custos energéticos exacerbam-se mutuamente. Como não podemos ampliar a oferta global de água doce, as medidas mais capazes de romper esse ciclo são aquelas que reduzem acentuadamente o consumo de água *per capita* sem reduzir a qualidade dos serviços oferecidos pela água.

Reduzir o consumo da água é uma forma eficaz de reduzir o consumo de energia elétrica para seu bombeamento, que responde por 3% do total nacional e até 7% na Califórnia.

> *Política necessária nº 1*: Eliminar os subsídios "agrícolas" para o etanol de milho, que consome 10 mil galões de água para cada galão de etanol produzido, e utilizar esse dinheiro para incrementar a irrigação por gotejamento e outras estratégias de baixo consumo de água para a agricultura. A irrigação é a maior fonte de consumo de água dos Estados Unidos (e do mundo), e a irrigação por gotejamento oferece a maior oportunidade para reduzir o consumo de água *per capita*. Por exemplo, diminuir o consumo de água no Central Valley da Califórnia ajudará a aliviar o dilema do declínio da neve derretida nas Sierras, que está levando ao iminente desabastecimento da água do California Aqueduct para a parte sul do estado. Reduzir a demanda do bombeamento de longa distância também reduzirá de forma significativa o consumo de energia elétrica.
>
> *Política necessária nº 2*: Instituir uma agência de gestão da água dentro do Ministério do Interior, com o propósito de promover programas nacionais e estaduais destinados a incrementar a irrigação por gotejamento e a reciclagem de resíduos hídricos, utilizar a água recuperada para a refrigeração das usinas elétricas, substituir gramados por jardins com projetos paisagísticos de baixo consumo hídrico e promover avanços contínuos na eficiência do consumo da água em indústrias, instituições e residências.

❖ Energizando o futuro: olhando para trás para olhar para frente

Governos e administrações do passado são mais lembrados e apreciados pela adoção de medidas que foram muito além de seu tempo. Embora o governo norte-americano dos primeiros anos subsequentes à Revolução Americana de 1776 estivesse muito ocupado administrando disputas sobre propriedade de terras, impostos, direito ao voto, escravidão e a instituição de um banco nacional, o que mais lhe devemos hoje é a criação da Constituição. Em que pesem todas as suas falhas, esse documento primário, junto com suas primeiras 10 emendas (a Declaração de Direitos), continua a nos oferecer auxílio constante mais de dois séculos após o passamento de seus autores.

Há uma explicação de cunho evolutivo para essa contínua apreciação: o desenvolvimento humano baseia-se no acúmulo transgeneracional de conhecimento e sabedoria. Não precisamos partir do zero para provar que máquinas voadoras são possíveis. Tampouco precisamos repetir os erros do Império Romano, dos polinésios ou de Mao Tsé-Tung. Graças a esse aprendizado social, podemos incorporar o conhecimento das descobertas passadas em nossa memória institucional e expandi-las. Os atuais governos do mundo (incluindo o dos Estados Unidos) têm muito trabalho a fazer, seja tapando buracos, estabilizando o sistema financeiro ou apanhando supostos terroristas. No entanto, serão mais lembrados, presumindo-se que a memória institucional e nossa espécie continuem a evoluir, pelo modo como reagiram à tempestade perfeita das crises interligadas – energéticas, econômicas e ambientais – que convergiram nas primeiras décadas do século XXI.

Capítulo 11
Implicações para a gestão corporativa

Desde as primeiras páginas deste livro sustentamos que, para a ponte de transição energética que propomos ser bem-sucedida – fazendo-nos a avançar dos combustíveis fósseis para as energias renováveis do futuro *e* impedindo o colapso econômico nesse processo –, as empresas precisam ser capazes de obter retornos relativamente rápidos sobre os investimentos, sem incorrer em maciços custos de capital. A maioria delas precisará obter tais retornos sem esperar pelos frutos do progresso tecnológico futuro, que, contrariando as tradicionais expectativas, não é automático. Argumentamos também que o sucesso desse esforço sem precedentes exigirá avanços na produtividade não apenas da mão de obra, mas dos recursos físicos dos quais depende toda a economia global.

No âmbito da energia, as empresas mais bem-sucedidas dos próximos anos não serão aquelas que injetam dinheiro nos poços sem fundo do "carvão limpo", de oleodutos de várias centenas de quilômetros, das usinas nucleares, das plataformas petrolíferas ou da produção de etanol de milho, que consome quase tanto combustível quanto produz. Perseverarão as organizações que encontrarem meios de obter mais serviço de cada dólar gasto com as fontes existentes de carvão, petróleo ou gás natural, bem como tirar proveito da energia solar ou eólica. Traçamos uma série de estratégias para tal, e citamos exemplos de empresas que obtiveram lucros substanciais a partir delas. Mas como esses lucros se traduzem em conselhos úteis para as empresas em geral?

Uma maneira de responder a tal pergunta é examinar um pouco mais de perto o pensamento de alguns daqueles que exploraram pioneiramente essas estratégias. Na Introdução e no Capítulo 2, "Recapturando a energia perdida", destacamos o caso da Cokenergy, a empresa do cinturão da ferrugem que alguns anos atrás passou a converter o calor residual de sua coqueria em 90 megawatts (MW) anuais de eletricidade limpa para abastecer a usina adjacente Mittal Steel. Esse notável arranjo não se realizou simplesmente por tratar-se de engenharia de ponta; foi também resultado da disposição de gestores com visão de futuro em questionar certas regras intocáveis da cultura empresarial então vigente, e assumir um risco calculado. A Cokenergy era fruto da imaginação de um engenheiro elétrico chamado Tom Casten, que percebeu que, se prodigiosas quantidades de calor eram desperdiçadas em todo o mundo, havia uma excelente oportunidade para fornecer um serviço de energia lucrativo. Casten fundou a empresa Primary Energy Inc. e ofereceu à Mittal Steel a oportunidade de obter considerável economia em seus gastos com combustível e emissões de carbono. A Primary Energy ainda administra essa empresa. Mencionamos anteriormente que, em 2005, somando a produção de energia limpa da Cokenergy a de uma usina de reciclagem de gás de *flare* igualmente inovadora localizada logo adiante, na U.S. Steel, as duas fábricas de Indiana gerariam mais eletricidade livre de carbono do que toda a produção norte-americana de energia solar fotovoltaica naquele ano. Até 2009, a Primary Energy estava gerando, apenas na fábrica de aço, 900 MW de energia obtida a partir da reciclagem de resíduos de combustível fóssil.

Em 2006, Casten tornou-se CEO de uma nova empresa de reciclagem energética, a Recycled Energy Development (RED), que hoje dirige com seu filho, Sean. A indústria que ele ajudou a impulsionar está crescendo a passos acelerados. Retornaremos à sua história em breve, mas, por ora, queremos enfocar um aspecto fundamental. Os Casten mantiveram a consciência de que não vendem energia – vendem um serviço de energia. Tornar mais lucrativo esse tipo de serviço depende não apenas de vender mais combustível fóssil, mas de utilizar menos combustível para uma dada quantidade de trabalho útil. Trata-se de uma ilustração de um dos princípios fundamentais que descrevemos no Capítulo 10, "Prioridades políticas". Os incentivos que hoje predominam em toda a economia energética global (para vender mais carvão, mais petróleo, mais carros e mais eletricidade) precisam mudar. Os serviços dos Casten não implicam a venda de *nenhum* combustível, visto que todo o combustível utilizado por suas fábricas já foi comprado e queimado. A incorporação dos benefícios dessa abordagem às estratégias de gestão das empresas clientes da RED permite a elas operar com muito mais produtividade.

Isso nos leva a três recomendações para os gestores de empresas e investidores que queiram triunfar naquilo que está se tornando um ambiente cada vez mais desafiador.

❖ 1. Alçar a gestão da energia ao nível mais alto do planejamento estratégico

Os gerentes mais bem-sucedidos dos próximos anos reconhecerão a importância de incrementar a produtividade da *energia* – não apenas a produtividade da *mão de obra* – em suas operações internas. Isso implicará conferir à produtividade energética um lugar à mesa da alta gerência, ao lado dos recursos humanos e da gestão financeira. Implicará reconhecer o serviço de energia como um dos pilares do *core business*, ao lado da mão de obra e do capital. Essencialmente, é o que fizeram as gigantes do aço de Indiana.

No Capítulo 4, "A revolução da energia invisível", citamos um estudo realizado pela Alliance to Save Energy no qual era constatado que muitos executivos viam os programas de economia energética como meras questões "técnicas" da competência de engenheiros, não constituindo aspectos relevantes da estratégia corporativa. Os executivos geralmente têm assumido que a "energia não faz parte de nosso *core business*". Em conformidade com essa concepção hoje obsoleta, a energia tem recebido atenção marginal e recursos orçamentários correspondentes a seu *status* de função secundária; de fato, ela não é vista como um *custo de produção controlável e fonte de lucros recuperáveis*. Também relatamos no Capítulo 4 a história de uma experiência da Dow Chemical Company que desafiou radicalmente tal suposição: a história de Ken Nelson e seus engenheiros de nível intermediário, que demonstraram por 12 anos consecutivos como uma fábrica industrial poderia obter ganhos significativos de produtividade voltando-se mais intensamente para a gestão energética.

Infelizmente, nas grandes empresas, mudar certas concepções de gestão consagradas é muito mais difícil de realizar do que simplesmente trazer outra cadeira para a mesa de reuniões. A dificuldade reside no fato de que as indústrias e empresas costumam ter culturas e ideologias profundamente arraigadas, e tendem a identificar-se fortemente com seus negócios principais. Na Dow, cujo *core business* é a fabricação de produtos plásticos, demorou mais de 12 anos para a alta administração perceber que as prioridades estavam mudando (em parte, talvez, porque a energia era razoavelmente barata naqueles anos). Para a Cabot Corporation, empresa de Louisiana que cogitava construir uma unidade de reciclagem energética, mas acabou frustrada por um recalcitrante monopólio de concessionárias de energia e uma comissão de serviços públicos (ver o Capítulo 5, "O futuro da energia elétrica"), o *core business* era a fabricação e venda do negro de fumo – e a disposição da empresa de levar a efeito seu projeto terminou esmorecendo. Para a General Motors, o *core business* era a fabricação e venda de carros e caminhões, e não a oferta de transporte com eficiente consumo de energia; durante as décadas de declínio da empresa, a gestão energética jamais ocupou parte importante de sua estratégia. É difícil para uma grande empresa mudar seu *core business*.

O colapso da indústria automobilística dos Estados Unidos em 2009 ilustra esse ponto. No início, a história trazida a público era de que as "Três Grandes" necessitavam desesperadamente de *capital* e seus CEOs estavam voando para Washington em busca de socorro financeiro. Entretanto, conforme mais detalhes do caso vieram à tona, ficou claro que a situação de sua *mão de obra* era não menos insustentável: a GM tinha milhões de pessoas colhendo benefícios, mas menos de um décimo desse número empregado para cobrir esses custos. O governo tentou um resgate temporário, mas os membros do Congresso – de ambos os lados do espectro político – suspeitavam que o primeiro empréstimo teria de ser acompanhado por um segundo, este por um terceiro, e assim sucessivamente, sem um fim à vista. Nada indicava que a GM seria capaz de produzir e vender veículos mais econômicos a tempo de manter seu barco flutuando. Como vemos agora, as suspeitas eram justificadas. Um fator essencial de crescimento econômico no setor automotivo norte-americano – o baixo preço do serviço energético, tanto na fabricação de automóveis quanto no custo esperado de dirigir esses veículos nos próximos anos – passara despercebido.

Logo, admitindo-se que a ideia de um *core business* seja básica para uma civilização calcada na especialização, ainda assim é fato que nenhuma empresa pode ser separada das pernas que a ajudam a correr. Para traçar uma analogia, suponhamos que o dono de uma equipe da NFL (liga nacional de futebol americano) considere seu astro *quarterback* o centro da imagem pública e do sucesso da equipe no campo. *Quarterbakcs* astros por vezes são designados como jogadores "franquia" e, como tais, gozam de elevado *status* financeiro. No entanto, quando o jogo começa, o *quarterback* precisa ser protegido por uma falange de defensores poderosos. Em uma empresa, os três fatores de produtividade – capital, mão de obra *e produtividade energética* – são a falange. Se não são exatamente o produto central que interessa aos analistas do mercado acionário, ainda assim são indispensáveis para esse produto.

Avançando um pouco mais nessa analogia, consideremos que, para o pouco festejado *tackle* ou *guard*, conforme distinguidos pelo dono da equipe, a atividade principal, o *"core business"*, consiste em *permitir* que o *quarterback* passe a bola. Em outras palavras, no mundo da indústria, a atividade principal não pode funcionar se as pernas da produtividade – capital, mão de obra e energia – não forem mobilizadas. Em muitas indústrias, a produtividade da mão de obra tem atraído toda a atenção, mesmo com a maior escassez de recursos e a ascensão dos preços, resultando na terceirização e na exportação do trabalho. Enquanto isso, a produtividade energética é amplamente negligenciada, em parte porque os custos da energia sempre foram muito baixos, e em parte porque a inovação tem sido frustrada por barreiras institucionais como as que descrevemos em capítulos anteriores. Por exemplo, uma empresa que espere lucrar com a reciclagem energética poderá contratar uma companhia de serviços de energia como a Primary Energy (para a qual o *serviço energético* é a atividade principal), que fornecerá o terceiro pilar de produtividade que lhe falta. No entanto, essa oportunidade de economia energética poderá ainda depender de um acordo com a concessionária local detentora do monopólio legal sobre a produção e distribuição de energia. Quando isso acontece, é como se o árbitro da partida continuasse ignorando "entradas criminosas".

Elevar a gestão energética ao mesmo nível de reconhecimento e consideração de que gozam no planejamento estratégico a mão de obra e o capital poderia neutralizar o *bullying* político exercido pelos lobistas das concessionárias e outros guardiões do velho regime, primeiro para as empresas com gestores capazes de compreender depressa a importância de redefinir o modo como a atividade "principal" realmente funciona e, depois, para toda a economia energética. Em suma, verdadeiros avanços poderão ser feitos rumo a uma prática comercial equitativa, com regras que permitam uma competição real, do tipo que pode reduzir os custos dos serviços de energia e ampliar a produtividade e o lucro das empresas, ao mesmo tempo em que diminui as emissões de carbono e conquista maior confiança junto à opinião pública.

❖ 2. Reconhecer as oportunidades de negócios e os riscos que virão com o aumento dos preços dos recursos naturais

Um segredo para um planejamento de negócios bem-sucedido nos próximos anos é reconhecer a aproximação da tempestade perfeita representada pela turbulência pós-pico do petróleo, pela obsolescência das tecnologias baseadas na queima de combustíveis fósseis, e pela escalada das alterações climáticas, ainda enquanto cruzamos a ponte de transição energética. Uma importante consequência será o aumento do preço dos recursos naturais, a começar pelo do petróleo e do gás. Isso seguramente criará riscos financeiros (e oportunidades para formas inovadoras de distribuição de riscos), mas também trará fartas oportunidades para a geração de novas tecnologias. Como enfatizamos na Introdução, a estratégia de transição energética não depende de novas tecnologias para sua imediata implementação; tampouco as empresas precisam dispor de novas tecnologias para começar a obter retornos de curto prazo sobre seus investimentos em energia. Todavia, isso não significa que deva haver qualquer hesitação no pensamento criativo, na pesquisa e no desenvolvimento que poderiam fortalecer a ponte de transição e, assim, encurtar o abismo que precisamos transpor.

A esta altura, é importante ter clara a distinção entre energia e serviço de energia, visto que muitas empresas em breve poderão ver seus respectivos preços divergirem, com consequências decisivas. Como argumentamos no Capítulo 1 (e como sugere graficamente nossa pesquisa sobre crescimento econômico), a recuperação e o crescimento futuros ocorrerão, com maior probabilidade, em empresas e setores que lograrem *reduzir* os custos do serviço energético, ainda que o preço dos combustíveis fósseis *aumente* errática mas inexoravelmente em todo o mundo.

No passado, sob as condições de grande prosperidade da era pós--Segunda Guerra Mundial, geralmente fazia sentido para as grandes empresas do setor industrial esperar que os inventores e pioneiros de tecnologias inovadoras assumissem os maiores riscos, solucionassem os problemas técnicos e de fabricação fundamentais e firmassem o pé no mercado, para então ingressar com maiores recursos e economias de escala, a fim de colher os maiores lucros. Tal era o padrão nos setores de semicondutores, computadores e biotecnologia.

Hoje, porém, sopram mundo afora ventos de uma mudança monumental, e as grandes empresas –especialmente as norte-americanas – não estão preparadas para ser pioneiras, muito embora entrar no jogo depois possa ser tarde demais. O futuro próximo provavelmente assistirá à rápida transição para os automóveis híbridos *plug-in*, os quais serão sucedidos nas décadas seguintes (nas cidades) por veículos elétricos, muitos dos quais não serão de propriedade particular. Oportunidades de empreendedorismo e investimento serão abundantes no âmbito dos *software* para *car sharing*, da infraestrutura para veículos elétricos, das bicicletas elétricas, da fabricação de baterias, dos sistemas de ônibus de linha rápida e das ferrovias de alta velocidade ao estilo europeu e japonês. Os setores de habitação e desenho urbano possivelmente verão oportunidades ainda maiores de inovação na arquitetura de baixo consumo de energia ou energia zero, na construção, na microenergia e na preparação urbana para as alterações climáticas. Oportunidades óbvias – e não tão óbvias – já estão presentes no âmbito da energia renovável, como *sites* de mapeamento e comercialização para turbinas eólicas ou extração geotérmica.

Todas essas potenciais inovações exigirão capital, evidentemente. A fonte lógica de novo capital para a inovação são as "vacas leiteiras" da economia: as empresas de petróleo e gás e as concessionárias de energia elétrica. Ao fim, essas empresas terão de reconhecer que os altos preços que determinam seus vultosos lucros exercerão também um efeito adverso sobre a demanda econômica e o emprego globais. Em tese, esse fato deveria incentivá-las a reduzir o preço de seus serviços (mediante o investimento em energias alternativas), para que a demanda se mantenha elevada. Na prática, os executivos das companhias de petróleo se deixam seduzir com demasiada facilidade pelo sonho de que ainda existem muitos poços de petróleo a ser descobertos e que o futuro próximo será como o passado. A ciência e a comunicação têm um importante papel a desempenhar aqui. O governo e o povo dos Estados Unidos terão de trabalhar duro para induzir essas empresas ultrarrentáveis, começando pela ExxonMobil, pela Shell e pela BP, a utilizar parte de seus lucros de modo a incrementar a produtividade dos recursos e a eficiência energética no nível macroeconômico.

Reconhecemos que empresários inovadores do setor privado criaram grande parte da riqueza e prosperidade presentes em nossa sociedade – fato não raro invocado como argumento contra os investimentos governamentais em geral: "Não escolha os vencedores – deixe que o mercado decida". No entanto, um exame cuidadoso da história esclarece que certos investimentos em infraestrutura são grandes demais ou lentos demais para que compensem no setor privado. Os grandes projetos de hidrelétricas (a Barragem Hoover, a Represa Grand Coulee, a Autoridade do Vale Tennessee), a eletrificação rural, o programa de estradas interestaduais, a energia nuclear, os motores a jato e os computadores são exemplos de progressos tecnológicos inicialmente financiados por polpudos investimentos governamentais. A Internet originou-se como um projeto da Agência de Pesquisas em Projetos Avançados (ARPA) do Departamento de Defesa norte-americano, destinada a possibilitar o intercâmbio de dados e informações entre os computadores das principais universidades do país. De fato, é o governo que financia a maior parte das pesquisas universitárias. A energia de fusão e os satélites solares ou a energia solar a partir da lua são exemplos de projetos com enorme potencial de retorno financeiro, mas que estão muito além da capacidade do mercado privado.

Um dos raios de esperança da crise econômica poderia ser o fato de estar lembrando à opinião pública que as empresas, o governo e a sociedade civil não são domínios separados travando uma luta polarizada, mas esferas altamente

– cada vez mais, talvez – interdependentes. Em capítulos anteriores, descrevemos parcerias público-privadas como a New York State Energy Research and Development Authority (NYSERDA), o projeto European Passive House e o World Alliance for Decentralized Energy (WADE). Nas notas finais deste livro e em nosso *website*, listamos muitas mais. A crise global ampliou o número dessas alianças e as oportunidades que geram, tanto em termos de assistência técnica quanto de financiamento. O Conselho Empresarial Mundial para o Desenvolvimento Sustentável (WBCSD) e outros grupos empresariais progressistas começaram a emergir da paralisia da polarização antigovernamental. Além disso, crescentes alianças entre empresas do setor privado e organizações sem fins lucrativos estão oferecendo orientações sobre o que é ambientalmente sustentável, tanto para as empresas quanto para a sociedade em geral.

Isso nos leva de volta a Tom e Sean Casten, empresários do tipo que os economistas têm em mente quando falam da "genialidade norte-americana" ou, em uma escala mais global, do "progresso tecnológico". Pai e filho demonstram os primeiros dois princípios que recomendamos aos gerentes de empresas: ambos têm plena consciência da importância da produtividade energética e da abundância das oportunidades comerciais presentes nesse domínio. Empresas como a deles poderão beneficiar-se de estímulos governamentais, mas, à medida que a opinião pública se torne mais consciente acerca do novo paradigma energético, receberão também mais apoio dos investimentos privados. Em novembro de 2007, a empresa de reciclagem energética dos Casten anunciou que fora aprovada para receber até US$ 1,5 bilhão em investimentos privados do fundo de participação privada Denham Capital Management, de Boston, cujos principais investidores incluíam a Harvard University e Bill Gates.

O anúncio da Recycled Energy Development não foi uma anomalia. Com o aumento permanente dos níveis atmosféricos de dióxido de carbono e a crescente preocupação pública com o dilema da energia global, os investimentos privados nas vigas da ponte de transição energética estão abandonando o caráter experimental e tornando-se robustos. O fundamental, como mostramos, é que esses investimentos muitas vezes podem proporcionar duplos dividendos, na forma de benefícios corporativos e sociais, às vezes a um "custo negativo". "[Tal descoberta] está permitindo mais aplicações de capital [capital deployments] do que jamais vimos", admitiu John Balbach, sócio-diretor do Cleantech Group LLC. de Brighton, Michigan, à época do anúncio da RED. E, como diz Riaz Siddiqui, diretor executivo da Denham, "O aspecto mais estimulante é a possibilidade de reduzir a pegada de carbono da indústria norte-americana *lucrativamente*".

❖ 3. Prepare-se, onde quer que esteja

A transição energética que se avizinha afetará todos os tipos de negócios, da mineração carbonífera aos serviços de colarinho-branco (educação, mídia, consultoria, direito, etc.), bem como das corporações multinacionais aos empreendimentos unipessoais. Aqueles que mais depressa identificarem e se adaptarem à situação terão maior probabilidade de sobreviver e triunfar. Nenhuma empresa permanecerá incólume, porque nenhuma empresa pode operar sem energia, seja na forma de alimento para sua força de trabalho, combustível para suas fábricas, calefação ou iluminação para seus escritórios ou eletricidade para suas telecomunicações. Em anos passados, tais custos eram em sua maioria pequenos e estáveis; não constituíam objeto de preocupação no planejamento de modelos de negócios ou na satisfação de credores ou investidores. Tal realidade está mudando em cada elo da cadeia econômica. Como exemplo, um construtor de um prédio de escritórios não pode levar em conta apenas o custo da construção por metro quadrado; para ser competitivo, ele precisa também dar considerável peso aos custos de todos os serviços energéticos da estrutura e à segurança dos recursos e tecnologias utilizados para supri-los. Deve considerar a pegada de carbono da edificação, assim como sua pegada arquitetônica. Isso implica galgar uma curva de aprendizado arquitetural muito mais acima do que bastou na maior parte do século passado. Se o construtor do edifício for particularmente experimentado e astuto, considerará a proximidade do transporte público, das unidades de *car sharing*, da infraestrutura para veículos elétricos, das ciclovias e do ar puro.

Os paleoantropólogos nos dizem que antes do início da civilização os humanos podem ter passado a maior parte de suas horas ativas caçando ou arranjando comida. O desenvolvimento da agricultura, com um agricultor capaz de produzir comida para várias pessoas, liberou as pessoas para viver em povoados e desenvolver outras ocupações e indústrias. Entretanto, a expansão populacional (mais de mil vezes maior desde as primeiras civilizações) e o consumo voraz dos recursos naturais tornaram a economia moderna insustentável, particularmente em sua pesada dependência dos combustíveis fósseis, que tende a continuar avançando perigosamente muitos anos dentro deste século. Uma consequência poderá ser uma regressão à consciência comunitária de um mundo em que todas as pessoas partilham uma *preocupação* comum. No futuro, à medida que continuemos a aprimorar nossas habilidades e atividades especiais, talvez a capacidade de explorar de forma econômica a energia física de que dependem a produção de comida, e todas as demais atividades e empresas humanas, jamais se distancie de nossa consciência.

Capítulo 12
Quanto e quão rápido?

Este livro faz uma forte afirmação: o fundamental para a oferta energética dos Estados Unidos à próxima geração – *até* que as energias renováveis atinjam escala – *não* é desenvolver novas fontes de petróleo ou gás natural em lugares cada vez mais inacessíveis e a custos cada vez mais elevados, mas incrementar substancialmente a quantidade de *serviço* energético que obtemos das fontes de combustível fóssil existentes. Afirmamos ainda que, utilizando as tecnologias atuais e estratégias de negócios comprovadas, tal meta poderá ser atingida em concomitância com a redução acentuada das emissões dos gases geradores do efeito estufa – e a um custo surpreendentemente modesto para os contribuintes. Julgamos haver razões convincentes para acreditar que semelhante estratégia é crucial para a manutenção da prosperidade econômica e da ordem civil, bem como para a construção de uma ponte viável rumo à energia limpa do futuro.

Examinamos as várias "vigas" necessárias à construção de nossa ponte transicional, sugerindo que, juntas, poderão incrementar a eficiência total dos Estados Unidos na conversão da energia primária em trabalho útil de seus anêmicos 13% atuais para 20% ou mais. Tal medida equivaleria a reduzir o consumo de energia da nação em mais da metade, sem qualquer redução em nosso padrão de vida. De acordo com outros dados, o Conselho Norte-Americano de Economia e Eficiência Energética (ACEEE) estima que os Estados Unidos possam reduzir de forma economicamente eficiente seu consumo de energia por dólar do PIB em 20-30% ao longo dos próximos 20 a 25 anos. Como observamos no Capítulo 5, "O futuro da energia elétrica", tal estimativa provavelmente subestima as possibilidades. A esta altura, é natural indagar quanto a economia energética (e a redução das emissões de gás carbônico) das vigas que sugerimos têm a contribuir *de fato*? E quanto tempo levaremos para construir a ponte e atravessá-la?

Para sermos francos, reconhecemos, não sem inquietação, que, neste preciso momento de turbulência da história humana, as respostas para tais questões ainda não foram determinadas. Dependem de uma gama de eventos que ninguém pode prever com segurança. Se a próxima década assistirá a uma das maiores cidades do mundo ser destruída por um furacão de categoria 5; se o pico do petróleo revelará ter passado em 2010, 2012 ou muito depois; se algum chocante acontecimento geopolítico da magnitude de Pearl Harbor ou do 11 de setembro tornará a varrer da consciência de nossos políticos e legisladores um planejamento de longo prazo; se os Estados Unidos e outros governos terão a coragem política de remover antigas barreiras institucionais à eficiência energética, e estabelecer incentivos eficazes em seu lugar; se encontraremos sucesso suficiente no desenvolvimento tecnológico das energias renováveis (como a descoberta de uma nova fonte de telúrio para a energia solar fotovoltaica) para incrementar as novas indústrias mais depressa do que seria possível imaginar – essas e outras questões ainda sem reposta determinarão como irão contribuir os benefícios de nossas vigas. O futuro da relação energia/clima é um alvo que se move depressa.

Incertezas adicionais decorrem do fato de que as vigas afetam uma às outras. Se os veículos elétricos (VEs) *plug-in* realizarem rápidos progressos, por exemplo, criarão uma nova demanda por eletricidade que aparentemente justificaria a construção de novas usinas elétricas a carvão. Por outro lado, uma penetração igualmente célere dos sistemas descentralizados de cogeração local poderia compensar a carga extra imposta à rede elétrica pelos VEs. Ademais, uma rápida escalada desses veículos proporcionaria capacidade de armazenamento (na própria rede) para fontes intermitentes, como as energias eólica ou solar fotovoltaica. *Trade-offs* certamente ocorrerão entre as várias vigas.

Apesar de tudo, é possível realizar estimativas razoavelmente sólidas e significativas quanto ao potencial de economia energética e redução de emissões de cada uma das oito vigas propostas, ou de importantes elementos que as compõem sob cenários específicos. Nenhuma pessoa ou governo precisa ver como se combinam essas vigas para perceber o valor de implementá-las individualmente, como metas econômicas e de segurança energética cruciais. Basta saber que, apesar das incertezas que nos aguardam adiante, essas vigas apoiam um objetivo comum para a economia energética dos Estados Unidos, e de cada país que hoje dependa substancialmente do consumo de combustíveis fósseis. Este capítulo resume os benefícios para os Estados Unidos.

❖ Reciclagem da energia residual na indústria

A primeira viga de nossa ponta energética é "reciclar" os fluxos de energia residual de alta qualidade provenientes das instalações industriais, incluindo refinarias de petróleo, compressores de gás natural, fornos de coque, usinas de negro de fumo, refinarias de silício, fornos de vidro, fábricas de papel e operações metalúrgicas de todos os tipos. Conforme discutido no Capítulo 2, "Recuperando a energia perdida", esses fluxos residuais podem estar na forma de calor de alta temperatura, vapor ou gás de *flare*, ou na forma de energia de compressão desperdiçada. Atualmente, cerca de 10.000 MW (10 GW) dessas correntes de energia residuais são recuperados nos Estados Unidos. Entretanto, um estudo do Lawrence Berkeley Laboratory encomendado pelo Departamento de Energia identificou um potencial adicional de 95.000 MW (95 GW), que poderia gerar até 10% da eletricidade da nação a custos de capital inferiores ao que exigiria a construção de novas usinas elétricas a carvão, sem quaisquer custos com combustível e com reduzidas emissões de carbono. (Um estudo mais recente realizado em parceria pela Agência de Proteção Ambiental e o Departamento de Energia dos Estados Unidos verificou um potencial menor, de 65 GW, mas ainda assim equivalente a cerca de 7% da produção de energia elétrica dos Estados Unidos.) A maior parte dessas economias se traduziria diretamente na menor necessidade de carvão ou gás natural. Outros 6.500 MW de eletricidade livre de carbono poderiam ser gerados convertendo-se a energia de compressão nas tubulações de gás natural em eletricidade, por meio de turbinas de contrapressão de baixo custo. O consumo de carbono, hoje quase inteiramente confinado à geração de energia elétrica, poderia ser reduzido em cerca de 15%. A maioria desses benefícios poderia concretizar-se dentro de uma década, depois de removidas as restrições legais e institucionais.

❖ Cogeração descentralizada (CHP)

O maior desperdício de energia verificado atualmente nos Estados Unidos está no combustível utilizado para a calefação (ou refrigeração) de prédios e casas – mais escandalosamente, na calefação elétrica gerada por usinas movidas à queima de combustíveis. Como discutimos nos Capítulos 5, 10 e 11, as concessionárias elétricas contam com fortes incentivos para incrementar seus investimentos de capital em centrais e cabos elétricos, e assim vender mais eletricidade, geralmente oferecendo descontos aos construtores para que utilizem aquecedores elétricos de resistência. No entanto, graças aos avanços tecnológicos realizados desde que o sistema de usinas elétricas centralizadas entrincheirou-se, muitas décadas atrás, agora é possível gerar eletricidade com eficiência em uma escala relativamente pequena (até algumas dezenas de quilowatts), adequada para edifícios de apartamentos, hospitais, escolas, lojas de departamentos, pequenas fábricas e mesmo casas individuais. Para dar uma ideia geral da magnitude das economias que poderiam ser obtidas transferindo-se toda nova capacidade para o sistema CHP, notamos que em 2008 a World Alliance for Decentralized Energy (WADE), servindo--se de dados da Agência Internacional de Energia, estimou que as economias de capital em todo o mundo poderiam alcançar a cifra de US$ 5 trilhões nas próximas duas décadas. Se os Estados Unidos responderem por qualquer coisa próxima de sua atual quinta parte do consumo energético global (embora essa cota tenda a cair, na medida em que a China e outros países crescem mais depressa), podemos esperar que as economias potenciais para investimentos em serviços de energia no país totalizarão mais de US$ 1 trilhão durante esse período, com correspondente redução no consumo de combustíveis fósseis.

Para oferecer outra perspectiva ampla, observe que apenas 8% da energia elétrica consumida atualmente nos Estados Unidos provêm de unidades de CHP, ao passo que diversos países exploram esse sistema muito mais intensamente: na Dinamarca, a cogeração responde por 51% de toda a energia elétrica gerada; na Finlândia, por 37%; e, na Rússia, por 31%. Parte significativa do calor produzido pelos sistemas de cogeração nesses países destina--se ao aquecimento urbano (*district heating*), de pouca utilidade nos Estados Unidos. No entanto, isso em nada diminui o fato de que a moderna geração combinada de calor e eletricidade poderia proporcionar – e proporciona, em diversos países – muito mais serviço energético por unidade de combustível do que a indústria norte-americana. E, uma vez mais, com benefícios correspondentes quanto às emissões de carbono: na Dinamarca, as emissões de CO_2 caíram de 60 milhões de toneladas métricas em 1991 para cerca de 50 milhões em 2005, período em que subiram na maioria dos outros países.

Em um ensaio publicado na revista *American Scientist* em 2009, Thomas Casten e Philip Schewe calculavam que, nos Estados Unidos, o potencial de economias *imediatamente* rentáveis do sistema de cogeração descentralizado chega a 135 GW, volume que, somado ao potencial de 65 GW (ou mais) da reciclagem energética industrial, corresponde a 20% ou mais da produção total de energia do país, e a um percentual semelhante de redução das emissões de dióxido de carbono. Esses números não levam em conta as contribuições potenciais da microenergia (painéis fotovoltaicos em telhados, pequenas turbinas eólicas, etc.), discutida brevemente, tampouco a probabilidade de que os preços da energia fóssil venham a subir inexoravelmente no futuro, tornando a eficiência energética mais lucrativa. Acreditamos que a eficiência exergética (energia útil) média da geração elétrica nos Estados Unidos poderia subir de 33 para 40% no próximo decênio, e para 50% até a metade do século, simplesmente incentivando-se a cogeração descentralizada.

❖ Eficiência do consumo de energia em prédios e instalações industriais

A indústria utiliza cerca de um quarto de toda a energia consumida nos Estados Unidos. Os edifícios utilizam outro quarto, sem incluir a eletricidade consumida em seu interior. Como vimos no Capítulo 5, "O futuro da energia elétrica", divergimos frontalmente da visão dos principais economistas conforme a qual o potencial para a redução do consumo e das emissões nesse setor é relativamente insignificante. O Conselho Norte-Americano de Economia e Eficiência Energética (ACEEE) divulgou em 2008 um estudo no qual era constatado que três quartos de toda a nova demanda de energia dos Estados Unidos nos 38 anos anteriores haviam sido preenchidos pelo aumento da eficiência energética, e apenas um quarto por novas ofertas de petróleo, carvão e outras fontes convencionais. Cerca de 72% desse *boom* da "energia invisível" ocorreu nos setores de construção e indústria.

De acordo com a Agência de Proteção Ambiental (EPA) e o Vanguard Group de fundos mútuos, os investimentos em eficiência energética geralmente são de baixo risco (quase tão bons quanto as letras do tesouro emitidas pelo governo norte-americano) e, no entanto, produziram retornos elevados de cerca de 25%, em média – resultado muito superior ao da maioria das ações e títulos. Cumpre notar que tal avaliação foi realizada antes da crise financeira de 2008-09. Porém, dado o papel desempenhado pelos serviços de energia no crescimento econômico da nação, como vimos no Capítulo 1, "Um despertar norte-americano", os retornos sobre os investimentos em eficiência, em comparação com outras opções de investimento, poderiam ser ainda maiores nos próximos anos.

O ACEEE observa que "mal começamos a arranhar a superfície das economias potenciais que poderiam ser obtidas com investimentos adicionais em tecnologias de eficiência energética" e que "as descobertas de nossa pesquisa indicam que, em um ambiente de aceleradas transformações de mercado e rápida expansão dos investimentos em eficiência, investimentos totais em mais tecnologias de eficiência energética poderiam ampliar o mercado anual de eficiência energética em quase US$ 400 bilhões até 2030, resultando em um mercado anual de eficiência de mais de US$ 700 bilhões em 2030".

❖ Eficiência no uso final

Dedicamos neste livro uma atenção relativamente modesta à eficiência no uso final da energia, exceto em nossa discussão dos automóveis em ambientes urbanos, por tratar-se de uma das estratégias mais discutidas na mídia popular. Inferimos que a maioria dos norte-americanos já esteja ciente dos benefícios da utilização eficiente de luminárias, condicionadores de ar e automóveis econômicos. A esta altura, porém, cumpre reconhecer que essa viga não constitui, absolutamente, um aspecto menor de nosso assunto. Em sua análise de 2008 sobre o mercado de eficiência energética dos Estados Unidos, o ACEEE constatou que os aparelhos elétricos e eletrônicos beneficiaram-se da maior cota de investimentos relacionados à eficiência verificada nas últimas décadas: 29%, ou US$ 87 bilhões (Curiosamente, esses aparelhos atraíram mais atenção do que os automóveis.)

Em outro estudo de 2008, a Agência Internacional de Energia (AIE) apresentava a seguinte conclusão: "Ampliar a eficiência do consumo de energia e descarbonizar o setor energético poderia reduzir as emissões aos níveis atuais até 2050". Durante esse intervalo de quatro décadas, a AIE estima que a eficiência do uso de combustíveis responderia por 24% da redução prevista para as emissões, ao passo que a eficiência do consumo de eletricidade seria de 12%. De forma significativa, mesmo após quatro décadas, os ganhos combinados de eficiência do uso final (36% do total) ainda seriam substancialmente maiores do que aqueles proporcionados pelas energias renováveis (21%). Isso confirma uma vez mais a importância de dispormos de uma ponte de transição confiável para o dia em que as energias renováveis alcançarem real supremacia. Contudo, acreditamos que o uso de fontes renováveis pode e deverá crescer mais depressa do que calculam as conservadoras projeções da AIE.

Às vezes soluções simples superam engenharias complexas, o que poderá se aplicar à eficiência automotiva durante o período de transição energética. Um dos autores deste livro dirige atualmente um modesto automóvel a diesel com cinco assentos, capaz de perfazer 40 milhas por galão, sobretudo em trajetos urbanos. Se todos nos Estados Unidos obtivessem esse nível de economia, o consumo de combustíveis automotivos cairia quase pela metade.

Em que pese toda a atenção dedicada ao tema da eficiência energética, é difícil fazer projeções realistas quanto aos ganhos futuros que ela poderá proporcionar, em vista da crise da economia global e de nossas precauções em relação a prognósticos de crescimento econômico (tema discutido no Capítulo 1). Por outro lado, a mudança das prioridades energéticas e climáticas ocorrida com a eleição do presidente Obama deu início a um programa há muito aguardado de subsídios para energia, que enfatiza a eficiência e a conservação, bem como as energias renováveis. Em 2007, os subsídios federais para um consumo final eficiente não passavam de US$ 2,2 bilhões. Com o pacote de "incentivos" de 2009, começamos a levar a coisa mais a sério. Nos próximos anos, se direcionarmos um volume mais substancial de subsídios para estratégias verdadeiramente produtivas, como a integração de aparelhos eficientes com residências com consumo de energia zero e zero emissões, ou a retomada do progresso das normas CAFE para carros e caminhões, poderemos obter retornos consideráveis e relativamente rápidos. Dada a relação crucial entre os (baixos) custos dos serviços energéticos e as perspectivas de produtividade e crescimento econômicos, esses investimentos mais robustos poderão desempenhar um papel central na revitalização da economia norte-americana na próxima década.

❖ Desencadeando a revolução microenergética

Assumindo as mudanças recomendadas no PURPA e nas leis estaduais que regulam as concessionárias de energia elétrica, veremos o aperfeiçoamento de sistemas de CHP de média escala para *shopping centers*, escolas, hospitais, prédios de escritórios, edifícios de apartamentos e pequenas fábricas. Provavelmente veremos também algumas aplicações experimentais de pequenos sistemas de CHP nas novas residências (embora o conceito de "casa passiva", discutido no Capítulo 8, "Preparando as cidades para a tempestade perfeita", torne desnecessários, nas novas construções, os sistemas de calefação residencial). Não obstante, os painéis solares fotovoltaicos poderão converter, por todo o país, telhados e outras superfícies planas orientadas para o sul em uma importante fonte de eletricidade limpa (assim como de água quente) para a rede elétrica muito antes do fim deste século. Mais especificamente, esse desenvolvimento já está bastante adiantado em diversos países e estados (com o respaldo de subsídios, há que admitir, mas sem a necessidade de romper o monopólio das concessionárias), gerando entusiasmo e uma indústria nova e dinâmica. O Million Solar Roofs Plan da Califórnia deverá, conforme as expectativas, produzir 3.000 MW de eletricidade e reduzir os gases estufa em 3 milhões de toneladas até 2018, resultado equivalente a retirar um milhão de carros de circulação.

Poucos estados são contemplados pela luz solar que banha o sul da Califórnia, mas, ainda que as demais 49 unidades federativas do país pudessem explorar a energia solar fotovoltaica a uma média de um quarto da taxa *per capita* da Califórnia, o lucro nacional não seria mais que o dobro do californiano. Economias mais significativas demandariam mais uma década ou duas. No entanto, mesmo a médio prazo, a contribuição dos telhados fotovoltaicos poderá ajudar a fornecer energia para uma rede de estações de recarga para veículos elétricos, reduzindo ou eliminando a necessidade de novas centrais elétricas para esse mercado.

❖ Substituindo os serviços energéticos

Como observamos em nossa discussão do Capítulo 10, um princípio fundamental da estratégia transicional é reestruturar a gestão energética de modo que, em vez de receber incentivos para vender mais produtos (e, consequentemente, mais da energia utilizada para fabricar ou operar esses produtos), as empresas venderiam serviços energéticos, que se tornariam tanto mais rentáveis quanto *menos* energia elas utilizassem. Observamos que um mecanismo essencial para tal substituição seriam as empresas de serviços de conservação de energia (ESCs), que fornecem, em vez de energia elétrica, serviços como calefação ou iluminação residencial. Se a melhoria da eficiência energética residencial pudesse reduzir o consumo de combustíveis fósseis a uma média de 20%, tal margem seria suficiente para oferecer incentivos às ESCs e aos consumidores para que realizem essa melhoria. Mas mesmo sem considerar as ESCs, substituições inteligentes poderão render grandes benefícios. Por exemplo, se as compras pela Internet e o trabalho em casa pudessem, juntos, substituir 10% de todos os deslocamentos automotivos nos próximos 10 anos, reduziriam o consumo de petróleo nos Estados Unidos em cerca de dois milhões de barris por dia. Isso, por si só, reduziria a necessidade de importar petróleo em um sétimo do total atual.

❖ Redesenhando as cidades para o futuro

Esta é uma área na qual os tipos de incertezas descritos no início deste capítulo tornam qualquer quantificação particularmente difícil. Podemos comparar os benefícios de investir no projeto urbano em preparação para um futuro de perturbações climáticas e escassez de recursos aos benefícios de adquirir um seguro: não é possível prever quais serão as consequências para uma dada cidade ou espaço de tempo, mas dados atuariais garantem tratar-se de um investimento que seríamos tolos se não o fizéssemos. Para compreender melhor tal avaliação, considere o que aconteceu à Flórida em 1992, quando tomada de assalto pelo Furacão Andrew. Os estragos custaram cerca de US$ 38 bilhões, e algumas companhias de seguros fecharam as portas. Se um furacão de tal magnitude tivesse atingido Miami de frente, o estrago seria comparável ao de uma bomba atômica. Passados 13 anos, o Furacão Katrina infligiu prejuízos de US$ 40 bilhões ao país. Com a intensificação das mudanças climáticas, os riscos de tais eventos tornam-se maiores a cada ano que passa. Se um programa nacional (ou global) de mitigação e adaptação a tais alterações for implementado, a possibilidade de evitar o pior de um grande furacão ou maré ciclônica já terá valido o investimento. Mas a provável realidade para o próximo século é que veremos *muitos* eventos climáticos extremos, com variados graus de devastação. Programas abrangentes combinando medidas de mitigação e adaptação passaram a ser assunto de segurança nacional, tanto quanto de segurança energética. Todavia, não são apenas as cidades costeiras ou ribeirinhas que podem – e deverão – ser gradualmente reprojetadas em função das alterações climáticas: programas que visem a reduzir o domínio automotivo sobre os espaços urbanos, fortalecer a confiança nos sistemas de ônibus de linha rápida, e minimizar ou eliminar a necessidade de energia para a calefação de edifícios (conforme discutido no Capítulo 8) irão gerar economias de longo prazo que, no devido tempo, poderão mais que cobrir os custos dessas melhorias.

❖ Reformando a gestão da água doce

A conservação da água doce é importante por si só, não necessitando ser defendida em termos de suas implicações energéticas e climáticas. Os economistas são praticamente unânimes quanto à necessidade de racionalizar os mercados da água. A prescrição habitual é precificar a água doce. O problema é que a maior parte dela é utilizada para irrigação, e a produção alimentícia de larga escala depende de uma irrigação de larga escala. No entanto, os consumidores industriais e urbanos em geral estão preparados para oferecer um "lance" mais alto que os agricultores pela água de irrigação. As cidades que se expandem em áreas áridas como o sul da Califórnia, Nevada, Arizona e Texas desviaram enormes quantidades de água dos poucos rios da região (especialmente o Colorado), deixando muitos agricultores na dependência de poços com bombas e pulverizadores pouco eficientes. Boa parte dessa água provém de aquíferos que restarão secos dentro de algumas décadas, na melhor das hipóteses, resultando em uma possível reprise da grande Tempestade de Pó do início dos anos 1930 (exceto que, da próxima vez, as novas gerações de "*Okies*"* não terão para onde ir – a Califórnia, principal destino da década de 1930, encontra-se já, ela própria, carente de água). Como a escassez de água é exacerbada pela necessidade de bombear água de profundidades e distâncias cada vez maiores, ela impõe demandas cada vez maiores de energia. A prática atual de destinar grandes quantidades de água de irrigação para o cultivo de milho ou soja com vistas à produção do etanol utilizado para substituir pequenas quantidades de gasolina agrava ainda mais o problema. Cada galão de etanol eliminado economizaria 10 mil galões de água – e a energia empregada para bombeá-la.

❖ Investindo no futuro: o momento decisivo

Mesmo sob aquilo que o presidente Obama chamou em seu discurso inaugural de "nuvens negras" do futuro global, o caminho para tal futuro agora está claro: nossos investimentos nesse futuro precisam ser *duplos*, com um fluxo direcionado à economia da energia limpa e baixo carbono, a ser introduzida gradualmente no curso das próximas décadas, e o outro, igualmente forte, direcionado à ponte transicional. Sem a devida atenção a essa ponte, as economias norte-americana e global poderão sucumbir à crescente pressão de uma população em expansão, da escassez de recursos, do declínio ambiental e dos transtornos climáticos.

---

*N. de T.: Termo que originalmente denota os residentes ou nativos de Oklahoma; pejorativamente, refere-se aos trabalhadores rurais migratórios.

Seja como for, dispomos agora de fartos indícios de que uma ponte segura e sólida *pode* ser construída, de forma rápida e acessível, contanto que se adotem os tipos de políticas aqui delineados. Entre tais indícios está um sistema norte-americano de geração elétrica que, nas últimas quatro décadas, parou nos 33% de eficiência, quando as tecnologias existentes liberadas por mudanças regulatórias poderão, com o tempo, elevar esse índice para 60% ou mais. Temos a oportunidade de economizar centenas de bilhões de dólares em custos de capital de novas centrais elétricas, descentralizando um sistema central obsoleto. Temos a oportunidade de reduzir o consumo de combustíveis fósseis e as emissões de carbono no país em 10% ou mais, aproveitando os fluxos de energia residual. Temos a monumental oportunidade de elevar a eficiência energética *geral* da economia norte-americana, hoje estagnada em 13%, para pelo menos 20% – e provavelmente mais. E, é claro, temos a oportunidade de salvar as cidades e comunidades da Costa Leste e do Golfo do México dos impactos potencialmente catastróficos decorrentes da intensificação das alterações climáticas – e, ao mesmo tempo, melhorar concretamente a segurança energética e a qualidade de vida de todas as outras cidades e comunidades.

Talvez mais significativo do ponto de vista pragmático seja o fato de que, com os métodos existentes, comprovados e relativamente baratos, temos a oportunidade imediata – não teórica, hipotética ou condicional – de fazer tudo isso de uma maneira que permita muitas possibilidades de investimentos lucrativos. Por fim, essa é uma oportunidade – um imperativo, acreditamos – de adotar uma linha de ação que, longe de prejudicar ou deprimir ainda mais a economia, como temem os principais economistas, conferirá a ela uma vida nova e robusta.

Comentários e referências

❖ Introdução: o abismo a ser transposto

Podem as energias renováveis substituir o carvão em uma década?
A petição de Al Gore para "reenergizar" a América ("Repower America") (ver http://wecansolveit.org) identifica as energias eólica, solar, solar fotovoltaica e geotérmica como opções capazes de substituir a totalidade das usinas elétricas a carvão em uma década (Gore, 2008). Tal meta é irreal. Por certo, a produção norte-americana de fontes de energia renováveis crescia a passos acelerados antes da crise financeira de 2008, pulando de 352 terawatts-hora (tWh) em 2006 para cerca de 500 tWh em 2008 – um oitavo do total do país. No entanto, 80% dessa energia renovável produzida hoje é hidreletricidade, que não pode crescer (praticamente todos os locais possíveis já estão em uso); boa parte do restante provém da combustão de madeira e de resíduos municipais. As fontes com que nós (e Gore) contamos para o futuro proveem menos de 2% da atual produção energética do país (relatório anual do Departamento de Energia dos Estados Unidos). Para uma discussão mais aprofundada sobre as perspectivas para as energias **eólica**, **solar**, **solar fotovoltaica** e **geotérmica**, ver o *website* deste livro, no endereço www.informit.com/register. (Vá a esta URL, registre-se e informe o ISBN. Após o registro, um *link* para o conteúdo-fonte constará da página de sua conta, sob Produtos Registrados.)

Fábricas do "cinturão da ferrugem" de Indiana: Ver Casten e Ayres, 2007.

Energia, exergia, eficiência e trabalho útil: Energia é um desses conceitos escorregadios que todos empregam sem pensar, mas que dificilmente alguém compreende realmente. Tem sido chamado de "recurso final", o que não é uma definição. Entretanto, para os propósitos deste livro, é importante ter presente que a maioria das pessoas utiliza o termo *energia* quando, na verdade, querem dizer *exergia*. Exergia é o termo técnico que designa aquele componente da energia potencialmente disponível para realizar *trabalho útil* (Rant, 1956; Glansdorff, 1957). Há diversos tipos de exergia: trabalho mecânico, trabalho elétrico, trabalho químico, etc. A definição técnica de *trabalho* nos remete à termodinâmica, mas a ideia básica que comporta é de que o trabalho mecânico é necessário para acelerar um veículo ou para vencer a fricção, a resistência do ar ou a gravidade (p. ex., escalar uma montanha ou levantar um balde); o trabalho elétrico é necessário para vencer a resistência elétrica; o trabalho químico, para reduzir um minério ou separar os elementos em um composto; e assim por diante. Para uma discussão abrangente sobre esse tema, ver Szargut, Morris e Steward, 1988.

- ❖ Casten, Thomas R. e Robert U. Ayres. "Energy Myth #8: The U.S. Energy System Is Environmentally and Economically Optimal." In *Energy and American Society: Thirteen Myths*, editado por B. Sovacool and M. Brown. New York: Springer, 2007.
- ❖ Glansdorff, P. "On the Function Called Exergy and Its Application to Air Conditioning." *Bull. Inst. Int. Froid* Supp 2: 61–62.
- ❖ Gore, Al. *A Generational Challenge to Repower America*. Citado em 31 jul. 2008. Disponível em: www.wecansolveit.org/pages/.
- ❖ Rant, Z. "Exergy, a New Word for Technical Available Work." *Forsch. Ing. Wis.* 22 (1): 36–37.
- ❖ Szargut, Jan, David R. Morris II e Frank R. Steward. *Exergy Analysis of Thermal, Chemical, and Metallurgical Processes*. New York: Hemisphere Publishing Corporation, 1988.
- ❖ United States Department of Energy, Energy Information Administration. *EIA Annual Energy Review*. Washington, DC: United States Government Printing Office.

❖ 1. Um despertar norte-americano

Estatística histórica. Para dados históricos desde 1970, utilizamos os anuários do Departamento de Energia dos Estados Unidos. Para anos anteriores, nos valemos do United States Bureau of the Census (1975), bem como de Schurr e Netschert (1960). Para dados sobre **preços de energia**, além de Schur *et al.* e das publicações anuais da Agência de Informação Energética do Departamento de Energia dos Estados Unidos (Departamento de Energia dos Estados Unidos, anuário), ver Potter e Christy (1968).

Crescimento energético e econômico: O primeiro a chamar atenção para a relação fundamental entre oferta energética e crescimento econômico foi o ganhador do Prêmio Nobel de Química, Frederick Soddy, na década de 1930. Os economistas em peso desdenharam Soddy como um excêntrico, embora a maioria de suas recomendações tenha sido adotada desde então. Seu pecado, aos olhos dos economistas, era defender uma teoria energética do valor e sugerir que a oferta de dinheiro estava atrelada à oferta de energia (Soddy, 1933, 1935). Os primeiros economistas a enfatizar a importância fundamental das leis da termodinâmica para o sistema econômico foram Nicholas Georgescu--Roegen e Herman Daly (Georgescu-Roegen, 1971, 1979; Daly, 1979). Ambos viam o sistema econômico como uma espécie de organismo vivo que extrai recursos de alta qualidade (baixa entropia) do ambiente e excretam resíduos de baixa qualidade (alta entropia) que não podem ser reciclados indefinidamente sem uma oferta contínua de energia solar ou fóssil. Tal visão é incompatível com a clássica teoria do crescimento econômico, promulgada nos anos 1950 pelo Prêmio Nobel Robert Solow (por exemplo, em Solow, 1957, 1956), em que a maior parte desse crescimento é atribuída a um "progresso tecnológico" inexplicável (ou "produtividade total dos fatores"), mas o consumo energético não desempenha qualquer papel explícito. Após a "crise energética" de 1973-1974, muitos economistas nos anos 1970 tentaram explicar o crescimento econômico quantitativamente, em termos de uma abordagem de função de produção, incluindo, notadamente, insumos energéticos primários (Jorgenson, 1978, 1984). Tal abordagem, porém, teve sucesso limitado, graças à amplamente aceita restrição do "custo compartilhado" (em que a produtividade marginal da energia deve equivaler a seu custo compartilhado nas contas nacionais), implicando que a energia não poderia ter grande importância devido a seu minúsculo custo compartilhado (Denison, 1979, 1985). O primeiro a explicar exitosamente o crescimento passado das economias dos Estados Unidos, do Reino Unido, da Alemanha e do Japão, por breves períodos a partir da década de 1970 (ignorando essa suposta restrição do custo compartilhado, derivada de um modelo econômico ultrassimplista de um só setor e um só produto), foi o físico alemão Reiner Kuemmel, acompanhado de seus colegas (Kuemmel, 1982, 1989; Kuemmel e Lindenberger, 1998). Kuemmel mostrou posteriormente (ver www.informit.com/register) que tal restrição não podia ser aplicada a um modelo realista de múltiplos setores e múltiplos produtos. O último passo era explicar o "progresso tecnológico" em termos da crescente eficiência tecnológica da conversão de energia primária em trabalho útil (trabalho mecânico, trabalho químico, trabalho elétrico, etc.) (Ayres, Ayres e Warr, 2003). A inserção do "trabalho útil" no lugar da energia primária na função de produção de Kuemmel foi bem-sucedida em explicar o crescimento econômico dos Estados Unidos desde 1900 e, posteriormente, do Japão, do Reino Unido e da Áustria (Ayres e Warr, 2005, 2009). Para uma discussão suplementar, ver www.informit.com/register.

Teoria do crescimento econômico – a necessidade de uma nova abordagem: Ver Ayres (1998).

Efeitos das crises petrolíferas: Ver Olson (1988), Zivot e Andrews (1992), Hamilton (2005, 2003) e Roubini e Setzer (2004).

O teorema do custo compartilhado e a necessidade de um modelo de três fatores: Ver Kuemmel *et al.* (2008), Kuemmel, Ayres e Lindenberger (2008) e www.informit.com/register.

Pico do petróleo: Fenômeno conhecido em certos círculos como Pico de Hubbert (Hubbert, 1956; Hubbert, 1962; Hubbert, 1969, 1973). Divide adeptos e céticos. Os céticos são em sua maioria economistas clássicos que acreditam, como matéria de fé, que preços modestamente mais elevados irão, de modo automático, suscitar uma nova oferta suficiente para preencher a crescente demanda. Não obstante, as evidências empíricas parecem cada vez mais favorecer os partidários do pico do petróleo, fato que se refletiu nas acentuadas mudanças no enfoque da AIE desde 2004. O notável crescimento da demanda por parte da China e da Índia em 2006-2007, a par da crescente lacuna entre consumo, exaustão e descoberta, é quase certamente a principal razão para a súbita explosão dos preços em 2008. Para uma leitura complementar, ver Hatfield (1997, 1997), Campbell (2004), Deffeyes (2001), Strahan (2007) e Deffeyes (2005).

Alerta dos cientistas: Ver Kendall (1992). Constavam entre os signatários mais de 100 laureados com o Prêmio Nobel, incluindo 97 atuantes nas áreas de física, química e medicina, e sete em economia.

Lista vermelha das espécies ameaçadas: Ver Baillie, Hilton-Taylor e Stuart (2004) e Baillie e Groombridge (1996).

Mais rápida extinção em massa: Ver American Museum of Natural History; Futter (1998).

Mitos sobre energia: Ver Sovacool e Brown (2008).

❖ Ayres, Robert U. "Towards a Disequilibrium Theory of Economic Growth." *Environmental and Resource Economics* 11, special issue 3/4 (1998): 289–300.

- Ayres, Robert U. *The Economic Growth Engine: How Energy and Work Drive Material Prosperity*. Cheltenham, U.K. e Northhampton, Massachusetts: Edward Elgar Publishing, 2009.
- Ayres, Robert U., Leslie W. Ayres e Benjamin Warr. "Exergy, Power, and Work in the U.S. Economy, 1900–1998." *Energy* 28, no. 3 (2003): 219–273.
- Ayres, Robert U. e Benjamin Warr. "Accounting for Growth: The Role of Physical Work." *Structural Change & Economic Dynamics* 16, no. 2 (2005): 181–209.
- Baillie, J. E. M. e B. Groombridge, eds. *1996 IUCN Red List of Threatened Animals*. Gland, Switzerland: International Union for the Conservation of Nature, 1996.
- Baillie, J. E. M., C. Hilton-Taylor e S. N. Stuart, eds. *2004 IUCN Red List of Threatened Animals*. Gland, Switzerland: International Union for the Conservation of Nature (IUCN), 2004.
- Campbell, Colin J. *The Coming Oil Crisis*. Brentwood, U.K.: Multi--Science Publishing Co., 2004
- Daly, Herman E. "Entropy, Growth, and the Political Economy." In *Scarcity and Growth Reconsidered*, editado por V. K. Smith. Baltimore: Johns Hopkins University Press, 1979.
- Deffeyes, Kenneth S. *Beyond Oil: The View from Hubbert's Peak*. Hardcover ed. Princeton, New Jersey: Princeton University Press, 2001.
- Deffeyes, Kenneth S. *Beyond Oil: The View from Hubbert's Peak*. Hardcover ed. Hill and Wang, 2005.
- Denison, Edward F. "Explanations of Declining Productivity Growth." *Survey of Current Business* 59, Part II (1979): 1–24.
- Denison, Edward F. *Trends in American Economic Growth, 1929–1982*. Washington, DC: Brookings Institution Press, 1985.
- Futter, Ellen V., *et al.* "Biodiversity in the Next Millennium." New York: American Museum of Natural History and Louis Harris and Associates Inc., 1998.
- Georgescu-Roegen, Nicholas. *The Entropy Law and the Economic Process*. Cambridge, Massachusetts: Harvard University Press, 1971.
- Georgescu-Roegen, Nichols. "Energy Analysis and Economic Valuation." *Southern Economic Journal* (April 1979): 1023–1058.
- Hamilton, James D. "What Is an Oil Shock?" *Journal of Econometrics* 113 (2003): 363–398.

- Hamilton, James D. "Oil and the Macroeconomy." In *The New Palgrave: A Dictionary of Economics*, editado por J. Eatwell, M. Millgate, and P. Newman. London: Macmillan, 2005.
- Hatfield, Craig Bond. "How Long Can Oil Supply Grow?" Golden, Colorado: M. King Hubbert Center for Petroleum Supply Studies, Colorado School of Mines, 1997.
- Hatfield, Craig Bond. "Oil Back on the Global Agenda." *Nature* 387 (May 1997): 121.
- Hubbert, M. King. "Nuclear Energy and the Fossil Fuels." Houston, Texas: Shell Development Corporation, 1956.
- Hubbert, M. King. "Survey of World Energy Resources." *The Canadian Mining and Metallurgical Bulletin* 66, no. 735 (1973): 37–54.
- Hubbert, M. King. "Energy Resources: A Report to the Committee on Natural Resources of the National Academy of Sciences – National Research Council." Washington, DC: National Research Council/National Academy of Sciences, 1962.
- Hubbert, M. King. "Energy Resources." In *Resources and Man*, editado por Cloud. San Francisco: W. H. Freeman and Company, 1969.
- Jorgenson, Dale W. "The Role of Energy in the U.S. Economy." *National Tax Journal* 31 (1978): 209–220.
- Jorgenson, Dale W. e Barbara M. Fraumeni. "The Role of Energy in Productivity Growth." *The Energy Journal* 5, no. 3 (1984): 11–26.
- Kendall, Henry. "World Scientists' Warning to Humanity." *Union of Concerned Scientists*, 18 November 1992.
- Kuemmel, Reiner. "The Impact of Energy on Industrial Growth." *Energy* 7, no. 2 (1982): 189–201.
- Kuemmel, Reiner. "Energy As a Factor of Production and Entropy As a Pollution Indicator in Macroeconomic Modeling." *Ecological Economics* 1 (1989):161–180.
- Kuemmel, Reiner e Dietmar Lindenberger. "Energy, Technical Progress, and Industrial Growth." *Paper* lido no *workshop* "Advances in Energy Studies: Energy Flows in Ecology and Economy", Porto Venere, Itália, maio 1998.
- Olson, Mancur. "The Productivity Slowdown, the Oil Shocks, and the Real Cycle." *Journal of Economic Perspectives* 2, no. 4 (1988): 43–69.
- Potter, Neal e Francis T. Christy, Jr. *Trends in Natural Resource Commodities*. Baltimore: Johns Hopkins University Press, 1968.
- Roubini, Nouriel e Brad Setzer. *The Effects of the Recent Oil Price Shock on the U.S. and Global Economy*. New York University, 2004.

Disponível em: www.stern.nyu.edu/globalmacro/OilShockRoubini-Setzer.pdf.
* Schurr, Sam H. e Bruce C. Netschert. *Energy in the American Economy, 1850-1975*. Baltimore: Johns Hopkins University Press, 1960.
* Soddy, Frederick. "Wealth, Virtual Wealth, and Debt." In *Masterworks of Economics: Digests of 10 Classics*. New York: Dutton, 1933.
* Soddy, Frederick. *The Role of Money*. New York: Harcourt, 1935.
* Solow, Robert M. "A Contribution to the Theory of Economic Growth." *Quarterly Journal of Economics* 70 (1956): 65-94.
* Solow, Robert M. "Technical Change and the Aggregate Production Function." *Review of Economics and Statistics* 39 (August 1957): 312-320.
* Sovacool, Benjamin K. e Marilyn A. Brown, eds. *Energy and American Society: Thirteen Myths*. New York: Springer, 2008.
* Strahan, David. *The Last Oil Shock*. London: John Murray Ltd., 2007.
* United States Bureau of the Census. *Historical Statistics of the United States, Colonial Times to 1970*. Bicentennial ed. 2 vols. Washington, DC: United States Government Printing Office, 1975.
* United States Department of Energy, Energy Information Administration. *EIA Annual Energy Review*. Washington DC: United States Government Printing Office.
* Zivot, E. e Donald. W. K. Andrews. "Further Evidence on the Great Crash, the Oil Shock, and the Unit Root Hypothesis." *Journal of Business and Economic Statistics* 10, no. 3 (1992): 251-270.

❖ 2. Recuperando a energia perdida

Cokenergy e Mittal Steel: Ver Casten e Ayres (2007).

Fábrica da Kodak: Ver Casten e Ayres (2007).

Produção de energia solar fotovoltaica nos Estados Unidos: Ver Dorn (2007); Worldwatch (2008).

Cogeração (CHP): Estratégia empregada de forma limitada durante várias décadas (Newman, 1997; U.S. DOE, 1999). A CHP só teve reconhecido seu enorme potencial para a economia energética global em fevereiro de 2006, quando a Agência Internacional de Energia (AIE) realizou em Paris sua primeira reunião internacional com vistas ao lançamento de um programa de pesquisa – sem qualquer orçamento para pesquisa, dispondo apenas daquilo que poderiam oferecer as empresas interessadas. No entanto, em julho de 2007, o programa foi incorporado ao G8 Programme of Work on Climate Change and Clean Energy da AIE. Diversos relatórios sobre o andamento dos trabalhos foram preparados e publicados em 2008 (International Energy Agency, 2008; Tanaka, 2008). Ver também Casten e Schewe (2009).

- ❖ Casten, Thomas R. e Robert U. Ayres. "Energy Myth #8: The U.S. Energy System Is Environmentally and Economically Optimal." In *Energy and American Society: Thirteen Myths*, editado por B. Sovacool and M. Brown. New York: Springer, 2007.
- ❖ Casten, Thomas R. e Philip F. Schewe. "Getting the Most from Energy." *American Scientist* 97 (January/February, 2009): 26–33.
- ❖ Dorn, Jonathan G. *Solar Cell Production Jumps 50 percent in 2007*. Earth Policy Institute, 27 December 2007. Citado em 14 jan. 2009. Disponível em: www.earthpolicy.org/Indicators/Solar/2007.htm.
- ❖ International Energy Agency. "Combined Heat and Power: Evaluating the Benefits of Greater Global Investment", editado por T. Kerr. Paris: International Energy Agency (IEA), 2008.
- ❖ Newman, John. "Combined Heat and Power Production in IEA Member Countries." In *Cogeneration: Policies, Potential, and Technologies*, editado por P. K. Dadhich. New Delhi, India: Tata Energy Research Institute (TERI), 1997.
- ❖ Tanaka, Nobuo. "Today's Energy Challenges: The Role of CHP." Paris: International Energy Agency (IEA), 2008.
- ❖ U.S. DOE. "Review of Combined Heat and Power Technologies." ONSITE SYCOM Energy Corporation for the California Energy Commission with the U.S. Department of Energy, Office of Energy Efficiency and Renewable Energy, 1999.
- ❖ Worldwatch Institute. "U.S. Solar PV Production." In *Vital Signs 2007–2008*, editado por Worldwatch Institute. San Francisco: W. W. Norton & Co, 2008.

❖ 3. Projetando uma ponte econômica

Previsões atualizadas de mudanças climáticas: Ver Clark e Weaver (2008).

Renda do topo da pirâmide social (1%) *vs.* base (90%): Ver Huang e Gum (1991). Os autores analisaram dados do fisco norte-americano (IRS) de 1913 a 2006 e constataram que a concentração de renda nesse último ano atingiu seu nível mais elevado desde 1928.

Externalidades e PNB: *Externalidades* é um termo econômico geral para designar perdas (ou ganhos) incorridas por "terceiros" – isto é, por espectadores não envolvidos diretamente em uma transação econômica com outros. Os modelos econômicos baseados em transações de permuta de bens e serviços com preços têm grande dificuldade de lidar com as externalidades pelo fato de nenhum mecanismo de mercado determinar preços ou prejuízos. Ver Ayres e Kneese (1969). Ver também "Measures of welfare *vs.* growth" nas notas do Capítulo 1.

Oito vigas da ponte de transição energética:

> (1) **Reciclagem dos fluxos de energia residual** e (2) **geração combinada de calor e eletricidade (CHP):** ver notas do Capítulo 2, Casten e Ayres (2007) e comunicação pessoal de Tom Casten, presidente da Recycled Energy Development, jan. 2009.
> (3) **Incremento da eficiência energética em prédios e processos industriais** e (4) **incremento da eficiência energética no consumo final:** Para numerosos exemplos, ver Lovins *et al.* (1981), Lovins (1986, 1996) e von Weizsaecker, Lovins e Lovins (1998). Ver também notas dos Capítulos 4 e 8.
> (5) **Descentralização da energia elétrica:** Ver notas do Capítulo 6.
> (6) **Substituição dos serviços de energia** e (7) **replanejamento dos edifícios e das cidades em preparação para as mudanças climáticas:** Ver notas dos Capítulos 7 e 8.
> (8) **Reforma das estratégias de gestão da água doce:** Ver notas do Capítulo 9 e Wilkinson (2008).

❖ Ayres, Robert U. e Allen V. Kneese. "Production, Consumption, and Externalities." *American Economic Review* 59 (June 1969): 282–297.
❖ Clark, P. U. e A. J. Weaver *et al.* "Abrupt Climate Change." In *Report by the U.S. Climate Change Science Program and the Subcommittee on Global Change Research*. Reston, Virginia: United States Geological Survey, 2008.
❖ Huang, Dennis B. K. e Burel Gum. "The Causal Relationship Between Energy and GNP: The Case of Taiwan." *Journal of Energy & Development* 16, no. 2 (1991): 219–226.
❖ Lovins, Amory B. *State of the Art in Water Heating*. Snowmass, Colorado: Rocky Mountain Institute, 1986.

- Lovins, Amory B. "Negawatts: Twelve Transitions, Eight Improvements, and One Distraction." *Energy Policy* 24, no. 4 (1996): 331–343.
- Lovins, Amory B., L. Hunter Lovins, Florentin Krause e Wilfred Bach. *Least-Cost Energy: Solving the CO_2 Problem*. Andover, MA: Brickhouse Publication Co., 1981.
- U.S. House of Representatives. Committee on Science and Technology, Subcommittee on Energy and the Environment. *Testimony of Robert Wilkinson, Ph.D.* 14 May 2008.
- von Weizsaecker, Ernst Ulrich, Amory B. Lovins e L. Hunter Lovins. *Factor Four: Doubling Wealth, Halving Resource Use*. London: Earthscan Publications Ltd., 1998.

❖ 4. A revolução da energia invisível

O *boom* da energia invisível: Ver Ehrhardt e Laitner (2008).

O relatório Bridges e seus sucessores: Ver Bridges (1973). No início dos anos 1970, a exergia ("segunda lei"), no tocante à eficiência dos aquecedores de água e dos sistemas de calefação baseados na queima de combustível, era (e continua a ser) de apenas 10% ou menos; a eficiência da calefação elétrica é ainda menor, devido às perdas ocorridas na usina geradora. Em termos exergéticos, praticamente o mesmo problema sucede com todos os cálculos de Bridges. Utilizando os números do estudo da APS (Carnahan *et al.*, 1975), junto com dados do consumo energético de fontes padrão do Censo, a real eficiência energética dos Estados Unidos em 1973 era muito inferior ao número de Bridges, especialmente se levarmos em conta as perdas exergéticas de aparelhos elétricos no uso final (Ayres, Narkus-Kramer e Watson, 1976). Esses cálculos têm sido refinados e atualizados desde então (Ayres, 1989; Nakicenovic, Gilli e Kurz, 1996). Quando aplicados à economia como um todo, verifica-se que a eficiência exergética da economia norte-americana em 1973 girava em torno de 10%. Hoje, adotando a mesma metodologia, tal eficiência é de cerca de 13% (Ayres, Ayres e Warr, 2003). Essas revisões têm profundas implicações para o futuro: significam que, mesmo que os motores a gasolina e as turbinas a vapor estejam perto de seus limites derradeiros, há ainda muito espaço para aprimorar a eficiência exergética da economia dos Estados Unidos como um todo.

Cálculo da eficiência (exergética): A eficiência exergética de um processo consiste da razão entre o produto exergético e o insumo exergético. Por vezes é denominada "eficiência da segunda lei", para fins de distinção da "eficiência da primeira lei", que é uma medida equivocada. Um exemplo da última é a fração do calor proveniente de um processo de combustão que é transferida para um permutador de calor (como um radiador), em oposição à fração perdida para o ambiente por meio de uma chaminé. Cálculos detalhados da eficiência da segunda lei em muitas operações de conversão familiares – dos motores de combustão interna aos refrigeradores e condicionadores de ar – foram efetuados, comparados e apresentados em um formato comum por um estudo de 1975 patrocinado pela American Physical Society (Carnahan *et al.*, 1975).

S.P. Newsprint: Jan Schaeffer e Scott Conant, "SP Newsprint Reaps Multiple Benefits from Energy Upgrade" (comunicado à imprensa), SP Newsprint Company and Energy Trust of Oregon, Inc.; 7 June 2006.

Economias de energia da Universidade de Cincinnati: Facility Management Department, University of Cincinnati, "Catalyzing the Natural Linkage of Energy, Economics, and Environment" (comunicado à imprensa), Office of Energy Efficiency, Community Development Division, Ohio Dept. of Development; 2008.

Economias da fábrica de processamento de tomate J. R. Simplot: Ver Hawk (2006).

Um trilhão de cálculos por segundo: Intel Corp (comunicado à imprensa) e Scott Jagow, "Marketplace" (entrevista), *American Public Media*, 12 fev. 2007. A BBC News observou, à época do anúncio da Intel, que a empresa atingira pela primeira vez a *performance* de um trilhão de cálculos por segundo; 11 anos antes, no Sandia National Laboratory, a companhia solicitara "uma máquina que ocupava mais de 185 metros quadrados, era alimentada por quase 10 mil processadores Pentium Pro e consumia mais de 500 quilowatts de eletricidade".

P&D da NYSERDA: Ver Ferranti *et al.* (2000).

Prevenção da poluição e eficiência energética: Chloe Birnel, "What's New in P2" (Pacific Northwest Pollution Prevention Resource Center, 1999, 2000, 2009). www.pprc.org/news.

Competição por eficiência energética na Dow Chemical Company: Ver Nelson (1993). Considere o importante desfecho desta história, a saber: em novembro de 2008, uma semana após a eleição de Barack Obama (que deixara claro não partilhar do repúdio à eficiência energética manifestado pela administração Bush-Cheney), a Dow Chemical Co. emitiu um comunicado à imprensa anunciando um "Plano Energético para a América" que prescrevia quatro importantes medidas, a primeira das quais "estimular uma eficiência e conservação energética agressiva".

Estudo da KPMG sobre 700 fusões corporativas: Ver Collins (2001). Ver também a discussão de James Surowecki acerca do estudo da KPMG em "The Financial Page", *The New Yorker*, 9 jun. 2008 e 16 jun. 2008.

- Ayres, Robert U. "Energy Inefficiency in the U.S. Economy: A New Case for Conservatism." Laxenburg, Austria: International Institute for Applied Systems Analysis, 1989.
- Ayres, Robert U., Leslie W. Ayres e Benjamin Warr. "Exergy, Power, and Work in the U.S. Economy, 1900–1998." *Energy* 28, no. 3 (2003): 219–273.
- Ayres, Robert U., Mark Narkus-Kramer e Andrea L. Watson. "An Analysis of Resource Recovery and Waste Reduction Using SEAS." Washington, DC: International Research and Technology Corporation, 1976.
- Bridges, Jack. *Understanding the National Energy Dilemma (1973)*. Washington, DC: United States Congress Joint Committee on Atomic Energy, 1973.
- Carnahan, Walter, Kenneth W. Ford, Andrea Prosperetti, Gene I. Rochlin, Arthur H. Rosenfeld, Marc H. Ross, Joseph E. Rothberg, George M. Seidel e Robert H. Socolow. "Efficient Use of Energy: A Physics Perspective." New York: American Physical Society, 1975.
- Collins, Jim. "The Misguided Use of Acquisitions." In *Good to Great: Why Some Companies Make the Leap…and Others Don't*. New York: HarperCollins Business, 2001.
- Ehrhardt, Karen e John A. Laitner. "The Size of the U.S. Energy Efficiency Market: Generating a More Complete Picture." Washington, DC: American Council for an Energy-Efficient Economy, 2008.
- Ferranti, Adele, Miriam Pye, Gary Davidson e Dana Levy. "Encouraging P2 and E2 in New York." *Clearwaters* 30 (Spring 2000).
- Hawk, David. "Optimizing Savings Through a Steam Systems Approach." Massachusetts Energy Efficiency Partnership, 2006.
- Nakicenovic, Nebojsa, Paul V. Gilli e Rainer Kurz. "Regional and Global Exergy and Energy Efficiencies." *Energy – The International Journal* 21 (1996): 223–237.

❖ Nelson, Kenneth E. "Dow's Energy/WRAP Contest: A 12-Year Energy and Waste Reduction Success Story." Houston, Texas: Industrial Energy Technology Conference, 1993.

❖ 5. O futuro da energia elétrica

PURPA: Public Utility Regulatory Policies Act, U.S. Code Sections 2601–2645. A lei trata da cogeração e da produção de energia em menor escala no Título 16, Capítulo 12. Emendada pelo Energy Policy Act de 2005, Seções 1251–1254.

Nenhum crédito para as energias renováveis no preço relativo ao "custo evitado": Ver Kubiszewski (2006).

Monopólios de distribuição e economias equivalentes a US$ 700 bilhões: Ver Ayres, Turton e Casten (2007).

Usinas elétricas e poluição do ar: Ver American Lung Association (2009).

Decisões judiciais relativas às emissões das usinas elétricas Bonanza e Cliffside: Ver www.sourcewatch.org (2008).

Usina Cliffside da Duke Energy: Em seu próprio *website* (www.duke-energy.com), a Duke assinalava: "A Duke Energy realizou importantes melhorias para reduzir as emissões de suas usinas a carvão." Não fazia, porém, qualquer menção ao dióxido de carbono, o principal gás do efeito estufa, que sua proposta expansão aumentaria consideravelmente.

Placas "patrulhadas" da Edison: As placas foram encontradas a cerca de duas milhas da Falha de Santo André (San Andreas Fault), no ponto onde as linhas de alta tensão cruzavam uma estrada "corta-fogo" ao sul do Angeles National Forest de Leona Valley, Califórnia.

Custo de capital de novas centrais elétricas *vs.* da geração descentralizada: Ver Casten e Collins (2006).

Reciclagem da Cabot Corporation rejeitada em Louisiana: Ver Ayres, Turton e Casten (2007).

Carta de James Hansen a Jim Rogers, CEO da Duke Energy: Extraída de "Cliffside, Coal, and Global Warming", www.nc.sierraclub.org.

❖ Ayres, Robert U., Hal Turton e Tom Casten. "Energy Efficiency, Sustainability and Economic Growth." *Energy* 32 (2007): 634–648.

- Casten, Thomas R. e Marty Collins. "WADE DE Economic Model." In *World Survey of Decentralized Electricity*. Edinburgh, Scotland: The World Alliance for Decentralized Energy, 2006.
- Kubiszewski, Ida *et al.* "Public Utility Regulatory Policies Act of 1978, United States (PURPA)." In *Encyclopedia of Earth*, editado por C. J. Cleveland. Washington, DC: Environmental Information Coalition, National Council for Science and the Environment, 2006.

❖ 6. Combustíveis líquidos: a dura realidade

Estudos sobre o etanol: Ver, por exemplo, Williams *et al.* (1994), Hammerschlag (2006), Natural Resources Defense Council (2006) e Jones (2007).

Cultivo de lavouras para o etanol *vs.* conversão de terras férteis em florestas: Ver Righelato e Spracklen (2007).

Etanol ou metanol a partir da celulose: Enquanto a expectativa de produção do etanol do milho nos Estados Unidos até 2012 fica em (no máximo) 15 bilhões de galões anuais (cerca de 6% da demanda prevista de gasolina), o potencial teórico do etanol proveniente de culturas lenhosas (e resíduos municipais) é, pelo menos, 10 vezes superior, 150 bilhões de galões anuais, segundo o Conselho de Defesa de Recursos Naturais (NRDC).

Consumo de combustível em aviões: Ver Murty (2000).

Combustível para jatos derivado de algas: Ver Gross (2008) e United States Energy Information Agency (1998).

Consumo de combustível do Dreamliner: Ver Boeing Commercial Airplanes (2008) e www.boeing.com/commercial/787family/background.html.

- Gross, Michael. "Algal Biofuel Hopes." *Current Biology* 18, no. 2 (2008).
- Hammerschlag, Roel. "Ethanol's Energy Return on Investment: A Survey of the Literature 1990." *Environmental Science & Technology* 40, no. 6 (2006): 1744–1750.
- Jones, Les. *Energy Return on Investment (EROI) 2007*. Cited 17 November 2007. Disponível em: www.lesjones.com/posts/003223.shtml.
- Murty, Katta G. "Greenhouse Gas Pollution in the Stratosphere Due to Increasing Airplane Traffic, Effects on the Environment." Ann Arbor,

Michigan: Department of Industrial and Operations Engineering, University of Michigan, 2000.
* Natural Resources Defense Council (NRDC). "Ethanol: Energy Well Spent: A Survey of Studies Published Since 1990." Natural Resources Defense Council, 2006.
* Righelato, Renton e Dominick Spracklen. "Carbon Mitigation by Biofuels or by Saving and Restoring Forests?" *Science* 317 (2007): 902.
* United States Energy Information Agency. *Manufacturers Energy Consumption Survey 1998* [PDF ou Lotus 123]. United States Energy Information Agency 1998. Citado em 2002. Disponível em: www.eia.doe.gov/emeu/mecs.
* Williams, Robert H., Eric D. Larson, Ryan E. Katofsky, and Jeff Chen. "Methanol and Hydrogen from Biomass for Transportation." *Paper* lido no *workshop* "Biomass Resources: A Means to Sustainable Development", Bangalore, India, 3–7 out. 1994.

❖ 7. Veículos: fim de caso

Domínio das cidades pelos carros: o romance dos norte-americanos com os automóveis começou a ser seriamente questionado nos anos 1960 e 1970, com a publicação de *Unsafe at Any Speed*, de Ralph Nader, e com o emergente movimento ambiental marcado pelo primeiro Dia da Terra (Earth Day), em 1970. Ver Ayres (1970).

Acidentes e fatalidades automotivas nos Estados Unidos: Ver U.S. Department of Transportation Fatality Analysis Reporting System (2007).

Eficiência energética das bicicletas: Engenheiros da John Hopkins University recentemente mediram o calor gerado pelo atrito enquanto a correia de uma bicicleta deslocava-se através dos dentes da roda dentada, sob variadas condições. A correia registrou uma eficiência energética variando de 81% a 98,6% (John Hopkins University, 1999).

Carros elétricos: O futuro dos automóveis inteiramente elétricos depende de dois desenvolvimentos. Um deles é a carroceria muito mais leve feita de polímeros reforçados com fibras compostas, junto com ligas de alumínio. Tal carroceria pode reduzir o peso do veículo – e, com ele, o peso do motor necessário – pela metade ou mais (Lovins, 1996). O outro grande problema para a produção em série de carros totalmente elétricos é a produção em série de baterias de alto rendimento, quase certamente o tipo de bateria de íon-lítio recarregável de uso generalizado em *laptops* e outros dispositivos. Entretanto, certas preocupações de segurança persistentes decorrem do fato de que o lítio é um metal extremamente inflamável, havendo casos em que avarias elétricas produziram alguns incêndios. Além disso, a atual produção de lítio é pequena, proveniente de leitos salinos extremamente secos da Bolívia, da Argentina e do Chile. A longo prazo, porém, a tendência é de que seja possível obter esse metal da água salgada a custos não muito superiores ao preço atual (Yaksic Beckdorf e Tilton, 2008). Ainda assim, o veículo 100% elétrico não irá, ao que tudo indica, conquistar uma participação de mercado significativa durante, pelo menos, as próximas duas décadas. Os híbridos são uma solução muito mais prática para o médio prazo. Ver www. informit.com/register.

Bicletas elétricas (*e*-bikes) e baterias chinesas: Ver Weinert, Burke e Wei (2007).

***Car sharing*:** Ver Bryner (2008), Cervero (2003). Ver também The Car Sharing Network, www.carsharing.net and www.zipcar.com.

- Ayres, Edward H. *What's Good for GM*. Nashville: Aurora, 1970.
- Bryner, Jeanna. "Car Sharing Skyrockets As Gas Prices Soar." *US News and World Report*, 11 July 2008.
- Cervero, Robert. "Car Sharing Spurring Travel Changes." Berkeley, California: U.C. Berkeley Institute of Urban and Regional Development, 2003.
- Johns Hopkins University. "Wheel Power Probe Shows Bicycles Waste Little Energy." *Johns Hopkins Gazette*, 30 August 1999.
- Lovins, Amory B. "Hypercars: The Next Industrial Revolution." *Paper* lido no 13th International Electric Vehicle Symposium (EVS 13), Osaka, Japão, 14 out. 1996.
- Weinert, Jonathan, Andrew Burke e Xuezhe Wei. "Lead-Acid and Lithium-Ion Batteries for the Chinese Electric Bike Market and Implications on Future Technology Advancement." *Journal of Power Sources* 172, no. 2 (2007): 938–945.
- Yaksic Beckdorf, Andres e John E. Tilton. "Using the Cumulative Availability Curve to Assess the Threat of Mineral Depletion: The Case of Lithium." MS, Pontificia Universidad Catolica de Chile, Santiago, Chile, 2008.

❖ 8. Preparando as cidades para a tempestade perfeita

Impactos do aumento do nível do mar na Califórnia: Ver California Environmental Protection Agency (Agência de Proteção Ambiental da Califórnia).

Enchente de Grand Forks: Ver Ayres (1999).

Casas passivas europeias: Ver Comissão Europeia, "Promotion of European Passive Houses (PEP) Report", 2008. O projeto de casas passivas é financiado pela Direção-Geral de Energia e Transporte da Comissão Europeia, sob contrato de número EIE/04/030/SO7.39990. Ver também Reisinger *et al.* (2002), Elswijk e Kaan (2008).

Emissões por passageiro-milha: carros, metrô leve e ônibus de linha rápida: Ver Vincent e Jeram (2006), Vincent e Walsh (2003).

O que aprendemos com o Brasil: Ver Goodman, Laube e Schwenk (2005/2006).

Ônibus de linha rápida (BRT) em seis continentes: Comparado ao sistema de metrô, o sistema BRT é muito mais barato – um vigésimo do custo. Para mais informações, ver www.informit.com/register e EMBARQ, no Instituto de Recursos Mundiais (WRI) (*e-mail*: EMBARQ@WRI.org). Ver também Herro (2006).

Pior aumento possível do nível do mar: Principal climatologista da NASA, James Hansen escreveu em 2007: "Considero quase inconcebível que mudanças climáticas rotineiras não vão resultar em um aumento do nível dos oceanos, medido em metros, dentro de um século... Parece-me que os cientistas que subestimam os perigos das alterações climáticas se saem melhor arranjando financiamento. Posso atestá-lo por minha própria experiência. Depois que publiquei em 1981 um ensaio no qual descrevia os prováveis efeitos do consumo de combustíveis fósseis, o Departamento de Energia dos Estados Unidos revogou a decisão de financiar a pesquisa de meu grupo, criticando aspectos específicos do texto". MS Hansen não estava sozinho; Tony Payne, professor de Glaciologia na Universidade de Bristol e codiretor do Centre for Polar Observation and Modeling do Reino Unido, relatou em uma conferência de especialistas em clima antártico realizada na Royal Society em 2005 que "o derretimento do gelo contido na Antártica Ocidental poderia levar a um aumento do nível do mar de até seis metros em todo o mundo, suficiente para provocar efeitos como a inundação de grande parte do estado da Flórida". O comentário foi relatado pela Environmental News Service, 18 out. 2005.

Consenso atual na área de climatologia: Ver Intergovernmental Panel on Climate Change (2007).

Desertificação: Ver relatórios citados no *website* da Convenção das Nações Unidas de Combate à Desertificação, www.unccd.int/convention/menu.php.

U.S. Mayors Climate Protection Agreement: Office of the Mayor, Seattle, WA; 2008. Ver www.seattle.gov/Mayor/Climate.

O processo de desaparecimento do Delta do Mississipi: Ver Louisiana Coastal Wetlands Conservation and Restoration Task Force (2008).

Aumento dos riscos para a cidade de Nova York: Cynthia Rosenzweig e Vivien Gomitz, NASA Goddard Institute for Space Studies, Columbia University, e New York City Department of Environmental Protection – ver McGeehin (2008).

Relocação de Valmeyer: Operation Fresh Start: Using Sustainable Technologies to Recover from Disaster, a project of the National Center for Appropriate Technology, 2006. Ver www.freshstart.ncat.org/case/valmeyer.htm.

- ❖ Ayres, Edward H. *God's Last Offer: Negotiating for a Sustainable Future*. New York: Four Wall Eight Windows/Basic Books, 1999.
- ❖ Elswijk, Marcel e Henk Kaan. *European Embedding of Passive Houses*. PEP project, 2008. Citado em 15 jan. 2009. Disponível em: www.aeeintec.at/0uploads/dateien578.pdf.
- ❖ Goodman, Joseph, Melissa Laube e Judith Schwenk. "Curitiba's Bus System Is Model for Rapid Transit." *Race, Poverty, and the Environment* (2005/2006): 75–76.
- ❖ Herro, Alana. "Bus Rapid Transit Systems Reduce Greenhouse Gas Emissions, Gain in Popularity." In *Eye on Earth*. Washington, DC: WorldWatch Institute, 2006.
- ❖ Intergovernmental Panel on Climate Change (IPCC). *Report of the Working Group III of the IPCC*. Cambridge, U.K.: Cambridge University Press, 2007.
- ❖ Louisiana Coastal Wetlands Conservation and Restoration Task Force. "Standing Ground Against Advancing Waters Acre by Acre, CWPPRA Projects Beat Back Coastal Demise." *Water Marks* (2008).

❖ McGeehin, John P. *et al.* "Abrupt Climate Change." Washington, DC: U.S. Climate Change Program, U.S. Geological Survey, National Oceanic and Atmospheric Administration, National Science Foundation; 2008.
❖ Reisinger, Dulle, Henao e Pitterman. *VLEEM – Very Long Term Energy Environment Modelling.* Vienna, Austria: Verbundplan, 2002.
❖ Vincent, Bill e Brian Walsh. "The Electric Rail Dilemma: Clean Transportation from Dirty Electricity?" Washington, DC: Breakthrough Technologies Institute, 2003.
❖ Vincent, William e Lisa Callaghan Jeram. "The Potential for Bus Rapid Transit to Reduce Transportation-Related CO_2 Emissions." *Journal of Public Transportation* (BRT Special Edition) (2006): 219–237.

❖ 9. A conexão água-energia

Declínio dos lençóis freáticos: Ver Brown (2006); Wilkinson (2008).

Etanol, energia e água: Ver National Research Council National Academy of Sciences (2007). O relatório adverte: "Se ocorrerem os aumentos previstos no uso do milho para a produção de etanol, o prejuízo para a qualidade da água poderá ser considerável, com o possível surgimento de problemas na oferta de água nos âmbitos regional e local... A qualidade dos lençóis freáticos e das águas de rios, costas e continentes poderá ser impactada pelo maior uso de fertilizantes e pesticidas para os biocombustíveis".

Consumo da água para irrigação nos Estados Unidos: Ver Maupin e Barber (2005); Abt (1997).

Consumo da água para refrigeração de usinas elétricas nos Estados Unidos: Ver Veil (2007).

Desertificação: Relatórios nacionais podem ser encontrados em consulta ao *website* da Convenção das Nações Unidas de Combate à Desertificação (UNCCD): www.unccd.int/convention/menu.php.

Custo da energia utilizada para o bombeamento da água na Califórnia: Ver Trask *et al.* (2005); Davis, (2005).

Bombeamento da água para o norte da China: Ver SPG Media (2009).

❖ Abt, Clark C. "China's Sustainable Growth Maximized by Avoiding Agricultural and Energy Shortages with Renewable Energy Resources for Farming, Irrigation, Transport, and Communications." *Paper* lido

na "International Conference on China's Economy with Moderately Rapid and Stable Growth", Província de Guanxi, China, 2–4 set. 1997.
❖ Brown, Lester R. "Water Tables Falling and Rivers Running Dry." In *Plan B 2.0: Rescuing a Planet under Stress and a Civilization in Trouble*, editado por L. R. Brown. New York: W. W. Norton and Co., 2006.
❖ California Environmental Protection Agency. DRAFT 2009 Climate Action Team Biennial Report to the Governor and Legislature, 1 April 2009.
❖ Davis, Martha. "Water-Energy Nexus." Sacramento, California: Inland Empire Utilities Agency (IEUA), 2005.
❖ Maupin, Molly A. e Nancy L. Barber. "Estimated Withdrawals from Principal Aquifers in the U.S. in 2000." Washington, DC: United States Geological Survey (USGS), 2005.
❖ National Research Council National Academy of Sciences. "Water Implications of Biofuels Production in the United States." Washington, DC: National Academy Press, 2007.
❖ SPG Media Ltd. *South-to-North Water Diversion Project*. Citado em abr. 2009. Disponível em: www.water-technology.net/projects/south_north/.
❖ Trask, Matt, Ricardo Amon, Shahid Chaudry, Thomas S. Crooks, Marilyn Davin, Joe O'Hagen, Pramod Kulkarni, Kae Lewis, Laurie Park, Paul Roggensack, Monica Rudman, Lorraine White e Zhiqin Zhang. "California's Water–Energy Relationship." California Energy Commission, 2005.
❖ Veil, John A. "Use of Reclaimed Water for Power Plant Cooling." Chicago: Argonne National Laboratory (ANL), 2007.
❖ U.S. House of Representatives. Committee on Science and Technology, Subcommittee on Energy and the Environment. *Testimony of Robert Wilkinson, Ph.D*. 14 May 2008.

❖ 11. Implicações para a gestão da água

Os 900 megawatts da Primary Energy: Ver Downes (2009).

Tom Casten e a Recycled Energy Development: "Who Is Recycled Energy Development", no *website* da RED: www.recycled-energy.com/.

Bill Gates e o investimento privado em reciclagem energética: Ver Peter Robison, "Gates, Harvard Join a Record Energy-Recycling Fund", www.bloomberg.com/apps/news?pid=newsarchive&sid=aZoPAVvD_LNo.

Alianças comerciais com organizações sem fins lucrativos: Ver Rondinelli e London (2001).

Insustentabilidade da economia moderna: Os seres humanos consomem atualmente 20% mais recursos naturais do que o planeta é capaz de produzir, segundo relatório de 2004 da organização para a conservação global WWF. O relatório, baseado no índice de pegada ecológica, constatou que o consumo de energia era o componente de maior crescimento do índice nas últimas quatro décadas, registrando um aumento de 700%. Quatro anos depois, em 2008, a Global Footprint Network relatou que tal "abuso" parecia acelerar-se e que os "humanos necessitam agora dos recursos de 1,4 planeta". Há cientistas que contestam a teoria da pegada ecológica, sob o argumento de que os seres humanos podem aumentar (e aumentam) a capacidade de carga (*carrying capacity*) do meio ambiente para suprir suas necessidades – por exemplo, desenvolvendo energias renováveis. Mas, ainda que isso seja verdade, tais recursos não poderão eliminar o déficit durante o período da ponte transicional. Ver também Wackernagel e Rees (1997), Boulding (1966), Dietz, Rosa e York (2007).

- Boulding, Kenneth E. "The Economics of the Coming Spaceship Earth." In *Environmental Quality in a Growing Economy: Essays from the Sixth RFF Forum*, editado por H. Jarrett. Baltimore: Johns Hopkins University Press, 1966.
- Dietz, Thomas, Eugene A. Rosa e Richard York. "Driving the Human Ecological Footprint." *Ecological Economics* 20, no. 1 (2007): 3–24.
- Downes, Brennan. "Potential of Energy Recycling and CHP in the U.S. Steel Industry." *Cogeneraton & On-Site Power* 10, no. 1 (2009).
- Rondinelli, Dennis A. e Ted London. "Partnering for Sustainability: Managing Nonprofit Organization–Corporate Environmental Alliances". Aspen Institute, 2001.
- Wackernagel, Mathis e William E. Rees. "Perceptual and Structural Barriers to Investing in Natural Capital: Economics from an Ecological Footprint Perspective." *Ecological Economics* 20, no. 1 (1997): 3–24.

❖ 12. Quanto e quão rápido?

Subsídios para a indústria petrolífera e o preço da gasolina: Ver Harrje, Bricker e Kallio (1998); United States Energy Information Administration (2007).

Resumo do potencial da ponte de transição energética: Ver notas do Capítulo 3.

- ❖ Harrje, Evan, Amy Bricker e Karmen Kallio. "The Real Price of Gasoline," editado por M. Briscoe. Washington, DC: International Center for Technology Assessment, 1998.
- ❖ United States Energy Information Administration. "Federal Financial Interventions and Subsidies in Energy Markets, 2007." Washington, DC: United States Energy Information Agency (EIA), 2007.

Índice

A

ACEEE (Conselho Norte-Americano de Economia e Eficiência Energética)
  eficiência do uso final, 198
  eficiência energética, 197-198
  estudos sobre consumo ético, 60-64
  Size of the U.S. Energy Efficiency Market, The (relatório), 61-64
Adams, Linda (Climate Action Team), 128
água
  consumo de, 148
    água das chuvas, 152
    águas subterrâneas, 152
    aquíferos, 151
    desertificação, 156
    dispositivos para economia da água, 158
    energia e, 148, 153, 155
    energia hidrelétrica, 149, 153
    gestão, 56
    incêndios florestais, 157
    irrigação, 150, 154, 158
    maior dependência de, 150
    métodos de reciclagem da água, 154, 158
    necessidades agrícolas, 150, 153, 158
    poços, 151
    políticas de gestão da água, 157
    políticas para a ponte energética, 180-182
    processamento de xisto betuminoso, 155
    reformando a gestão da água, 199
    salinização das águas doces, 157
    transportando água para áreas urbanas, 153, 157
  National Research Council National Academy of Sciences (relatório), 223
  nível do mar, aumento, 221
AIE (Agência Internacional de Energia)
  CHP (geração combinada de calor e eletricidade/cogeração), 89-90
  descentralizando a energia, 196
  eficiência do uso final, 198

Alemanha, European Passive House (projeto), 137-138
Alliance to Save Energy, The, *Executive Reactions to Energy Efficiency* (relatório), 67
American Recovery and Reinvestment Act de 2009, 47, 141-142
American Scientist, descentralizando a energia, 196
Amsterdã, Holanda, programas de compartilhamento de bicicletas, 119
Amtrak, 105-106
Anderson, Ray, diminuindo os resíduos industriais, 77
Andrew (Furacão), planejamento/desenvolvimento urbano, 199
aquecimento ambiente, 36, 137-138, 145-146
aquecimento distrital, 38-39
aquecimento global, 50-81, 159
  alertas sobre, 22-24
  aumento do nível do mar, 127-132
  Climate Action Team (Califórnia), 127
  condições climáticas extremas, 19
  custo do, 47-49
  Furacão Ike, 130-131
  Gore, Al, 130-132
  Grand Forks, Dakota do Norte, 128, 135-136
  Hansen, James, 130-132
  Planejamento/desenvolvimento urbano, 55, 131-134
  resposta das lideranças ao, 21-22
  Rio Mississipi, 129
  Rio Missouri, 129
  Rio Vermelho, 128
  Sumatra, 142-143
  tsunami, 142-143
  U.S. Global Change Research Program, 130-131
  U.S. Mayors Climate Protection Agreement, 143-144
  Uma verdade inconveniente (*An Inconvenient Truth*), 3-4, 21-22, 130-131

zonas costeiras, 128-129
Aquífero de Ogallala, consumo de água, 151
aquíferos, consumo de água, 151
armadura *versus* agilidade (planejamento/desenvolvimento urbano), 141-145
ASE (Alliance to Save Energy), gestão/investimento corporativo e gestão energética, 185
aumento da entropia, 64
aumento do nível do mar, 127-131, 221
Áustria, projeto European Passive House (casas passivas), 137-138
avião Dreamliner (Boeing), combustíveis alternativos, 113
aviões, combustíveis alternativos, 111-113
Ayres, Robert, 13-14

B

Balbach, John, reciclagem energética, 191
Barragem Hoover, Nevada, consumo de água, 149
BCSD (Conselho Empresarial Mundial para o Desenvolvimento Sustentável), 77, 190
benefícios a longo prazo *versus* benefícios imediatos, 50
benefícios individuais *versus* benefícios sociais, 49-52
Benoit, Joan, maratona olímpica para mulheres, 132-133
Bernanke, Ben, 26-27
    bicicletas, 118
    bicicletas elétricas (*e-bikes*), 120-122
    eficiência energética, 219
    programas de compartilhamento de bicicletas, 119
bicicletas elétricas (*e-bikes*), 120-122
biocombustíveis. *Ver também* consumo de petróleo
    aviões e, 111-113
    etanol celulósico, 109-110
    etanol de milho, 107-110
Boeing, avião Dreamliner, 113
boom da "energia invisível"
    Boxer, Barbara, 59
    causas do, 65
    estudos do ACEEE sobre consumo energético, 60
    exergia, 63
    Hanity, Sean, 59
    Lovins, Amory, 65
    Primeira Lei da Termodinâmica, 63
    Segunda Lei da Termodinâmica, 64

Size of the U.S. Energy Efficiency Market: Generating a More Complete Picture, The (relatório), 61-62
Understanding the National Energy Dilemma (relatório), 62-64
Boxer, Barbara, 59
Branson, Richard, biocombustíveis para aviões, 112-113
Brasil, sistemas de ônibus de linha rápida (BRT), 134-135
Breakthrough Technologies Institute, estudo sobre emissões de dióxido de carbono por automóveis, 135-136
Bridges, Jack, *Understanding the National Energy Dilemma* (relatório), 62-64
BrightSource Energy, 4
Bush, George W., 21-22, 26-27, 41-42, 47, 108-109

C

Cabot Corporation
    gestão/investimento corporativo e gestão energética, 185
    monopolização da energia elétrica, 96
    produção de negro de fumo, 96
Califórnia
    Climate Action Team, 127
    Comissão de Energia da Califórnia (California Energy Commission)
    Integrated Energy Policy Report, 155
    transporte de água para áreas urbanas, 157
    consumo de água, 154-155
    Corrida do Ouro de 1849, 67
    fundos para "dias difíceis", 95
    métodos de reciclagem da água, 154
    programa "Million Solar Roofs" ("um milhão de casas com aquecimento solar"), 141-142, 199-200
    San Gabriel Mountains, 142-143
    San Jose, planejamento/desenvolvimento urbano, 137-138
    Sistemas de ônibus de linha rápida (BRT), 134-135
calor
    aquecimento ambiente, diminuindo (planejamento/desenvolvimento urbano), 137-138, 145-146
    calorias térmicas, 17
    CHP (geração combinada de calor e eletricidade/cogeração), 89-90
    descentralizando, 195-197
    microenergia, 199-200

políticas para a ponte energética, 168-169
reciclagem, 4-5, 33-39-40, 53
calor de baixa temperatura, reciclando, 36-40, 53
calorias dos alimentos, 17
Calorias *versus* calorias, 17
caminhões
    dirigindo no "para e arranca", planejamento/
        desenvolvimento urbano, 133-134
    gestão/investimento corporativo e gestão
        energética, 186
    políticas para a ponte energética, 173-175
Campbell, Colin, 21-22
capacidade de produção energética, 42-43
capital como indutor do crescimento econômico,
    10-18
Carolina do Norte, Lynx Blue Line, 134-135
carros
    alternativas a, encontrando, 115-116
        bicicletas, 118-119
        bicicletas elétricas (*e-bikes*), 120-121
        carros elétricos, 124
        lambretas (*scooters*), 122
        programas de compartilhamento de
            carros, 122
        veículos híbridos, 124
    combustíveis alternativos, 103, 107-110
    deslocamento em autoestradas, 117
    dirigindo no "para e arranca", 133-134
    eficiência de carga (*payload efficiency*), 40-41
    elétricos, 124, 219
    emissões de dióxido de carbono, 124
    gestão/investimento corporativo e gestão
        energética, 186
    híbridos
        Fedex, 72
        mudando para, 103
    mobilidade, redefinindo categorias de, 117
    mobilidade de curta distância, 117
    mobilidade de média distância, 117
    mobilidade suburbana, 117
    mobilidade urbana, 117
    Nader, Ralph, 219
    políticas para a ponte energética, 173-175
    Prius (Toyota), 124
    programas de compartilhamento de carros, 122
    sistema ferroviário norte-americano,
        predomínio dos carros sobre, 105-107
    socorros financeiros a montadoras, 115
    Unsafe at Any Speed, 219
    veículos polivalentes, abandonando, 116
carros elétricos, 40-41, 124, 219
carvão limpo, 41-42

casas passivas, 221
Casten, Sean, reciclagem energética, 184, 190
Casten, Tom, 225
    descentralizando a energia, 196
    reciclagem energética, 184, 190
Cedar Rapids, Iowa, mudanças climáticas, 129
celulose
    etanol derivado da, 109-110, 218-219
    metanol derivado da, 218-219
Charlotte, Carolina do Norte, Lynx Blue Line,
    134-135
Cheney, Dick, 3-4, 41-42, 56
China
    bicicletas, 118
    consumo de água, 151-153
    Pearl River Tower (planejamento/
        desenvolvimento urbano), 136-137
CHP (geração combinada de calor e eletricidade/
    cogeração), 37-40, 53, 89-90, 211-212
    descentralizando, 195-197
    microenergia, 199-200
    políticas para a ponte energética, 168-169
Cincinnati, Universidade
    economias energéticas, 215-216
    eficiência energética, 66
Clean Air Act, 71
    atualizando, 175-176
    indústria do carvão, 85-86
Clean Energy Scam (Time), *The*, 108-109
Clean Water Act, 71
Cleantech Group LLC, reciclagem energética, 191
Cleco, monopolização da energia elétrica, 96-98
Columbian Chemicals
    monopolização da energia elétrica, 97
    produção de negro de fumo, 97
combustíveis alternativos, 103.
        Ver também consumo de petróleo
    aviões e, 111-113
    etanol, 107-110
combustíveis fósseis, 1-2-6
companhia aérea Virgin Atlantic, combustíveis
        alternativos, 112-113
condições climáticas extremas, 19
consciência ambiental, eficiência energética e,
    70-73
consumo (energia)
    aumento da eficiência energética, 54
    energia elétrica, descentralizando, 89-91
consumo de água doce
    água das chuvas, 152
    águas subterrâneas, 152
    aquíferos, 151

desertificação, 156
dispositivos para economia de, 158
energia e, 148, 153-155
energia hidrelétrica, 149, 153
incêndios florestais, 157
irrigação, 150, 154, 158
maior dependência do, 150
métodos de reciclagem de, 154, 158
necessidades agrícolas, 150, 153, 158
poços, 151
políticas de gestão da, 157
políticas para a ponte energética, 180-182
processamento de xisto betuminoso, 155
reformando a gestão da água, 199
salinização das, 157
transportando água para áreas urbanas, 153, 157
Consumo de petróleo. *Ver também* biocombustíveis
Boxer, Barbara, 59
consumo de água, 148
escassez, 56-57
    negação de, 21-22
    perfuração petrolífera, 27-28, 31
    perturbações econômicas, 19
Greenspan, Alan, 80
Hannity, Sean, 59
Hubbert, M. King, 79
pico do petróleo, 19, 56-57, 147, 208
políticas para a ponte energética, 173
processamento de xisto betuminoso, 155
PURPA (Public Utilities Regulatory Policy Act), 79-82
Control of Nature, The, 142-143
Coors Brewing Company, diminuindo os resíduos industriais, 72
Corrida do Ouro de 1849, 67
Curitiba, Brasil, sistemas de ônibus de linha rápida (BRT), 134-135
Cyclocity, programa de compartilhamento de bicicletas do Velib Club, 119

D

Daggett, Susan (Denver Water Board), processamento de xisto betuminoso, 156
Dakota do Norte, mudanças climáticas, 128, 135-136
Daly, Herman, 207
Darmstadt, Alemanha, projeto europeu de casas passivas (European Passive House), 137-138
DCHP (CHP descentralizada), 37-40, 43-44

Denham Capital Management, reciclagem energética, 190
descentralizando
energia, 195-197
energia elétrica, 83, 100, 175-176
    competição, desenvolvendo, 94
    consumo de, 89-91
    custos da, 87-89
    emissões de carbono, 90-91
    segurança, 90-95
desertificação, consumo de água e, 156
deslocamento em autoestradas (carros/caminhões), 117
diferenças de consumo entre diferentes fusos horários (energia elétrica), 83
Dinamarca, descentralizando a energia, 196
dirigindo no "para e arranca", planejamento/desenvolvimento urbano, 133-134
DOE (Departamento de Energia dos Estados Unidos)
reciclagem energética, 195
"Save Energy Now" (campanha), 72
Dow Chemical Company
gestão/investimento corporativo e gestão energética, 185
programa WRAP (Waste Reduction Always Pays), 74
programas de eficiência energética, 73-74, 215-216
Duke Power Company
Hansen, James, 86-87
regulamentação relativa a emissões de dióxido de carbono, 85-86
Rogers, Jim, 86-87
duplos dividendos das políticas energéticas e climáticas, 49-52

E

economia
crescimento da,
    energia e, 206
    indutores da, 6, 12-18, 28-29
    perturbações na, 18-28
    progresso tecnológico na, 10-12
desestabilização, sinais de, 18
insustentabilidade da economia moderna, 225
papel da energia na, 1-2, 6
papel da proteção ambiental na, 51-52
"tempestades perfeitas" na economia, 18-28
economias agrícolas
consumo hídrico, 150, 153, 158
energia em, 15

produtividade econômica em, 15
economias industriais
    eficiência energética, 54, 197-198
    produtividade nas, 15
edifícios (planejamento/desenvolvimento
        urbano), 135-136
    diminuição do aquecimento ambiente,
        137-138, 145-146
    moradias com "baixa energia", 136-137
    moradias com "energia zero", 136-137
    reprojetando para as mudanças climáticas, 55
Edison International Company, segurança
        energética, 90-91
eficiência
    eficiência energética, 39-44
        ACEEE (Conselho Norte-Americano de
            Economia e Eficiência Energética),
            197-198
        aumentando no consumo final, 54
        aumentando nos processos industriais, 54
        BCSD (Conselho Empresarial Mundial
            para o Desenvolvimento Sustentável),
            77
        consciência ambiental e, 70-73
        diminuindo os resíduos industriais, 71-72
        energia mais barata, 70-71
        Executive Reactions to Energy Efficiency
            (relatório), 67
        exergia, 63
        Lovins, Amory, 65
        mito dos rendimentos decrescentes, 73-76
        Primeira Lei da Termodinâmica, 63
        resistência à, 67-70
        resistência corporativa à, 76-77
        Segunda Lei da Termodinâmica, 64
        setor de construção e, 197-198
        Size of the U.S. Energy Efficiency Market:
            Generating a More Complete Picture,
            The (relatório), 61-64
        Understanding the National Energy
            Dilemma (relatório), 62-64
        Universidade de Cincinnati, 66
    eficiência do uso final, 198
        ACEEE (Conselho Norte-Americano de
            Economia e Eficiência Energética), 198
        AIE (Agência Internacional de Energia),
            198
        programas de subsídios energéticos, 199
eficiência de carga dos carros, 40-41
eficiência do uso final
    ACEEE (Conselho Norte-Americano de
        Economia e Eficiência Energética), 198

AIE (Agência Internacional de Energia), 198
    do consumo de energia, 39-45
    programas de subsídios energéticos, 199
elasticidades de produção, 14
Electric Utility Week, regulamentação relativa
        a emissões de dióxido de carbono,
        86-87
emissões de carbono
    Breakthrough Technologies Institute
        (estudo), 135-136
    carros, 124
    energia elétrica, descentralizando, 90-91
    ônibus, 124-125
    políticas para a ponte energética, 170-173
    Protocolo de Quioto, 90-91
    reduzindo
        custo de, 28-29
        Environmental Review Board (EPA),
            175-176
        regulando, 85-86
    sistemas "*cap and trade*", 170-171
empresa de *car sharing* Zipcar, 123
energia
    água
        consumo e, 148, 153-155
        gestão e, 56
    consumo
        descentralizando a energia elétrica, 89-91
        estudos do ACEEE sobre consumo
            energético, 60
    crescimento econômico, 12-18, 206
    dependência dos combustíveis fósseis, 1-2
    descentralizando, 195-197
    economias agrícolas, 15
    efeito social da, 9-10
    eficiência
        ACEEE (Conselho Norte-Americano de
            Economia e Eficiência Energética),
            197-198
        aumentando, 54
        BCSD (Conselho Empresarial Mundial
            para o Desenvolvimento Sustentável),
            77
        consciência ambiental e, 70-73
        diminuindo os resíduos industriais, 71-72
        energia mais barata, 70-71
        ESCs (empresas de serviços de energia),
            169-171
    estatística, 39-45
    Executive Reactions to Energy Efficiency
        (relatório), 67
    exergia, 63

indústria e, 197-198
lâmpadas fluorescentes, 173
Lovins, Amory, 65
mito dos rendimentos decrescentes, 73-76
políticas para a ponte energética, 169-173
Primeira Lei da Termodinâmica, 63
resistência à, 67-70
resistência corporativa à, 76-77
Segunda Lei da Termodinâmica, 64
setor de construção e, 197-198
Size of the U.S. Energy Efficiency Market: Generating a More Complete Picture, The (relatório), 61-64
Understanding the National Energy Dilemma (relatório), 62-64
Universidade de Cincinnati, 66
estatística sobre capacidade de produção, 42-43
gerenciando, 2-8, 200
independência
    obtendo, 31-33
    segurança e, 91-95
intensidade, definindo, 60
microenergia, 55
National Research Council National Academy of Sciences (relatório), 223
papel na economia, 1-2, 6
políticas
    abordagem científica a, 28-30
    duplos dividendos das, 49-52
    Energy Policy Act de 2005, 141-142
    mitos sobre, 27-29
    políticas para a ponte energética, 47, 53-57, 160-182, 202-203
    programas de subsídios, 199
reciclagem, 4-5, 33-42, 53, 165-169, 184, 190, 195
relação com mão de obra e capital, 15-17
serviços, 55
    aumentando, 2-6
    encontrando meios alternativos para a oferta de, 176-178
energia a vapor, reciclando, 35
energia alternativa. *Ver* energia renovável
energia atômica, U.S. Congress Joint Committee on Atomic Energy, 62-64
energia de descompressão, reciclando, 36
energia elétrica
    Cabot Corporation, 96
    CHP (geração combinada de calor e eletricidade/cogeração), 89-90
    Columbian Chemicals, 97
    competição, desenvolvendo, 94
    descentralizando, 83, 100, 195-197
    consumo energético, 89-91
    custos da, 87-89
    emissões de carbono, 90-91
    políticas para a ponte energética, 175-176
    reescrevendo o PURPA, 166-167
    segurança, 90-95
Diferenças de pico de consumo entre diferentes fusos horários, 83
energia eólica e, 83
energia hidrelétrica, 149, 153
estudo da WADE sobre construção de novas usinas elétricas, 95
fundos para "dias difíceis", 95
indústria do carvão e, 84-87
Keith, Bill, 81
monopolização e, 96-100
Obama, Barack, 83
papel da microenergia na, 83
produção de negro de fumo, 96-98
PURPA (Public Utilities Regulatory Policy Act), 79-82, 166-167
reciclando, 184, 190
reestruturação das concessionárias, 82
reforma da indústria, 82
revendendo a energia, 84-85
unidades geradoras, 84-85
energia eólica
    capacidade de produção da, 42-43
    energia elétrica e, 83
    Obama, Barack, 83
energia fotovoltaica (planejamento/desenvolvimento urbano), 139-142
energia hidrelétrica, 149, 153
energia local, 83
    competição, desenvolvendo, 94
    consumo energético, 89-91
    custos da, 87-89
    emissões de carbono, 90-91
    segurança, 90-95
energia nuclear
    papel na independência energética, 31
    preocupações de segurança, 35
energia renovável
    carvão, substituindo, 205
    custo da, energia reciclada *versus*, 34
    estatística de produção, 1-2
    papel na independência energética, 32
energia solar
    energia solar fotovoltaica, 4, 33, 42-43, 139-142

Million Solar Roofs (programa "um milhão de casas com aquecimento solar"), 141-142, 199-200
EPA (Agência de Proteção Ambiental dos Estados Unidos)
  eficiência energética, 197
  Environmental Review Board, limitando as emissões de carbono, 175-176
  regulamentação relativa a emissões de dióxido de carbono, 85-86
Erhardt, Karen, *Size of the U.S. Energy Efficiency Market: Generating a More Complete Picture, The* (relatório), 61
escassez de recursos, alertas sobre, 22-24
Estados Unidos
  Califórnia
    Climate Action Team, 127
    Comissão de Energia da Califórnia, 155-157
    consumo de água, 154-155
    Corrida do Ouro de 1849, 67
    fundos para "dias difíceis", 95
    métodos de reciclagem da água, 154
    Million Solar Roofs (programa "um milhão de casas com aquecimento solar"), 141-142, 199-200
    San Gabriel Mountains, 142-143
    San Jose, 137-138
    sistemas de ônibus de linha rápida (BRT), 134-136
  Carolina do Norte, Lynx Blue Line, 134-135
  Congresso dos Estados Unidos
    Joint Committee on Atomic Energy, 62-64
    PURPA, 79-82
    socorros financeiros às montadoras, 115
  consumo de água, 152
  Dakota do Norte, mudanças climáticas, 128, 136
  Departamento de Energia dos Estados Unidos (DOE)
    "Save Energy Now" (campanha), 72
    reciclagem energética, 195
  EPA (Agência de Proteção Ambiental dos Estados Unidos)
    eficiência energética, 197
    limitando as emissões de carbono, 175-176
    regulamentação relativa a emissões de dióxido de carbono, 85-86
  Illinois, mudanças climáticas, 144-145
  Iowa, mudanças climáticas, 129
  Louisiana, mudanças climáticas, 129
  Michigan, reciclagem energética, 191
  Nova York, NYSERDA, 190
  Rio Colorado
    consumo de água, 151, 155
    processamento de xisto betuminoso, 155-156
  Rio Mississipi, mudanças climáticas, 129, 144-145
  sistemas ferroviários, predomínio dos carros sobre, 105-107
  Texas, MetroRail, 134-135
  U.S. Global Change Research Program, 130-131
  U.S. Mayors Climate Protection Agreement, 143-144
etanol
  "Ethanol Scam: One of America's Biggest Boondoggles" (*Rolling Stone*), "The", 108-109
  etanol celulósico, 109-110, 218-219
  etanol de milho, 107-110
  National Research Council National Academy of Sciences (relatório), 223
etanol de milho, 107-110
European Passive House (projeto), 137-138, 145-146, 190
Executive Reactions to Energy Efficiency (relatório), 67
exergia, 13
  definindo, 205
  eficiência energética, 63
  eficiência, cálculo da, 214-215
  Relatório Bridges, 214-215
expansão urbana (planejamento/desenvolvimento urbano), 133-134
externalidades, 49, 162, 212-213

F

fator "ferro-velho", políticas para a ponte energética, 173-174
Fedex
  eficiência energética, 72
  veículos híbridos, 72
Finlândia, descentralizando a energia, 196
fluxos de energia residual, reciclando, 4-5, 33-42, 53, 165-169
França, bicicletas, 119
Friedman, Thomas, 3-4
fundos para "dias difíceis", 95
furacões
  Furacão Andrew, planejamento/desenvolvimento urbano, 199

Furacão Ike, 130-131
Furacão Katrina, 129
   descentralizando a energia elétrica, 93
   Missouri Baptist Medical Center, 93
   planejamento/desenvolvimento urbano, 199
fusos horários, diferenças de consumo entre diferentes (energia elétrica), 83

G

gás de *flare*, reciclando, 35
gases estufa
   energia elétrica, descentralizando, 90-91
   estudo do Breakthrough Technologies Institute sobre emissões de carbono por veículos motorizados, 135-136
   limitando, Environmental Review Board (EPA), 175-176
   políticas para a ponte energética, 170-173
   Protocolo de Quioto, 90-91
   sistemas "*cap and trade*", 170-171
Gates, Bill, 190, 225
General Electric, diminuindo os resíduos industriais, 76
Georgescu-Roegen, Nicholas, 207
geração combinada de calor e eletricidade (cogeração). *Ver* CHP
gestão/investimento corporativo
   importância da gestão energética no planejamento estratégico, 185-187
   reconhecendo as oportunidades/riscos do aumento dos preços dos recursos naturais, 187-191
   transição energética, preparando-se para, 191
Global Change Research Program (EUA), 130-131
GM (General Motors), gestão/investimento corporativo e gestão energética, 186
Goddard Space Center (NASA), aumento do nível do mar, 130-132
Gore, Al, 2-4, 21-22, 130-132
Gould's Pumps de Seneca Falls, Nova York, eficiência energética, 73
Grand Forks, Dakota do Norte, mudanças climáticas, 128, 135-136
Great Coal Rush (and Why It Will Fail), The, 86-87
Greenspan, Alan, consumo de petróleo, 80
Guangzhou, China, planejamento/desenvolvimento urbano, 136-137
Gujarat, Índia, consumo de água, 152

H

Hannity, Sean, 59
Hansen, James, 21-22, 221
   aumento do nível do mar, 130-132
   Duke Power Company, 86-87
Harvard University, reciclagem energética, 190
Heinberg, Richard, *The Great Coal Rush (and Why It Will Fail)*, 86-87
Hidrelétrica de Três Gargantas (China), 153
Holanda
   descentralizando a energia, 196
   programas de compartilhamento de bicicletas, 119
Houston, Texas, MetroRail, 134-135
Hubbert, M. King, 21-22
   consumo de petróleo, 79
   Pico de Hubbert, 208

I

Ike (Furacão), 130-131
Illinois, mudanças climáticas, 144-145
Immelt, Jeffrey, diminuindo os resíduos industriais, 76
incêndios florestais, consumo de água, 157
incentivos fiscais, energia solar fotovoltaica, 141-142
independência (energética), segurança e, 91-95
Índia, consumo de água, 152
indústria automobilística
   gestão/investimento corporativo e gestão energética, 186
   socorros financeiros, 115
indústria do carvão
   Clean Air Act, 85-86
   Corrida do Carvão, 84-87, 175-176
   energia elétrica e, 84-86
   reciclagem energética e consumo de carvão, 195
   regulamentação relativa a emissões de dióxido de carbono, 85-86
indutores do crescimento econômico, 6, 12-18, 28-29
Inhofe, James, 21-22
Integrated Design Associates, planejamento/desenvolvimento urbano, 137-138
Intel Corp
   energia mais barata, exemplo de, 70
   um trilhão de cálculos por segundo, 215-216
Interface Inc., diminuindo os resíduos industriais, 71, 77
investimento/gestão corporativa

importância da gestão energética no planejamento estratégico, 185-187
reconhecendo as oportunidades/riscos do aumento dos preços dos recursos naturais, 187-191
transição energética, preparando-se para, 191-191
Iowa, mudanças climáticas, 129
IPCC (Painel Intergovernamental sobre Mudanças Climáticas), 22-23, 48
Irã, consumo de água, 152
irrigação por gotejamento e consumo de água, 158
irrigação, consumo de água, 150, 154, 158
IUCN (União Internacional para a Conservação da Natureza e dos Recursos Naturais), 23-24

J

JCDecaux, programa de compartilhamento de bicicletas do Velib Club, 119
jogo de soma zero, 51

K

Katrina (Furacão), 129
  energia elétrica, descentralizando, 93
  Missouri Baptist Medical Center, 93
  planejamento/desenvolvimento urbano, 199
Keith, Bill, energia elétrica, 81
Kodak Corporation, 35
Kuemmel, Reiner, 12-14, 207

L

LaHerriere, Jean, 21-22
Laitner, John (Skip)
  estudos sobre consumo energético, 60
  Size of the U.S. Energy Efficiency Market: Generating a More Complete Picture, The (relatório), 61
Lake Meade, Nevada, consumo de água, 149
lambretas (*scooters*), 122
Lâmpadas fluorescentes, 173
lâmpadas incandescentes
  eficiência energética, 40-41
  lâmpadas fluorescentes, 173
Lawrence Berkeley Laboratory, reciclagem energética, 195
liderança nas "tempestades perfeitas" da economia, 20-28
Lieberman, Joe, sistemas "*cap and trade*", 170-171
Los Angeles, Califórnia
  Bacia de Los Angeles, métodos de reciclagem da água, 154
  sistemas de ônibus de linha rápida (BRT), 134-136
Louisiana, mudanças climáticas, 129
Lovins, Amory, eficiência energética, 65
Lynx Blue Line (Charlotte, Carolina do Norte), 134-135
Lyons, França, bicicletas, 119

M

Mar de Aral, consumo de água, 151
maratona olímpica para mulheres, 132-133
McCain, John, 41-42, 52, 56-57
3M Corporation, diminuindo os resíduos industriais, 71
McPhee, John, *The Control of Nature*, 142-143
metanol, 218-219
MetroRail (Houston, Texas), 134-135
Michigan, reciclagem energética, 191
microenergia, 55, 199-200
  energia elétrica e, 83
  políticas para a ponte energética, 168-169
Million Solar Roofs (programa "um milhão de telhados solares") 141-142, 199-200
Missouri Baptist Medical Center, 93
Mittal Steel Company, 4, 33-35, 41-42, 184
mobilidade (carros/caminhões)
  categorias de, redefinindo, 117
  deslocamento em autoestradas, 117
  mobilidade de curta distância, 117
  mobilidade de média distância, 117
  mobilidade suburbana, 117
    bicicletas, 118-119
    bicicletas elétricas (*e-bikes*), 120-122
    lambretas (*scooters*), 122
    motocicletas, 121
  mobilidade urbana, 117
    bicicletas, 118-119
    bicicletas elétricas (*e-bikes*), 120-122
    lambretas (scooters), 122
    motocicletas, 121
  Usbequistão, consumo de água, 151
monopolização, energia elétrica e, 96-98
  leis contra práticas comerciais predatórias, 100
  subsídios governamentais, 100
  vendas a terceiros, 99
moradias
  com "baixa energia", 136-137
  com "energia zero", 136-137
motocicletas, bicicletas elétricas (*e-bikes*), 121

Moyers, Bill, 159
mudanças climáticas, 50-52, 159
    alertas sobre, 22-24
    aumento do nível do mar, 127-132
    Climate Action Team (Califórnia), 127
    condições climáticas extremas, 19
    custo das, 47-49
    Furacão Ike, 130-131
    Gore, Al, 130-132
    Grand Forks, Dakota do Norte, 128, 135-136
    Hansen, James, 130-132
    planejamento/desenvolvimento urbano, 55, 131-134
    resposta das lideranças às, 21-22
    Rio Mississipi, 129
    Rio Missouri, 129
    Rio Vermelho, 128
    Sumatra, 142-143
    tsunami, 142-143
    U.S. Global Change Research Program, 130-131
    U.S. Mayors Climate Protection Agreement, 143-144
    Uma verdade inconveniente (An Inconvenient Truth), 3-4, 21-22, 130-131
    zonas costeiras, 128-129

N

Nader, Ralph, 219
NASA (National Aeronautics and Space Administration), aumento do nível do mar, 130-132
National Research Council National Academy of Sciences, etanol, 223
necessidades futuras, desconsiderando nos modelos econômicos, 23-26
Nelson, Ken, gestão/investimento corporativo e gestão energética, 185
NERC (North American Reliability Council), descentralizando, energia elétrica, 93
Nevada, consumo de água, 149
New Orleans, Louisiana, mudanças climáticas, 129
Nordhaus, William, 48
Now with Bill Moyers, 159
Números trocados
NYSERDA (New York State Energy Research and Development Authority), 72, 190

O

Obama, Barack, 52, 56
    energia elétrica, 81-83
    energia eólica, 83

etanol, 107-108
futuro, investindo no, 202
programas de subsídios energéticos, 199
obsolescência tecnológica como problema econômico, 19
oferta de mão de obra, como indutor do crescimento econômico, 10-18
"*Okies*", 202
ônibus
    emissões de dióxido de carbono, 124-125
    sistemas de ônibus de linha rápida (BRT), 134-136
orientação do espaço habitável (planejamento/desenvolvimento urbano), 145-146
Orszag, Peter, 12

P

Painel Intergovernmental sobre Mudanças Climáticas (IPCC), 22-23, 48
papel da proteção ambiental na economia, 51-52
Paris, França, bicicletas, 119
Pearl River Tower (Guangzhou, China), planejamento/desenvolvimento urbano, 136-137
Pensilvânia, Zipcar empresa de *car sharing*, 123
PEP (Promotion of European Passive Homes) (campanha), 138-139, 221
perfuração petrolífera, 27-28, 41-42
    papel da independência energética, 31
    reciclagem da energia residual *versus*, 43-44
perfurações pretrolíferas, 27-28, 41-42
    papel na independência energética, 31
    reciclagem de energia residual *versus*, 43-44
perturbações no crescimento econômico, respostas das lideranças às, 18-28
PIB (produto interno bruto), 50
Pickens, T. Boone, 8
pico do petróleo, 19, 56-57, 147, 208
planejamento/desenvolvimento urbano, 199
    construções, 135-136
        armadura *versus* agilidade, 141-145
        diminuição do aquecimento ambiente, 137-138, 145-146
        energia fotovoltaica, 139-142
        moradias com "baixa energia", 136-137
        moradias com "energia zero", 136-137
        orientação do espaço habitável, 145-146
        reprojetando para as mudanças climáticas, 55
    expansão urbana, 133-134
    mudanças climáticas e, 131-133
    políticas para a ponte energética, 178-181

sistemas de metrô leve, 134-135
tráfego urbano, 133-135
transporte público, 145-146
planejamento/desenvolvimento urbano, 199
    construções, 135-136
        armadura *versus* agilidade, 141-145
        diminuição do aquecimento ambiente, 137-138, 145-146
        energia fotovoltaica, 139-142
        moradias com "baixa energia", 136-137
        moradias com "energia zero", 136-137
        orientação do espaço habitável, 145-146
    mudanças climáticas e, 131-134
    políticas para a ponte energética, 178-181
    sistemas de metrô leve, 134-135
    transporte público, 133-146
planos de incentivos (políticas para a ponte energética), 160-162
política energética de base científica, 28-30
políticas para a ponte energética, 159
    aperfeiçoando sistemas regulatórios, 162-165
    carros/caminhões, 173-175
    CHP (geração combinada de calor e eletricidade/cogeração), 168-169
    Clean Air Act, atualizando, 175-176
    consumo de água, 180-182
    consumo de petróleo, 173
    descentralização da energia elétrica, 175-176
    eficiência energética, 169-173
    emissões de carbono, 170-173
    ESCs (empresas de serviços de energia), 169-171
    fator "ferro-velho", 173-174
    gases estufa, 170-173
    investindo no futuro, 202-203
    lâmpadas fluorescentes, 173
    microenergia, 168-169
    planejamento/desenvolvimento urbano, 178-181
    planos de incentivos, 160-162
    reciclando fluxos de energia residual, 165-169
    responsabilidade ampliada do produtor (EPR – *extended producer responsibility*), 173-176
    serviços energéticos, encontrando meios alternativos para a oferta de, 176-178
    veículos motorizados, 173-175
preços do gás, 59
pressuposto do compartilhamento de custos [*cost-share*] em modelos de crescimento econômico, 14
Primary Energy, Inc.

monopolização da energia elétrica, 96
produção de negro de fumo, 96
reciclagem energética, 184
Primeira Lei da Termodinâmica, eficiência energética, 63
Prius (Toyota), 124
produção de negro de fumo, 96-98
produtividade total dos fatores (PTF), 11
produto interno bruto (PIB), 50
programa de compartilhamento de bicicletas do Velib Club, 119, 122
programa WRAP (Waste Reduction Always Pays), 74
programas de compartilhamento de bicicletas, 119
programas de compartilhamento de carros, 122
progresso tecnológico
    crescimento econômico e, 10-12
    definindo, 14
Prometheus Institute for Sustainable Development, energia solar fotovoltaica, 139-140
Protocolo de Quioto, 90-91
PTF (produtividade total dos fatores), 11
Pulte Homes, moradias com "baixa energia", 136-137
PURPA (Public Utilities Regulatory Policy Act), 217-218
    finalidade do, 79
    fracasso do, 80-82
    reescrevendo, 166-167

R

reciclagem
    água, 154, 158
    energia, 165-169, 184, 190, 195
    fluxos de energia residual, 2-5, 33-41, 42, 53, 165-169
recursos naturais, aumento dos preços dos (investimento/gestão corporativa), 187-191
RED (Recycled Energy Development), 184, 190
Relatório Bridges, 214-215
Relatório de Política Energética Integrada (Comissão de Energia da Califórnia), 155
relocação de Valmeyer, 222
Represa de Aswan, consumo de água, 151
resíduos industriais, diminuindo, 71-72
responsabilidade ampliada do produtor (EPR – *extended producer responsibility*), 173-176
revendendo eletricidade à rede elétrica, 84-85

Rio Amarelo (Yangtze), consumo de água, 151-153
Rio Colorado
    consumo de água, 151, 155
    processamento de xisto betuminoso, 155-156
Rio Eufrates, consumo de água, 151
Rio Grande, consumo de água, 151
Rio Mekong, consumo de água, 151
Rio Mississipi, mudanças climáticas, 129, 144-145
Rio Missouri, mudanças climáticas, 129
Rio Tigre, consumo de água, 151
Rio Vermelho, mudanças climáticas, 128
rios, irrigação, 151
Rogers, Jim, regulamentação relativa a emissões de dióxido de carbono, 86-87
Rolling Stone, "The Ethanol Scam: One of America's Biggest Boondoggles", 108-109
Rússia, descentralizando a energia, 196

S

salinização, águas doces, 157
San Gabriel Mountains (Califórnia), 142-143
San Jose, Califórnia, planejamento/desenvolvimento urbano, 137-138
"Save Energy Now" (campanha do DOE), 72
Schewe, Phillip, descentralizando a energia, 196
SCs (empresas de serviços de energia), 169-171, 200
Segunda Lei da Termodinâmica, 64
segurança (energia)
    Edison International Company, 90-91
    energia elétrica, descentralizando, 90-95
    independência energética e, 91-92-95
Sempra Energy, 4
setor de construção, eficiência energética no, 197-198
Siddiqui, Riaz, reciclagem energética, 191
Sierra Club, regulamentação relativa a emissões de dióxido de carbono, 85-86
sistemas "*cap and trade*" (emissões de carbono), 170-171
sistemas de metrô ligeiro, planejamento/desenvolvimento urbano, 134-135
sistemas de ônibus de linha rápida (BRT), 134-136, 221
sistemas regulatórios, aperfeiçoando (políticas para a ponte energética), 162-165
Size of the U.S. Energy Efficiency Market: Generating a More Complete Picture, The (relatório), 61-64
socorros financeiros, indústria automobilística, 115
Soddy, Frederick, 206

Solazyme Corporation, combustíveis alternativos para aviões, 112-113
Solow, Robert, 11, 207
Southern California Edison (Edison International Company), segurança energética, 90-91
Stern, Nicholas, 48
Strathmore Products, Inc., eficiência energética, 73
Strauss, Lewis, 10
Sumatra, mudanças climáticas, 142-143

T

telúrio, energia solar fotovoltaica, 139-140
Tempestade de Pó (Dust Bowl), 202
termodinâmica
    Primeira Lei da Termodinâmica, 63
    Segunda Lei da Termodinâmica, 64
Texas, MetroRail, 134-135
Time, The Clean Energy Scam, 108-109
Toyota Prius, 124
trânsito expresso (planejamento/desenvolvimento urbano), 133-135, 221
transporte público (planejamento/desenvolvimento urbano), 133-135, 145-146
Trask, Matt (Comissão de Energia da Califórnia), transporte de água para áreas urbanas, 157
trens
    Amtrak, 105-106
    sistema ferroviário norte-americano, predomínio dos carros sobre, 105-107
    sistemas de metrô leve, planejamento/desenvolvimento urbano, 134-135
    trens de alta velocidade, 106-107
tsunamis, 142-143
Turquia, consumo de água, 151
Twain, Mark, 144-145

U

U.S. Steel, 4, 33, 36, 41-42
um trilhão de cálculos por segundo, Intel Corp, 215-216
Uma verdade inconveniente (*An Inconvenient Truth*), 3-4, 21-22, 130-131
Understanding the National Energy Dilemma (relatório), 62-64
União Internacional para a Conservação da Natureza e dos Recursos Naturais (IUCN), 23-24

unidades geradoras (energia elétrica), 84-85
Universidade de Cincinnati
    economias energéticas, 215-216
    eficiência energética, 66
Unsafe at Any Speed, 219
Usina elétrica Bonanza, regulamentação relativa a emissões de dióxido de carbono, 85-87
usina elétrica Cokenergy, 33-35, 41-42, 53, 87-88, 184
usinas elétricas convencionais, capacidade de produção das, 42-43
usinas elétricas, eficiência energética, 27-28

V

Valmeyer, Illinois, mudanças climáticas, 144-145
Vanguard Group, eficiência energética, 197
Vecrtrix Corporation, biciletas elétricas (*e-bikes*), 121
veículos híbridos
    Fedex, 72
    mudando para, 103
    políticas para a ponte energética, 173-175
    Prius (Toyota), 124
vias férreas
    Amtrak, 105-106

sistema ferroviário norte-americano, predomínio dos carros sobre, 105-107
trens de alta velocidade, 106-107

W

WADE (World Alliance for Decentralized Energy), 95, 190, 196
Warner, John, sistemas "*cap and trade*", 170-171
Warr, Benjamin, 13-14
Wilson, Edward O., 22-23
Woodruff, Judy, 12
World Scientists' Warning to Humanity, 22-23

X

xisto betuminoso, processamento, 155

Z

zonas costeiras, efeitos das mudanças climáticas sobre, 128-131
zonas inundáveis (mudanças climáticas), 130-131
    Climate Action Team (Califórnia), 127
    Rio Mississipi, 129
    Rio Missouri, 129
    Rio Vermelho, 128